Behrens: Das Paradox der Arbeitgeberverbände

Forschung aus der Hans-Böckler-Stiftung 130

Herausgegeben von der Hans-Böckler-Stiftung, Düsseldorf

Martin Behrens

Das Paradox der Arbeitgeberverbände

Von der Schwierigkeit, durchsetzungsstarke Unternehmensinteressen kollektiv zu vertreten

edition sigma

Für Simon

Bibliografische Information der Deutschen Nationalbibliothek

Die Deutsche Nationalbibliothek verzeichnet diese Publikation in der Deutschen Nationalbibliografie; detaillierte bibliografische Daten sind im Internet über http://dnb.d-nb.de abrufbar.

ISBN 978-3-8360-8730-8

Umschlaggestaltung: Gaby Sylvester, Düsseldorf. Umschlaggrafik: CofkoCof – Fotolia.com.

Druck: Rosch-Buch, Scheßlitz

Printed in Germany

Inhalt

Vorwort

Vorworte sind die Backstage-Karten der Wissenschaft, denn für einen kurzen Moment wird man an Orte gelassen, an denen der Rezipient von Wissenschaft sonst nichts zu suchen hat. Ich lese Vorworte daher stets gern. Mancher Kollege, den ich zu Lesegewohnheiten befragen konnte, gab an, der erste Griff gehe zum Literaturverzeichnis (ist die Autorin/der Autor auf dem aktuellen Stand der Debatte, wurde ordentlich gelesen, und vor allem: Wurde ich zitiert?). Mein erster Blick gilt dem Vorwort. Dort erfährt man allerhand über die teils verschlungenen Pfade der Produktion wissenschaftlicher Ergebnisse, darüber, „wes Brot gegessen", und möglicherweise auch, „wes Lied gesungen" wird, und zuweilen auch einiges über den Seelenzustand der Verfasserin oder des Verfassers.

Das Urteil darüber, „wes Lied ich gesungen" habe, überlasse ich dem kompetenten Urteil der Leserinnen und Leser. „Wes Brot ich gegessen habe", sage ich hingegen gern, denn viele Menschen haben mich bei der beinahe zehn Jahre währenden Arbeit an diesem Forschungsprozess in liebenswürdiger Weise unterstützt. Ohne diese zahlreichen und großzügigen Geschenke von Zeit, kompetentem Rat, Aufmerksamkeit, Anteilnahme und Aufmunterung wäre dieses Projekt wahrscheinlich mehrfach an kritischen Stellen gescheitert.

Danken möchte ich zunächst *Renate Anstütz, Andrea Heckenbach* und *Hatice Karaca*, die mich bei der Datenbeschaffung tatkräftig unterstützt haben. Gemeinsam mit *Ruth Holm, Stefanie Bongarth* und *Christine Schulz,* die als wissenschaftliche Hilfskräfte am Projekt „Die Zukunft der kollektiven Interessenorganisationen der Arbeitgeber" mitgewirkt haben, hat Renate Anstütz auch wichtige Unterstützung bei der Kodierung, Datenerfassung und -recherche geleistet. Die Entwicklung einer funktionstüchtigen Datenbank wäre sicherlich gescheitert, hätte es nicht die unverzagte Unterstützung von *Karl Pierau* vom Zentrum für Historische Sozialforschung (Köln) gegeben, der mir vielfach über technische und logische Klippen hinweggeholfen hat.

Mehr als zwei Jahre Aufenthalt in den USA haben bei mir deutliche Spuren hinterlassen. Am augenfälligsten manifestieren sich diese Erfahrungen in einer beschönigend als „eigensinnig" zu bezeichnenden Kommasetzung, die wohl am besten als Melange aus deutschen (neu und alt), amerikanischen und klingonischen Kommaregeln zu interpretieren ist. Ich erkenne hiermit eine Mitschuld an diesem beklagenswerten Zustand an und bedanke mich daher umso herzlicher bei Renate Anstütz, *Helga Faasch, Wally Hengsberger, Ingrid Krippes, Imke Pente* und schließlich bei meiner Lektorin *Helga Berger,* die in einer Art Projekt „betreutes Schreiben" unterschiedlichste Fassungen und Abschnitte der Arbeit Korrektur gelesen haben.

Einige der leitenden Grundideen, auf denen diese Arbeit beruht, begleiten mich bereits seit mehr als 15 Jahren. Sie entsprangen einer Zeit, in der die ostdeutsche IG Metall die sächsischen Metallarbeitgeber in die Knie gezwungen hatte und in der Richtungskämpfe in den Reihen der Metallarbeitgeber – zumeist ausgetragen zwischen Repräsentanten von Klein- und Großunternehmen – kaum mehr zu verbergen waren. Diese und andere Entwicklungen warfen Fragen auf wie z.B. die folgende: Was erlaubt es Kollektivakteuren wie etwa Arbeitgeberverbänden, aus ihrer öffentlich zur Schau gestellten Schwäche auch Kapital zu schlagen, ohne dabei notwendigerweise die eigenen Truppen mobilisieren zu müssen?

Spätestens seit den Sklavenaufständen im alten Rom ist bekannt, dass Schwache dann stark werden können, wenn ihnen die massenhafte Mobilisierung gelingt. Über die Bedingungen für eine solche Mobilisierung ist in der Sozialwissenschaft unter den Stichworten „political opportunity structures“, „repertoires of contention“ und „Verelendung“ einiges geschrieben und herausgefunden worden. Wie aber entsteht Stärke ohne sichtbare Mobilisierung? Wie werden ökonomisch hochpotente Kollektivakteure, wie es die Arbeitgeberverbände lange Zeit waren und wohl auch noch sind, geschwächt, und warum werben sie damit? Handelt es sich hierbei um einen Taschenspielertrick, oder stehen hinter den öffentlich gewordenen Anzeichen von Schwäche reale Entwicklungen der Verbände?

Eine abschließende Antwort auf diese Fragen liefert auch diese Arbeit nicht. Sie will aber den Boden dafür bereiten, den Prozess, durch den Organisationen wie Arbeitgeberverbände die Ausgangsinteressen ihrer Mitglieder bearbeiten und somit vertretbar machen, besser verstehen zu können.

Ein solches Projekt bewegt sich notwendigerweise an der Schnittstelle zwischen unterschiedlichen Wissenschaftsbereichen und Fachdisziplinen, die neben einer Vielzahl sozialwissenschaftlicher Aspekte auch juristische und wirtschaftswissenschaftliche, statistische sowie historische Sachverhalte betreffen. Ohne fachkundige Beratung und Unterstützung kann man in einem solch vielfältigen Themenfeld nur scheitern. Mein besonders herzlicher Dank gilt daher all jenen Kolleginnen und Kollegen, die mich in unterschiedlichster Weise äußerst kompetent beraten haben: *Wolfram Brehmer, Olaf Deinert, Marco Hauptmeier, Markus Helfen* (der Mann ist schmerzfrei, denn er hat den kompletten Text mindestens zweimal gelesen und kommentiert), *Lena Hilkermeier, Wade Jacoby, Jürgen Kädtler, Peter Katzenstein, Berndt Keller, Daniel Kinderman, Roland Köstler, Andreas Pekarek, Ludger Pries, Christoph Strünck, Hansjörg Weitbrecht, Carsten Wirth, Volker Wittke* sowie die Teilnehmerinnen und Teilnehmer des SoWi-Kolloquiums der Universität Bochum und des Jour fixe der Hans-Böckler-Stiftung. Darüber hinaus profitierte das Projekt immens vom hoch kompetenten Rat eines Projektbeirates, dem neben den bereits genannten Fachexperten Berndt

Keller und Hansjörg Weitbrecht auch *Walther Müller-Jentsch, Karl-Ernst Schmitz-Simonis, Wolfgang Schroeder, Wolfgang Streeck, Kathleen Thelen* und *Franz Traxler* angehörten.

Danken möchte ich an dieser Stelle dem Wirtschafts- und Sozialwissenschaftlichen Institut (WSI) in der Hans-Böckler-Stiftung, von dessen Brot ich essen durfte. Dem WSI verdanke ich nicht nur ein regelmäßiges Einkommen und vorzügliche Forschungsbedingungen, sondern auch große Geduld mit einem wissenschaftlichen Langzeitprojekt.

Als große Unterstützung für dieses Projekt erwies sich mein Sohn *Simon,* der – so glaube ich – deutlich schneller gewachsen ist als dieses Buchmanuskript. Seine unverzagte Fröhlichkeit hat mir über manche Klippe des Lebens hinweg geholfen, und ich weiß nicht, was ich tun würde, würde er mir nicht gelegentlich sein Anakin-Skywalker-Laserschwert ausleihen, mit dem sich so trefflich unangemeldete Bürobesucher vertreiben lassen. Ihm (dem Jungen, nicht dem Schwert!) ist dieses Buch gewidmet.

*

Eine Vorfassung dieser Buchveröffentlichung ist von der Habilitationskommission der Sozialwissenschaftlichen Fakultät der Georg-August-Universität zu Göttingen im Sommersemester 2010 als Habilitationsschrift angenommen worden.

1 Einleitung

Arbeitgeberverbände stellen einen zentralen Stützpfeiler des deutschen Systems der Arbeitsbeziehungen dar. Wir können davon ausgehen, dass es zurzeit in Deutschland ca. 700 Arbeitgeber- und Mischverbände[1] gibt – von ihren Strukturen, ihrer Politik und den Mitgliedsinteressen, die sie vertreten, soll in diesem Buch die Rede sein. Mit ihrem „Hauptprodukt", dem Flächentarifvertrag, schaffen Arbeitgeberverbände die Grundlage der Vergütung und Arbeitsbedingungen einer Mehrheit der deutschen Beschäftigten. Die Rolle, die ihnen hierbei zukommt, unterscheidet sich grundlegend von der Situation in anderen Ländern. So ist die Wirksamkeit von Tarifverträgen in den angelsächsischen Ländern weitestgehend auf jene Bereiche der Wirtschaft beschränkt, in denen Gewerkschaften erfolgreich Mitglieder organisieren können. In vielen kontinentaleuropäischen Ländern wie z.B. Spanien oder Frankreich hingegen sorgt letztlich der Staat für die weite Verbreitung tariflicher Standards, etwa indem er Tarifverträge für allgemeinverbindlich erklärt oder durch die Vorgabe von Mindestlöhnen eine unterste Lohngrenze verankert. Anders ist die Lage in Deutschland: Hier ermöglicht es die herausragende Organisationsleistung der Arbeitgeber den Gewerkschaften, mit einem Organisationsgrad von weniger als 20% der erwerbstätigen Beschäftigten die Lebensgrundlagen von mehr als 60% der abhängig Beschäftigten aktiv mitgestalten zu können. Die Bedeutung dieser Organisationsleistung, aber auch die Konsequenzen, die sich bei einer Schwächung oder einem Wegfall handlungsfähiger Arbeitgeberverbände ergäben, können kaum überschätzt werden (Katzenstein 1987; Thelen 1991, 2002).

Folgt man den Befunden der einflussreichen „varieties of capitalism"-Forschung, so wäre eine solche Schwächung allerdings kaum zu erwarten. In diesem Konzept erscheint Deutschland als eines der Kernländer der koordinierten Marktwirtschaften; deren Grundstrukturen der politischen Ökonomie, und hierbei insbesondere die Tarifverträge und die sie tragenden Organisationen und Institutionen, gelten als weitgehend stabil und gegenüber rasanten Veränderungen unempfänglich (Hall/Soskice 2001). Arbeitsbeziehungen in Deutschland sind in einer solchen Perspektive der Kardinalfall für inkrementellen Wandel, der bestehende institutionelle Strukturen anzupassen vermag, ohne aber deren Grundverfassung zu verändern.

Für lange Zeit sorgten diese Schlüsselinstitutionen und hierbei insbesondere die Organisationsstärke der Arbeitgeberverbände für stabile Verhältnisse im Bereich der Tarifpolitik. Auch heute noch werden die deutschen Arbeitsbeziehun-

---

1 Mischverbände sind gleichzeitig Arbeitgeber- und Wirtschaftsverbände.

gen durch Verbände entscheidend geprägt; es deutet sich aber an, dass die Organisationsleistung und ihre Bedeutung für die Einheitlichkeit der Arbeitsbeziehungen brüchig geworden ist. Brüche zeichnen sich in Bezug auf zwei Dimensionen der verbandlichen Existenz ab: die Verbandsmitgliedschaft sowie die Kohärenz verbandlicher Politik.

In der Mitgliederdimension wurden erste Anzeichen einer Krise der Arbeitgeberverbände spätestens mit der deutschen Einigung sichtbar (Langer 1994; Schroeder/Ruppert 1996). So dokumentieren beispielsweise die Mitgliedsdaten von Gesamtmetall, dem wohl einflussreichsten deutschen Arbeitgeberverband, eine seit 1991 kontinuierlich abnehmende Zahl der tarifgebundenen Verbandsmitglieder. Zwar liegen von anderen Verbänden kaum verwertbare Angaben zur Entwicklung der Mitgliederzahlen vor, jedoch lassen sich solche Daten aus neutralen Quellen wie dem IAB-Betriebspanel recht gut ableiten.[2] Demnach war in Ost- und Westdeutschland in der zweiten Hälfte der 1990er Jahre ein rasches Absinken der Mitgliederzahl der Arbeitgeberverbände zu verzeichnen, ein Prozess, der bis heute andauert.[3] Bezogen auf die Beschäftigten dieser Mitgliedsunternehmen ist die Bindung an einen Verbandstarifvertrag seit 1996 in Westdeutschland um 14 und in Ostdeutschland um 19 Prozentpunkte zurückgegangen (Ellguth/Kohaut 2011: 245). Hinter diesen Globalzahlen verbergen sich allerdings recht deutliche Unterschiede zwischen den einzelnen Branchen und den dort tätigen Arbeitgeberverbänden. Während die Mitgliederverluste (zumindest was die Zahl der den Mitgliedsunternehmen angeschlossenen Betriebe anbelangt) beispielsweise in den Bereichen Bergbau/Energie und Organisationen ohne Er-

2 Durch das IAB-Betriebspanel werden in Westdeutschland seit 1995 (seit 1996 auch in Ostdeutschland) Daten zur Bindung an Verbandstarifverträge erhoben. Um zu einer Einschätzung der Zahl der Mitglieder in Arbeitgeberverbänden zu gelangen, müssen diese Angaben zur Tarifbindung um zwei Faktoren korrigiert werden. Aus dem Instrument der Allgemeinverbindlichkeitserklärung von Tarifverträgen ergeben sich Fälle, bei denen Betriebe angeben, dass sie an einen Flächentarifvertrag gebunden sind – da sich diese Bindung aber aus dem Gesetz und nicht durch eine Mitgliedschaft im zuständigen Arbeitgeberverband ergibt, würden die IAB-Daten die Zahl der Mitglieder im Arbeitgeberverband überzeichnen. In die entgegengesetzte Richtung wirkt der Effekt der besonderen „OT“-Mitgliedschaft ohne Tarifbindung (zu Details siehe Kap. 7). Hierbei geben die befragten Personen zutreffend an, dass keine Bindung an einen Flächentarifvertrag besteht, es kann aber gleichwohl eine Mitgliedschaft im Arbeitgeberverband bestehen. Ohne exakte Angaben zur Allgemeinverbindlichkeitserklärung und zur OT-Mitgliedschaft lassen sich präzise Korrekturen der IAB-Daten nicht vornehmen. Da aber beide Faktoren in entgegengesetzte Richtungen wirken, soll hier zunächst unterstellt werden, dass sich diese neutralisieren.

3 In Westdeutschland wurde dieser Prozess durch eine kurze Stabilisierungsperiode (2000 bis 2001) unterbrochen.

werbszweck begrenzt blieben, waren die Einbrüche in der Landwirtschaft, aber auch im verarbeitenden Gewerbe enorm.

Es blieb allerdings nicht allein bei einer Mitgliederkrise. Mitte der 1990er Jahre, also zu einer Zeit, in der erste Zeichen einer Mitgliederschwäche sichtbar wurden, gelangten auch Hinweise auf eine schwindende Kohärenz der verbandlichen Politik an die Öffentlichkeit. Erste Bruchlinien zeigten sich bei der Übertragung westdeutscher Arbeitgeberverbandsstrukturen in die neuen Bundesländer (Henneberger 1993a, 1993b; Silvia 1997; Schroeder 2000), aber auch im Westen sorgten tarifpolitische Konflikte für Verwerfungen im Arbeitgeberlager. Als Folge der verlorenen Tarifauseinandersetzung in Bayern 1995 trat der langjährige Hauptgeschäftsführer von Gesamtmetall Dieter Kirchner zurück (Thelen 2000: 152), nachdem er zuvor gedroht hatte, die Metallarbeitgeber könnten ihren Spitzenverband auflösen. Dazu ist es letztlich nicht gekommen, jedoch kratzten öffentlich ausgetragene Richtungsstreitigkeiten – insbesondere auch zwischen den Vertretern des industriellen Mittelstandes und denen der führenden Großbetriebe – von nun an am Bild des mächtigen und schlagkräftigen Flaggschiffverbandes in der Bundesvereinigung der Deutschen Arbeitgeber (BDA). Die verminderte Handlungsfähigkeit drückte sich nicht zuletzt im Verlust des Druckpotentials gegenüber der Gewerkschaft aus, ein Prozess, der mit dem Niedergang der Aussperrungsfähigkeit einherging (Schroeder/Silvia 2003: 263f.).[4] Auch Differenzen zwischen unterschiedlichen Branchen und Verbänden wurden deutlich. Sichtbarstes Zeichen hierfür war die Äußerung des Hauptgeschäftsführers des Bundesarbeitgeberverbandes der Chemischen Industrie (BAVC), er verstehe nicht, was im Lager seiner Kollegen der Metallindustrie vor sich gehe (Frey 1999: 40).

Wie sich am Beispiel dieser vielfachen Bruchlinien bereits andeutet, beziehen sich die genannten Krisenphänomene an zentraler Stelle auf die Frage, in welchem Maße es den Verbänden gelingt, die Interessen ihrer Verbandsmitglieder zu repräsentieren oder gar zu vereinheitlichen. So sind zunächst bei der Mitgliederkrise die Demarkationslinien zu bestimmen: welche Interessen innerhalb eines Verbandes (Insider) oder außerhalb (Outsider) zum Tragen kommen. Die Kohärenzkrise hingegen berührt primär nicht das Verhältnis zwischen Insider- und Outsiderinteressen, sondern wirft die Frage auf, inwieweit divergierende Ausgangsinteressen der Verbandsmitglieder zu einer gemeinsam getragenen Ver-

4 Dass eine solche Schwäche gegenüber der Gewerkschaft wiederum in eine Position der Stärke umgewandelt werden kann, wurde nicht zuletzt von Thelen/van Wijnbergen behauptet: „In a perverse twist on the usual rhetoric that accompanies collective bargaining rounds, Gesamtmetall no longer meets union threats of a strike with the traditional counter-threat of a lockout, but rather with the threat that if the union persists, the employers association will simply fall apart – leaving the union with no one to bargain with.“ (Thelen/van Wijnbergen 2003)

bandspolitik verdichtet werden können. Letztlich erscheint also eine erfolgreiche Vermittlung zwischen Mitglieder- und Verbandsinteressen essentiell zur Bewältigung der beiden Krisenphänomene. Bei der Betrachtung dieses Problemkreises stellen sich entsprechend nicht allein Fragen der empirischen Untersuchung der Arbeitgeberverbandskrise; vielmehr ist im Kern auch unser analytisches Grundverständnis davon betroffen, wie innerhalb eines Arbeitgeberverbandes Mitglieder- und Verbandsinteressen miteinander in Bezug gesetzt werden können.

Folgt man zunächst der einflussreichen „collective action theory", so müsste man als Erstes konstatieren, dass bereits die Gründung von Arbeitgeberverbänden (wie jede andere Form von „collective action" auch) und somit die ursprüngliche Konstitution des „Verbandsinteresses" als äußerst heikler, wenn nicht gar unwahrscheinlicher Vorgang betrachtet werden muss. Wie bereits Mitte der 1960er Jahre Mancur Olson (1998 [1965]) angenommen hat, kann der Prozess der Organisationsbildung nur dann gelingen, wenn die Interessenlagen der Mitglieder durch die Bereitstellung von Clubgütern und/oder äußeren Zwang zusammengefügt werden. Nun müsste diese Prophezeiung Olsons zunächst nicht sonderlich beunruhigen, ist doch die Gründung von handlungsfähigen Arbeitgeberverbänden (zumindest in Deutschland) trotz dieser sehr restriktiven Bedingungen nachweislich gelungen. Arbeitgeberverbände existieren, einige von ihnen seit über 100 Jahren. Dennoch bleiben einige der von Olson beschriebenen Probleme der Anreizstrukturen und Motivationslagen aktuell und wirken nach der Konstitution des kollektiven Handelns fort. Mehr noch: Für Arbeitgeberverbände – anders als für andere Typen von Organisationen – wird „kollektives Handeln" im Verband zusätzlich dadurch erschwert, dass die Mitglieder außerhalb ihrer Organisation oftmals als Konkurrenten auf den Güter- und Arbeitsmärkten auftreten und eifersüchtig darauf achten, dass die Konkurrenz keinen ungebührlichen Vorteil aus der Mitgliedschaft oder auch aus der Nichtmitgliedschaft zieht (siehe u.a. Franke 1964: 138; Wiesenthal 1992: 52; Keller 1999: 16).[5]

Aus dieser besonderen Ausgangssituation der Arbeitgeberverbände resultiert eine Paradoxie, die diesem Buch seinen Titel gegeben hat: Bei den Unternehmen als der Hauptklientel der Arbeitgeberverbände haben wir es mit besonders durchsetzungsstarken und ressourcenreichen Interessen zu tun, aber deren kollektive Vertretung – hierauf deuten Mitglieder- und Kohärenzkrise hin – erweist sich als prekär. Dieses Spezifikum der Organisation Arbeitgeberverband als einer Art Organisation sui generis ist in der Fachliteratur oftmals mit Rückgriff auf die Denkfigur eines Spannungsverhältnisses beschrieben worden. Das folgende Kapitel wendet sich zunächst dieser Literatur zu und versucht systematisch zu analysieren, wie hier das Spannungsverhältnis zwischen Unternehmensinteressen auf der einen und (kollektiven) Verbandsinteressen auf der anderen Seite gese-

5 Rampelt (1979: 27) spricht sogar von einer „Konkurrenz-Neurose".

hen wird und welche Vorschläge zur Bewältigung, wenn nicht gar Auflösung dieser Spannungen entwickelt werden. Die Aufarbeitung der Arbeitgeberverbandsliteratur hinterlässt offene Fragen; diese werden in Kapitel 3 aufgegriffen, um sie mit einem erweiterten Zugriff, der neben dieser Literatur auch Ansätze aus der Organisationsforschung ins Spiel bringt, zu bearbeiten. Die Auseinandersetzung mit diesen Ansätzen führt dann zur Formulierung von Hypothesen, die den Rest des Buches strukturieren.

Die Kapitel 5 und 6 untersuchen die Formalstrukturen der Interessenbearbeitung und gehen der Frage nach, ob Arbeitgeberverbänden ein strategischer Handlungsspielraum bei der Überführung der Ausgangsinteressen ihrer Mitgliedsunternehmen in die Interessenartikulation des Gesamtverbandes zukommt. Hier wird letztlich die Frage nach den Teilhaberechten und Möglichkeiten der Mitgliedsunternehmen aufgeworfen: Wird die Konstitution eines kollektiven Verbandsinteresses in letzter Konsequenz zu dem Preis erkauft, dass die Ausgangsinteressen der Mitglieder untergeordnet, ja marginalisiert werden? Im Weiteren wird untersucht, welche Folgen die Einspruchsmöglichkeiten der Mitglieder, die als Vetopunkte benannt werden, für die Qualität der kollektiven Interessenvertretung haben.

Werden bis zu diesem Punkt Strukturen der Interessenbearbeitung als weitgehend statisch betrachtet, so dynamisiert Kapitel 7 die Perspektive, indem nun die Veränderung von Formalstrukturen in das Zentrum der Analyse gerückt wird; dies wird am Beispiel der Umprogrammierung von Verbandsstrukturen durch die Einführung von Mitgliedschaften ohne Tarifbindung (OT-Mitgliedschaften) diskutiert. Kapitel 8 fasst die Ergebnisse der Arbeit zusammen, indem es nochmals die Frage danach stellt, wie dieses heikle Unterfangen der Vertretung von Arbeitgeberinteressen im Arbeitgeberverband gelingt, wie es gesteuert und gestaltet wird – und wie und warum es manchmal auch scheitert.

Im Kern basieren die Forschungen, auf denen die Ausarbeitung beruht, auf einer umfangreichen Auswertung von Arbeitgeberverbandsdokumenten, insbesondere auf Verbandssatzungen, aber auch auf qualitativem Material, das zum näheren Verständnis und zur Entschlüsselung der dokumentengesteuerten Analyse formaler Strukturen herangezogen wurde. Die verwendeten Methoden und der der Formalanalyse zu Grunde liegende Datensatz werden in Kapitel 4 näher vorgestellt. Vorab sei hier bereits auf zwei Besonderheiten hingewiesen, die diese Untersuchung von anderen einschlägigen Arbeiten unterscheidet. Denn im Vergleich zur bislang vorliegenden Literatur zu „business interest associations“ will die nun folgende Analyse die Perspektive weiten, indem Verbände aus allen Branchen der privaten Wirtschaft in den Blick genommen werden, zugleich aber auch eingrenzen und fokussieren, indem lediglich von Arbeitgeberverbänden die Rede sein wird, nicht aber von Wirtschaftsverbänden. Die Besonderheit dieser Herangehensweise an das Thema soll nun kurz begründet werden.

Die Weitung der analytischen Perspektive auf eine Vielzahl von Branchen erscheint geboten, weil die hier skizzierte Mitglieder- und auch die Kohärenzkrise viele Facetten hat, aber auch viele Ausnahmen. Wie insbesondere die oben erwähnten Mitgliedschaftsdaten nahelegen, gibt es neben Verbänden mit massiver Erosion ihres Mitgliederkreises offenbar auch solche mit recht stabilen Verhältnissen, und neben Verbänden mit recht turbulenter Verbandspolitik existieren auch solche, die sich offensichtlich in ruhigerem Fahrwasser befinden. Von den Ersteren hört und liest man, von den Letzteren eher nicht. Dies findet auch seine Entsprechung innerhalb der wissenschaftlichen Forschung. Während Gesamtmetall und seine Landesverbände vergleichsweise gründlich untersucht wurden,[6] finden sich nur wenige Studien, die die Arbeitgeberverbände anderer Branchen zum Gegenstand haben (Hilbert 1988; Völkl 2002; Zimmer 2002). Solange Gesamtmetall noch als der Marktführer im Arbeitgeberlager galt, an dessen Politik – insbesondere Tarifpolitik – sich alle anderen mehr oder weniger eng zu orientieren hatten, hatte diese recht einseitige Fokussierung der wissenschaftlichen Aufmerksamkeit auf die Metallindustrie durchaus ihre Berechtigung. Mit wachsenden Anzeichen der Diversifizierung im Arbeitgeberlager wird aber die Ausweitung des Forschungsterrains auf ein breiteres Verbandsspektrum umso dringender.

Der zweite Aspekt, die Konzentration auf Arbeitgeberverbände, ist von großer Relevanz, weil in Deutschland (anders als in der Mehrzahl anderer europäischer Länder) die Aufgaben- und Zuständigkeitsbereiche von unterschiedlichen Typen der „business interest organisations" teils deutlich zutage treten. Von besonderer Bedeutung ist hierbei die Unterscheidung zwischen Arbeitgeber- und Wirtschaftsverbänden. Dabei sollen Arbeitgeberverbände als Organisationen verstanden werden, die vornehmlich die arbeitsmarktseitigen Interessen der Wirtschaft vertreten, während Wirtschaftsverbände in der Hauptsache die produktmarktseitigen Interessen repräsentieren (Streeck 1991). Von der Dominanz arbeitsmarktseitiger Interessen innerhalb eines Verbandes ist dann auszugehen, wenn mindestens eines der drei folgenden Merkmale vorliegt: Der betreffende Verband führt selbst Tarifverhandlungen mit den Gewerkschaften durch, er koordiniert die Tarifpolitik seiner Mitglieder oder er vertritt diese in tri-partistischen Gremien, welche die kollektive Regelung der Arbeits- und Entlohnungsbedingungen der Beschäftigten zum Gegenstand haben (Behrens/Traxler 2004).

---

6 Z.B. Weitbrecht 1969; Prigge 1987; Weber 1987; Mallmann 1990; Moser 1990; Schroeder/Ruppert 1996; Schroeder 2000; Haipeter/Schilling 2006.

2 Das Spannungsverhältnis in der Arbeitgeberverbandstheorie

Im vorangegangenen Kapitel ist bereits darauf hingewiesen worden, dass sich ein Arbeitgeberverband nicht einfach als eine Organisation wie jede andere behandeln lässt. Zwar lassen sich einige der Grundkonzepte und -vorstellungen sicherlich auch auf den Fall der Arbeitgeberverbände anwenden, in vielfacher Hinsicht weisen diese aber Besonderheiten auf, die sie vom „Betrieb" oder „Unternehmen" als den Kardinalfällen der Organisationstheorie unterscheiden. Eine wesentliche Besonderheit, die in diesem Abschnitt weiter vertieft werden soll, stellen die zentralen Strukturprinzipien der Interessenbearbeitung bzw. Interessenvermittlung durch Arbeitgeberverbände dar: Während Wirtschaftsbetriebe im Wesentlichen dem Zweck der (profitablen) Produktion von Gütern und Dienstleistungen dienen, besteht der Zweck von Arbeitgeberverbänden in der Vertretung von Teilen der Interessen Dritter, nämlich ihrer Mitglieder. Zwar können sich im Falle des Auseinanderfallens von Eigentum und Verfügungsgewalt auch bei Unternehmen Delegationsprobleme ergeben – diese wurden von der Principal-Agency-Theorie ausführlich thematisiert (siehe Berle/Means 1991 [1932]) –, jedoch gehören bei den Arbeitgeberverbänden solche Delegationsprobleme zum konstitutiven Merkmal der Organisation selbst.

Diese besondere Stellung zwischen Mitgliedern bzw. Mitgliederinteressen auf der einen Seite und den Adressaten der Verbandspolitik auf der anderen ist wohl entscheidend dafür verantwortlich, dass Arbeitgeberverbände in der einschlägigen theoretischen Literatur immer wieder mit Rückgriff auf die Spannungsverhältnisse betrachtet wurden, die diese Verbände in sich tragen und bewältigen müssen. In dieser Sicht erscheinen Arbeitgeberverbände nicht als eindimensionale Maschinen zur Aggregation von Unternehmensinteressen, sondern als facettenreiche Organisationen, die teils widersprüchliche Anforderungen von Mitgliedern, Gewerkschaften, Staat, und Wirtschaftsverbänden miteinander in Bezug setzen müssen.[1]

---

1 Schlägt man nun wiederum eine Brücke in Richtung allgemeiner Organisationstheorie, so zeigen sich wohl am ehesten Anknüpfungspunkte zu jenen Theorien, wie z.B. den Entscheidungstheorien oder auch dem Resource-dependence-Ansatz, die Organisationen selbst als Koalitionen definieren. Wie Cyert/March bereits in den 1960er Jahren (1992 [1963]: 31) ausgeführt haben: „Basic to the idea of coalition is the expectation that the individual participants in the organization may have substantially different preference orderings (i.e. individual goals). That is to say, any theory of organizational goals must deal successfully with the obvious potential for internal goal conflict inherent in a coalition of diverse individuals and groups."

2.1 Effektivität und Legitimität bei Weitbrecht (1969)

Den wohl ersten Versuch, das Spannungsverhältnis innerhalb von Arbeitgeberverbänden systematisch zu begründen, stellt Weitbrechts Studie zu Effektivität und Legitimität der Tarifautonomie dar.[2] Dieses Spannungsverhältnis bzw. „Dilemma“ (Weitbrecht 1969: 90) ist demnach keine Besonderheit der Arbeitgeberverbände, nicht einmal der Tarifvertragsparteien, sondern stellt ein Grundproblem jeder sozialen Organisation dar (ebd.). Noch bei Lipset manifestierte sich das Problem von Effektivität (oder auch „Funktionsfähigkeit“) und Legitimität zunächst einmal im Verhältnis zwischen dem System der Tarifautonomie und der Gesellschaft oder präziser, „der Mehrheit des Volkes“ (Lipset 1962, zitiert nach Weitbrecht 1969: 35). Für Weitbrecht ist eine solche Perspektive unvollständig, solange sie neben dem Außenverhältnis zu anderen gesellschaftlichen Bereichen nicht auch „das innere Funktionieren“ der Tarifautonomie analysiert (Weitbrecht 1969: 33). Angewandt auf die Ebene der einzelnen Organisation (hier: des Arbeitgeberverbands), stellt sich das Problem der Legitimation zunächst im Verhältnis zwischen Repräsentanten und Mitgliedern, insbesondere nach „ihrer Berechtigung, die Mitglieder in Tarifauseinandersetzungen zu vertreten und neue Normen zu setzen“ (ebd.: 45). Dieses Vertretungsverhältnis erhält seine Brisanz nicht allein in der Beauftragung eines Vertreters durch die Mitglieder, sondern vielmehr durch das „Für-sich-gelten-Lassen“ (M. Weber) der Ergebnisse des Handelns der Repräsentanten. In diesem Sinne stellt sich innerhalb der Organisation „interne Legitimität“ (ebd.: 47) durch deren Verpflichtungsfähigkeit her;[3] legitim ist das Ergebnis von Verhandlungen dann, wenn ein beauftragter Vertreter, Emissär oder Delegierter die durch ihn (oder sie) vertretenen Mitglieder auf das erzielte Verhandlungsergebnis verpflichten kann.[4] Weitbrecht unterscheidet hierbei deutlich zwischen „Verpflichtung“ und „Sanktionierbarkeit dieser Norm“. Im Bereich der Tarifverhandlungen ist die Sanktionierung der getroffenen Tarifnormen unter Anwendung geltenden Rechts Aufgabe staatlicher Gerichte. Die Verpflichtung hingegen obliegt den beteiligten Organisationen selbst; schlägt sie fehl, droht eine Umleitung von Konflikten auf die betrieb-

---

2 An anderer Stelle werden die hinter diesem Dilemma stehenden Prozesse unter Rückgriff auf die Begriffe „Konzessionsprozess“ und „Ratifizierungs- oder Verwaltungsprozess“ betrachtet (Weitbrecht 1974).

3 Als „externe Legitimität“ bezeichnet Weitbrecht die Kompatibilität der Tarifautonomie mit dem gesellschaftlichen Wertesystem.

4 Bemerkenswert erscheint an dieser Stelle, dass Weitbrecht bereits viele Jahre vor der Blüte des Neokorporatismus die in der Pluralismustheorie vorherrschende Vorstellung, Verbände würden die Interessen ihrer Mitglieder lediglich vertreten, herausfordert. In Weitbrechts Ansatz wird die Vorstellung zu den Beziehungen zwischen Mitgliedern und Verbänden quasi auf den Kopf gestellt.

liche Ebene, mit der Folge von Absentismus, Leistungsabfall oder gar wilden Streiks (ebd.). Nun weist Weitbrecht darauf hin, dass die Verpflichtungsproblematik keineswegs als einseitiges Problem der Einwirkung einer Verbandsführung auf die eigenen Mitglieder aufgefasst werden kann, denn letztlich werden an die Verhandlungsführer beider Seiten vielfältige Erwartungen in Bezug auf das Verhalten in Tarifauseinandersetzungen gerichtet; neben denen der eigenen Mitglieder bzw. der Organisation spielen jene der Partner bei den Verhandlungen eine Rolle, aber auch solche der „Allgemeinheit“:

> „Der Verhandlungsführer steht also in seiner Vertretungsfunktion der Organisation mehrfachen Verhaltenserwartungen gegenüber, die sich in vielen Fällen nicht decken, er steht in einem Konflikt, der in der Soziologie als *Rollenkonflikt* analysiert wird.“ (Ebd.: 65, Hervorhebung im Original)

Nun muss eine Verhandlungsführung diesen Rollenkonflikt nicht allein in der eigenen Person aushalten bzw. produktiv auflösen, denn dieser wird „institutionalisiert“ (ebd.: 69). Organisationen wie Arbeitgeberverbände stellen besondere Organisationsstrukturen zur Verfügung, die eine Auflösung des Rollenkonflikts sowie eine erfolgreiche Verpflichtung der eigenen Organisation auf das gefundene Verhandlungsergebnis erleichtern. Weitbrecht sieht die Lösung des Verpflichtungsproblems in der „Quasi-Partizipation“, welche den Mitgliedern zwar eine Pro-forma-Teilhabe einräumt, letztlich aber die wirklichen Entscheidungen in konkreten Auseinandersetzungen bei der Verbandsführung belässt (ebd.: 89). Dies nun kennzeichnet das Dilemma, in dem sich Arbeitgeberverbände befinden: Will ihr Stellvertreter die Organisation effektiv in Verhandlungen vertreten, braucht er Verhandlungsspielräume – er muss der Gegenseite etwas anbieten können, um Kompromisse ermöglichen zu können. Täte er dies nicht, so gliche der Stellvertreter dem, was Sofsky/Paris (1994: 170ff.) später als „gebundenen Delegierten“ bezeichnet haben. Ein solcher Delegierter handelt im imperativen Auftrag, seine Verhandlungssituation soll möglichst vollständig vordefiniert werden. Eine derartige Überprogrammierung kann wohl nur in Situationen diktatorischer Übermacht gelingen, sicherlich aber kaum in freien Tarifverhandlungen. Da also eine vollständige Legitimierung durch Vollzug des imperativen Mitgliederauftrages nicht anzunehmen ist, entsteht ein Spannungsverhältnis zwischen Legitimität und Effektivität:

> „Nirgendwo kann das Ziel einer Organisation direkt angesteuert werden. Vielmehr ist immer ein Mindestmaß der Zustimmung der Mitglieder der Organisation zur Organisationsstruktur, zur Führung und zu den Zielen selbst notwendig. Jede funktionierende Organisation stellt deshalb einen Kompromiss dar zwischen den Formen, die eine größtmögliche Effektivität, und den Formen, die eine größtmögliche Legitimierung durch die Mitglieder hervorbringen.“ (Weitbrecht 1969: 90)

Legitimität, definiert als Verpflichtungsfähigkeit der Organisation gegenüber den eigenen Mitgliedern, erfordert also eine hohe Mitgliederbeteiligung, während Effektivität, verstanden als Kompromissfähigkeit und Verhandlungsfreiheit ihres Repräsentanten am Verhandlungstisch,[5] ein geringeres Beteiligungsniveau zwingend voraussetzt.[6] Die Originalität dieses Arguments, so fasste später Teubner (1978: 244) zusammen, resultiert nicht aus der (naheliegenden) Annahme, den Verbänden gelinge es, einen tragfähigen Kompromiss aus Effektivität und Legitimität herzustellen, oder beide Prozesse würden entschärft, indem man sie einfach zeitlich auseinanderziehe. Die Lösung sieht Weitbrecht in einer strikten Differenzierung von Entscheidungs- und Legitimationsmechanismen und ihrer späteren Reintegration durch die subjektiven Vorstellungen der Beteiligten:

> „Die Funktionäre haben das Gefühl ausreichender Legitimation der ausgehandelten Entscheidung; die Mitglieder haben die Vorstellung, an Entscheidungsprozessen maßgeblich mitgewirkt zu haben." (Teubner 1978: 244)[7]

2.2 Zielfindung und Zielverfolgung bei Child et al. (1973)

Obwohl die viel beachtete Studie von Child et al. Gewerkschaften zum Gegenstand hat, sind die dort entwickelten Kategorien und Unterscheidungen vielfach zur Analyse von Arbeitgeberverbänden herangezogen worden (siehe u.a. Traxler 1986: 26; Schmitter/Streeck 1999: 19; Helfen 2007: 53; Henneberger 2010). Anknüpfend an Weber entwickeln die Autoren ein Konzept der „administrativen Rationalität", welches die Herausbildung organisatorischer Routinen, funktionale Spezialisierung, direkte Kommunikation sowie schnelle Entscheidungsfindung

---

5 Die Assoziation von Effektivität mit Kompromiss und Legitimität mit Verpflichtung der Mitglieder ist nicht unwidersprochen geblieben. So fragt Teubner (1979: 245), ob es nicht viel naheliegender sei, die Effektivität eines Verbandes daran zu messen, inwieweit dieser in der Lage sei, die Interessen seiner Mitglieder durchzusetzen, und die Legitimität als die Fähigkeit eines Verbandes zu bestimmen, Kompromisse zwischen Mitgliedern und Führung herzustellen.

6 Selbstverständlich ließe sich dieses Bild weiter verkomplizieren, wenn man, wie dies Weitbrecht an anderer Stelle getan hat (Weitbrecht 1974), die Wechselwirkungen der jeweiligen (internen) Verpflichtungsprozesse mit der Verhandlungsstrategie der jeweiligen Gegenseite in die Betrachtung einbezieht.

7 Das nur schwer verdauliche Originalzitat Weitbrechts, auf das sich Teubner bezieht, lautet wie folgt: „Die komplementären Prozesse der Verpflichtung müssen also zumindest formal Entscheidungsprozesse sein, um die gewünschte Wirkung zu haben. Entscheidungsprozesse mit quasi-demokratischer Beteiligung auf der einen Seite müssen also demokratischen Beteiligungsprozessen mit Quasi-Entscheidungen auf der anderen entsprechen." (Weitbrecht 1969: 92)

zur Voraussetzung hat.[8] Die „administrative Rationalität", so argumentieren Child et al. (1973: 77f.), gerät allerdings mit einem zweiten Konzept, der „repräsentativen Rationalität", in Konflikt, weil Letzteres eine weitgehende Mitgliederbeteiligung zwingend voraussetzt. Während administrative Rationalität auf organisatorische Routinen setzt, muss repräsentative Rationalität Handlungsspielräume offenlassen, will sie den Ansprüchen unterschiedlicher Gruppen von Mitgliedern Rechnung tragen. Ähnliche Reibungspunkte ergeben sich aus der funktionalen Spezialisierung und den Kommunikationserfordernissen. Administrative Rationalität erfordert eine bewusste Engführung, während repräsentative Rationalität mit einer Vervielfachung von Funktionen einhergeht. Fordert Erstere eine Fokussierung der Kommunikationskanäle ein, basiert Letztere auf der Vervielfachung und Zweigleisigkeit von Kommunikationskanälen, geht es doch darum, den Austausch unterschiedlicher Meinungen sicherzustellen, und nicht etwa darum, bereits gefasste Beschlüsse auf dem Verwaltungsweg nach unten durchzustellen. Daraus resultieren auch unterschiedliche Anforderungen an die Geschwindigkeit der Beschlussfassung.

Administrative Rationalität erzwingt zügige Beschlussfassung, während repräsentative Rationalität die Festlegung einer Beschlusslage so lange zurückstellt, bis alle Beteiligten Gelegenheit hatten, ihren Standpunkt zum Ausdruck zu bringen. Schließlich haben beide Formen von Rationalität Auswirkungen auf die Machtverteilung innerhalb der Organisation: Macht (hier verstanden als wichtigste Ressource der Autorität) wird bei der administrativen Rationalität an der Spitze der Hierarchie konzentriert und einem einheitlich strukturierten Kontrollmechanismus unterworfen; dagegen will repräsentative Rationalität Macht kontrollieren, nicht zuletzt indem sie Macht- und Kontrollbefugnisse unterschiedlichen Teilen der Organisation zuweist.

Child et al. verdichten nun ihr Konzept, indem sie die administrative Rationalität in ein Konzept der Zielverfolgung und die repräsentative Rationalität in eines der Zielfindung überführen (ebd.: 78). Diese Verdichtung führt das Konzept nun recht nahe an das Weitbrecht'sche Kategoriensystem heran, welches mit der Frage nach der Legitimität (= Verpflichtungsfähigkeit) und Effektivität (= Kompromissfähigkeit) ebenso wie Child et al. die Frage danach stellt, wie eine Organisation sich gleichzeitig mit zwei Parteien auseinandersetzen kann: auf der einen Seite nach außen gewandt mit dem Gegenüber in Tarifverhandlungen, auf der anderen Seite nach innen gewandt mit den Interessen der eigenen Mitglieder (bzw. Teilen davon). Neben diesen augenfälligen Gemeinsamkeiten

8 Vergleicht man hier den Aufbau einer „besonderen" Verbandstheorie mit der allgemeinen Organisationstheorie, so drängt sich an dieser Stelle der Vergleich mit der zehn Jahre vor Child et al. publizierten Unterscheidung zwischen „organischen" und „mechanistischen" Managementstrukturen bei Burns/Stalker (1961) förmlich auf.

beider Ansätze, die sich allein schon aus der Grundstruktur der kollektiven Tarifbeziehungen zu ergeben scheinen, gibt es aber auch erhebliche Unterschiede. Während Weitbrecht die Frage nach der „Effektivität" von der Beziehung zwischen Mitgliedern und Führung ablöst und diese Effektivität in erster Linie auf den Verhandlungsspielraum der Verhandlungsführung bezieht, stellt für Child et al. Effektivität eine relevante Kategorie innerhalb beider Verhandlungssysteme, des repräsentativen ebenso wie des administrativen Systems, dar:[9] „This assumption in effect implies that effective administration and effective representation comprise the two ends of a continuum" (ebd.: 79).

Dies führt letztlich zu zwei Formen der Dynamisierung des Ansatzes, die Child et al. deutlich von Weitbrecht unterscheiden. Zunächst einmal gehen die Autoren davon aus, dass sich innerhalb einer Organisation der Grad von administrativer und repräsentativer Effektivität verändert. Sie folgen hierbei zwar nicht generell dem Michels'schen Gesetz, welches eine solche Dynamik nur in Richtung einer stärkeren Oligarchisierung annimmt, halten dieses aber durchaus für eines von mehreren möglichen Szenarien. Zweitens öffnen sie das Konzept der repräsentativen Rationalität für abweichende Erwartungen der Mitglieder gegenüber der Organisation; demnach ist Mitgliederpartizipation keine Konstante, sondern im konkreten Fall davon abhängig, was die Mitglieder mit ihrer Mitgliedschaft verbinden. So ist es, argumentieren Child et al., durchaus vorstellbar, das die Mitglieder ihre Organisation als „commodity" (ebd.: 75) wahrnehmen, in dem Sinne, dass sie für ihre Beiträge eine Dienstleistung erwerben, aber keine weitergehenden Teilhaberechte erwarten. Es kommt also zum Tausch von Geld gegen Dienstleistungen, ohne dass darüber hinaus eine Mitsprache dahingehend eingefordert wird, wie diese Dienstleistung genau erbracht wird. Noch bei Weitbrecht war ein Mindestmaß an Teilhabe, bzw. der Illusion von Teilhabe, Voraussetzung zur Stiftung von Legitimität; bei Child et al. ergibt sich die Bedeutung von Teilhabe aus den jeweiligen, durchaus kontext- und organisationsabhängigen Erwartungen der Mitglieder.

Interessant ist nun die Frage, wie es Arbeitgeberverbänden gelingt, das Spannungsverhältnis innerhalb ihrer eigenen Organisation zu bewältigen. „Bewältigen" soll in diesem Sinne nicht als Versuch der „Auflösung" verstanden werden – schließlich würde dies bedeuten, dass sich die fundamentalen Prozesse und Strukturen, welche das Spannungsverhältnis geschaffen haben, durch die Organisation selbst weitgehend umgestalten oder zumindest entschärfen ließen. „Bewältigung" soll in diesem Kontext nur bedeuten: Das Spannungsverhältnis lässt sich so weit eingrenzen und beherrschen, dass die Handlungsfähigkeit des Verbandes gewährleistet werden kann.

---

9 Die Autoren sprechen wahlweise von „representative/administrative rationales" (ebd: 82) oder „systems" (ebd.: 89).

Bei Weitbrecht erfolgt Bewältigung mittels Struktur, Personenidentität und Kompromiss; Letzteres bezeichnet hier zunächst den grundlegenden Gestaltungsspielraum, der über ein Ausbalancieren von Legitimität und Effektivität bestimmt wird. Auf der Strukturebene werden Entscheidungsprozesse zunächst systematisch von Prozessen der Mitgliederverpflichtung getrennt, aber über die Persönlichkeit der Verhandlungsführung letztlich wieder miteinander in Bezug gesetzt und somit verknüpft.[10] Child et al. bewältigen das Spannungsverhältnis, indem sie das administrative und das repräsentative System in ein Interaktionsverhältnis setzen. Dieser „central cycle of activity“ basiert auf der Logik sequentieller Abfolgen von Handlungen und Entscheidungen, eine Grundvorstellung, die bereits von Cyert/March (1992 [1963]) unter dem Stichwort „quasi resolution of conflict“ entwickelt wurde.

Während Weitbrecht großen Wert auf die Synchronität der unterschiedlichen Prozesse legt (Weitbrecht 1969: 105), erlaubt das Modell von Child et al. Abweichungen zwischen Mitgliedererwartungen und Organisationshandeln, welche sich zu einem späteren Zeitpunkt (z.B. bei den nächsten Tarifverhandlungen) in Form veränderten Handelns der Verbandsführung ausdrücken. Auf der Zeitachse sind Organisationen somit anpassungs-, wenn nicht sogar lernfähig.[11]

2.3 Mitgliedschafts- versus Einflusslogik bei Schmitter/Streeck (1981)

Schmitter/Streecks „The Organization of Business Interests“ stellt den wohl weitaus populärsten Ansatz zur Aufarbeitung des inneren Spannungsverhältnisses in Arbeitgeberverbänden (und auch Wirtschaftsverbänden) dar. Rezeptionsgeschichtlich ist dies insofern mehr als bemerkenswert, als es der Originaltext von 1981 nie über den Status der „grauen Literatur“ hinausgebracht hatte, dennoch aber viele andere Ansätze, zumindest was die wissenschaftliche Aufmerksamkeit anbelangt, bei weitem überstrahlte. Zunächst operieren auch Schmitter/Streeck in den Kategorien einer analytischen Dichotomisierung von „business interest association“; deren „Janusköpfigkeit“ resultiere aus ihrer intermediären Stellung zwischen Unternehmen auf der einen und Staat und Gewerkschaften auf der anderen Seite (Schmitter/Streeck 1999 [1981]: 19). Im Unterschied zu zeitlich vorangegangenen Ansätzen deutet sich hier bereits der Einfluss der mittlerweile lebhaft ausgetragenen Korporatismusdebatte an. Waren die Konzepte von Child et

---

10 Diese Gleichzeitigkeit von struktureller Trennung von Entscheidungs- und Verpflichtungsprozessen und der Integration durch die Funktion der Verhandlungsführung führte wohl letztlich dazu, dass Weitbrechts Ansatz zuweilen als „struktur-funktionalistisch“ gekennzeichnet wurde (siehe Schroeder/Silvia 2003: 247).

11 Insofern erscheint John Childs spätere Auseinandersetzung mit Konzepten des „organisational learning“ nur konsequent.

al. sowie Weitbrecht noch sehr stark auf die Grundstruktur der Tarifbeziehungen und der dort handelnden Parteien zugeschnitten, so gerät der Staat nun stärker in den Mittelpunkt der Analyse.

Der besondere Charakter der Unternehmerverbände – so ein weiterer Unterschied zu den bisher behandelten Konzepten – wird eher in Form einer Koexistenz oder Dualität als mit Rückgriff auf die Figur des Spannungsverhältnisses eingeführt. Hierbei wird in der Dimension der Mitgliedschaftslogik („logic of membership") davon ausgegangen, dass Verbände ihren Mitgliedern ausreichende Anreize anbieten müssen, damit diese die für den Erhalt oder gar das Wachstum eines Verbandes notwendigen Ressourcen bereitstellen. Gleichzeitig müssen Unternehmerverbände aber in der Dimension der Einflusslogik („logic of influence") so organisiert sein, dass sie angemessenen Einfluss auf staatliche Akteure sowie Gewerkschaften ausüben können, mit dem Ziel, als Resultat eines Tauschprozesses wichtige Ressourcen wie offizielle Anerkennung, Tolerierung, Konzessionen oder Subventionen erlangen zu können (ebd.).[12] Im Grunde präsentieren Schmitter/Streeck ein analytisches Instrumentarium oder, wie Hilbert (1988: 32) es ausdrückt, „zwei Variablenblöcke", die aufzeigen sollen, welche strukturellen Konstellationen besonders geeignet sind, Verbände mit den für ihr Überleben bzw. ihre Expansion erforderlichen Ressourcen auszustatten. Selbstverständlich ergeben sich, wie Hilbert näher ausführt, Wechselwirkungen zwischen beiden Dimensionen: „Die ‚geliehene' Attraktivität eines Verbandes bei seinen Mitgliedern wird noch gesteigert und kann de-facto zur Zwangsmitgliedschaft werden, wenn solchen Verbänden staatlicherseits auch noch Implementations- oder Regulierungsaufgaben übertragen werden. Die ‚Einflußlogik' übt mithin einen integrierenden Einfluss auf die ‚Organisation von Wirtschaftsinteressen' aus und kann im Gegensatz zur Mitgliedschaftslogik segmentierenden Effekten der Wirtschaftsstruktur entgegenwirken" (ebd.: 34f.). Im Falle eines starken, interventionistischen Staates kann diese Rückspiegelung der Einflusslogik sogar so weit gehen, dass diese über wesentliche Organisationseigenschaften der Verbände bestimmt (Schmitter/Streeck 1999: 32).

Zwar werden beide Logiken nicht in ein direktes Spannungsverhältnis gesetzt, aber es ergibt sich aus der Verankerung des Ansatzes in der Korporatismusdebatte ein Unter- bzw. Überordnungsverhältnis beider Logiken. Wie Traxler (2007: 5) ausführt, antizipiert der Ansatz von Schmitter/Streeck eine Transformation der Unternehmerverbände von Instrumenten zur Förderung der Mitgliederinteressen hin zu „Quasi-Autoritäten", welche die Fähigkeit besitzen, für die Mitglieder verpflichtende Regeln zu schaffen. Eine solche Transformation scheint

12 Eine ähnliche Dichotomisierung unter Verwendung der Begriffe „Macht im Verband" und „Macht des Verbandes" findet sich bei Groser (1979: 99), der sich in seinem Buch allgemein mit den Grundlagen der Tauschtheorie des Verbandes befasst hat.

für die Autoren in der Konsequenz unabweisbar, denn auf der Ebene des Verbandes bringe eine Vorherrschaft der Mitgliedschaftslogik letztlich nichts anderes als kleine, fragmentierte, enge, intern wenig ausdifferenzierte und schlecht koordinierte Zusammenschlüsse von Spezialinteressen hervor (Schmitter/Streeck 1991: 51). Auch was die Ressourcenausstattung bzw. -mobilisierung anbelangt, wird die Mitgliedschaftslogik letztlich mit Bedingungen in Verbindung gebracht, die eine nachhaltige Existenz von Verbänden zumindest fraglich erscheinen lassen; Beiträge der Mitglieder werden hier von ihrer Unterstützung der Verbandspolitik abhängig gemacht, und Arbeit für den Verband muss jedes Mal aufs Neue in Form ehrenamtlicher Unterstützung mobilisiert werden.[13] Die Einflusslogik hingegen wird hier mit formalisierter Beitragserhebung, professioneller, hauptamtlicher Arbeit für den Verband sowie staatlicher Unterstützung auf dem Wege öffentlicher Anerkennung oder gar Zwangsmitgliedschaften assoziiert (ebd.: 54). Im Grunde bleibt den Verbänden kaum etwas anderes übrig, als die Mitgliedschaftslogik abzuwerten und im Gegenzug die Einflusslogik aufzuwerten, wollen sie stabile und effektive Interessenorganisationen bleiben bzw. werden, denn letztlich müssen sie dafür sorgen, dass die eigenen Mitglieder den ausgehandelten Vereinbarungen Folge leisten (ebd.: 93).

Ob nun die bei Schmitter/Streeck vorgesehene Transformation vom „pluralistischen" Unternehmerverband mit seiner Dominanz der Mitgliedschaftslogik hin zum korporatistischen Verband mit seiner Vorherrschaft der Einflusslogik eintritt, hängt wesentlich von der Zukunft des korporatistischen Staates ab. In diesem Zusammenhang sind insbesondere von Streeck/Visser (2006: 242f.) zuletzt deutliche Zweifel an der Stabilität der Unternehmerverbände geäußert worden, denn schließlich seien Tendenzen der Internationalisierung auch an staatlichen Akteuren nicht spurlos vorbeigegangen.

Auf einen weiteren Fall der Durchbrechung der von Schmitter/Streeck angedeuteten Entwicklungsdynamik weist Hilbert hin. Demnach kann es in bestimmten Konstellationen durchaus dazu kommen, dass die Mitgliedschaftslogik die Einflusslogik quasi unterläuft, wenn nicht gar korrumpiert:

> „Wenn absehbar ist, dass Verbandsbeschlüsse wettbewerbsrelevante Folgen haben, interessiert sich zwar jeder für die Mitgliedschaft, um seine Konkurrenzinteressen wahrnehmen zu können; gleichzeitig versuchen aber alle Beteiligten, eine

---

13 Ein ähnliches Schicksal schreibt Streeck (1981) auch den Gewerkschaften zu. Unter Rückgriff auf Webers Begriff von der „Veralltäglichung des Charisma" attestiert er den deutschen Gewerkschaften eine Entwicklung von der sozialen Bewegung hin in Richtung einer reinen „Arbeitsorganisation", welche durch die Form der bürokratischen Herrschaft strukturiert wird. Eine solche Bürokratisierung – so Streeck – erfordert die Stabilisierung von Austauschbeziehungen, die Verstetigung des Ressourcenflusses und die Einführung rationaler Handlungsroutinen (Streeck 1981: 28).

> Entscheidung zu ihren Gunsten herbeizuführen (bzw. eine zu ihren Ungunsten zu blockieren).“ (Hilbert 1988: 299)

Letztlich folge aus solchen Prozessen wahlweise die Bewahrung des Status quo oder die Paralysierung der verbandlichen Handlungsfähigkeit.

Diese Befunde aus dem Rahmen des von Streeck und Schmitter selbst initiierten OBI-Projekts[14] deuten an, dass sich eine völlig spannungsfreie Auflösung der unterschiedlichen Logiken in die jeweils angemessenen Strukturen der Unternehmerverbände nur schwer bewerkstelligen lässt – dies umso mehr, als sich mit dem Staat sowie den Gewerkschaften als zentralen Adressaten von Einfluss, aber auch von Tauschbeziehungen, gleichzeitig auch entscheidende Parameter der innerverbandlichen Einflusslogik verändert haben. Während also das Spannungsverhältnis bei Weitbrecht und Child et al. primär das Resultat von widersprüchlichen sozialen Prozessen und Erfordernissen innerhalb der Organisation ist und mit dem Grundtatbestand der Repräsentation bzw. Delegation verknüpft wird, treten solche Spannungen bei Schmitter/Streeck überhaupt erst dann auf, wenn sich die verbandliche Umwelt verändert.[15]

2.4 Mitgliedersolidarität versus Effektivität bei Traxler (1986)

Traxlers Kennzeichnung des Spannungsverhältnisses in Arbeitgeberverbänden unter Rückgriff auf die Begriffe „Effektivität“ und „Mitgliedersolidarität“/„Legitimität“ weist auf den ersten Blick einige Parallelen zu Weitbrechts Ansatz auf, wobei allerdings – und hier besteht ein deutlicher Unterschied – die Hauptquelle dieser Spannungen außerhalb des Verbandes verortet wird. So basiert Traxlers „Ressourcenansatz“ auf der Annahme, dass Arbeitgeber über eine Wahlfreiheit verfügen, die es ihnen erlaubt, die jeweiligen Interessen entweder durch kollektives oder durch individuelles Handeln zu verfolgen (zusammenfassend:

---

14 Das OBI-Projekt (Organization of Business Interests) wird in Kapitel 4 näher beschrieben.

15 Im ersten Abschnitt ihrer Arbeit versuchen Schmitter/Streeck ihre dichotomische Charakterisierung der beiden „Logiken“ mit der „logic of effective implementation“ und „goal formation“ von Child et al. zu verknüpfen. Letztlich führt die Verbindung beider Achsen zu vier „Aufgabenbereichen“, welche in unterschiedlicher Gewichtung von jedem Unternehmerverband ausgefüllt werden müssen; je nach Bedeutung der vier Logiken ähneln Unternehmerverbände einer sozialen Bewegung, einem privatwirtschaftlichen Unternehmen, einer Regierung oder auch einem Verein bzw. Club (Schmitter/Streeck 1999: 20f.). Ob nun das Grundkonzept der jeweiligen Logiken genügend Variabilität ausweist, um wirklich von eigenständigen Dimensionen des Gegenstandsbereiches zu sprechen, oder ob letztlich nicht doch alter Wein in neuen Schläuchen verkauft werden soll, soll hier nicht weiter vertieft werden.

Henneberger 2010: 134ff.). So geht er davon aus, dass zwar mit steigender Ressourcenausstattung der einzelnen Unternehmen deren Organisationsfähigkeit zunimmt, gleichzeitig aber deren Organisationsbedarf abnimmt, sind doch ressourcenstarke Unternehmen durchaus in der Lage, die mit ihren Beschäftigten bestehenden Arbeitsverhältnisse eigenständig zu gestalten (Traxler 1999). Wie Traxler an anderer Stelle ausführte: „Hence, employers' individual strength turns into a comparative weakness of their associations" (Traxler 1995: 32). Solange nicht der Staat (z.B. über das Instrument der Allgemeinverbindlichkeitserklärung von Tarifverträgen) oder auch die Gewerkschaften (durch kollektive Aktionen) externe Anreize schaffen, um den Organisationsbedarf zu erhöhen, fungieren Arbeitgeberverbände quasi als Organisationen auf Abruf, denn ihre Mitglieder verfügen über realistische (individuelle) Handlungsalternativen.[16] Dieser hohe Stellenwert „partikularer Interessenlagen" (Traxler 1986: 222) bildet die Basis, auf der das Spannungsverhältnis zwischen Mitgliedersolidarität und Effektivität (= „strategische Schlagkraft") aufbaut.

Während dieses Spannungsverhältnis noch bei Weitbrecht zu Lasten der Teilhaberechte der Mitglieder bewältigt wird („Quasi-Partizipation"), geht die Argumentation bei Traxler in die genau entgegengesetzte Richtung. So seien zwar die Entscheidungsverfahren fast durchgängig auf die Bedingungen strategischer Zielbildung zugeschnitten, in der Praxis aber werde diese Bevorzugung der Einfluss- gegenüber der Mitgliederdimension nahezu vollständig unterlaufen (ebd.: 220). Denn während noch auf der Ebene formaler Vorschriften die Einflussrechte der einzelnen Mitglieder restriktiv gehandhabt werden und für die Beschlussfassung das Mehrheitsprinzip vorgesehen ist, liegt in der Praxis das Konkordanzprinzip zugrunde, wonach Entscheidungen im Einvernehmen zu treffen sind (ebd.).

Letztlich kann es also nicht weiter verwundern, dass bei Traxler solche Arbeitgeberverbände, die allein auf ihre eigenen Kapazitäten der Interessenverfolgung zurückgeworfen sind – also nicht über externe Solidarisierungshilfen verfügen –, letztlich als schwache, wenig entscheidungsfreudige Organisationen in Erscheinung treten.

2.5 Ökonomische versus politische Logik bei H. Weber (1987)

Auf der Grundlage eines von der Systemtheorie Luhmanns inspirierten theoretischen Vorverständnisses führt Weber mit der ökonomischen sowie der politischen Logik von Unternehmerverbänden zwei Kategorien ein, die sich zentral

16 Van Waarden (1995: 92) spricht weiterhin exklusive Rechte einiger Arbeitgeberverbände zur Ausstellung von Exportlizenzen als Organisierungsanreize an.

auf die Interessenvertretungsoutputs der untersuchten Verbände beziehen. Im Unterschied zu den bislang diskutierten Ansätzen wird das Spannungsverhältnis in den Verbänden nun nicht von den Ausgangsinteressen her gedacht, sondern vielmehr anhand der Resultate bzw. Ziele der Verbandstätigkeit konkretisiert. Im Zentrum des Ansatzes stehen die vom Verband bereitgestellten „Kollektivgüter". So resultiert aus politischen kollektiven Aktionen die Schaffung von „inklusiven Kollektivgütern", deren Nutzung nicht ausschließlich denen vorbehalten werden kann, die zur Produktion dieses Gutes beigetragen haben; es entstehen die hinlänglich bekannten „free-rider"-Probleme (Weber 1987: 26). Im Gegensatz dazu werfen „exklusive Kollektivgüter", die das Produkt ökonomischer kollektiver Aktionen sind, keine vergleichbaren Trittbrettfahrerprobleme auf. Doch nicht nur wegen der unterschiedlichen Möglichkeit, andere von der Nutzung der produzierten Kollektivgüter auszuschließen, erscheinen die ökonomische und die politische Logik nur schwer miteinander vereinbar. Beide stellen substantiell unterschiedliche Anforderungen an das Handeln der Akteure.

Während es nun die ökonomische Logik nahelegt, die Anzahl der in einem spezifischen Marktsegment tätigen Unternehmen möglichst gering zu halten (z.B. durch Marktzutrittsschwellen), mit dem Ziel, die Konkurrenz durch Verringerung der Anzahl der Wettbewerber zu begrenzen, unterliegen politische Aktionen einer umgekehrten Logik:

> „Die Maximierung der Teilnehmer an kollektiven politischen Aktionen erhöht nicht die Konkurrenz unter den Firmen, sondern vielmehr auch die Wahrscheinlichkeit zur Realisierung politischer Vorteile in Verbindung mit der Reduzierung der Kosten derjenigen Akteure, die bereits assoziativ organisiert sind." (Ebd.: 25)

Während nun also in der ökonomischen Logik andere Verbandsmitglieder als Marktkonkurrenten in Erscheinung treten, erscheinen die gleichen Mitglieder im Lichte der politischen Logik als geschätzte Mitstreiter zur Durchsetzung gemeinsamer Ziele. Ökonomisches Handeln wird mit den Attributen Abgrenzung, Segmentierung, Distanz und Konkurrenz assoziiert, während politisches Handeln auf Integration, Kohäsion und Solidarität basiert (ebd.: 27). Beide Logiken sind kaum miteinander vereinbar, und folglich erscheint die Transformation ökonomischen Handelns in politische Aktion als schwer lösbares Problem. Wie kommt es aber nun trotz all dieser Widrigkeiten zu assoziativem Handeln? Wie wird das Unwahrscheinliche wahrscheinlich? Webers Antwort auf diese Fragen bezieht sich im Wesentlichen auf die zwei Elemente „Breite der Leistungspalette des Verbandes" und „Partizipation".

Bei der Leistungsbreite entschärfen Verbände das Dilemma der unterschiedlichen Logiken, indem sie vier Bündel von Gütern anbieten (solidarische, selektive, autoritative Güter sowie „Kollektivgüter"), deren Bereitstellung unterschiedlichen Logiken folgt. Auf dem Wege einer Art innerverbandlicher Segmentierung von Leistungen, deren Adressaten sowie den Bedingungen ihrer Herstellung wird das Unvereinbare vereinbar gemacht. Partizipation, als zweiter Aspekt der Auflösung der Unvereinbarkeit, erleichtert die Kommunikation zwischen den Akteuren und erhöht die Möglichkeit der wechselseitigen Zurechnung von Entscheidungen (ebd.: 33).

2.6 Diskussion und kritische Würdigung

In der Tabelle 2.1 werden Kernaspekte der hier vorgestellten Theorien zum Spannungsverhältnis in Arbeitgeberverbänden zusammengefasst. Zunächst einmal fällt auf, dass sich alle genannten Ansätze innerhalb einer dichotomen Vorstellungswelt bewegen, wonach sich das durch Arbeitgeber- bzw. Unternehmerverbände zu bewältigende Spannungsverhältnis letztlich auf zwei Attribute bzw. Dimensionen reduzieren lässt. Mit der Ausnahme der Arbeit H. Webers (der ausschließlich auf die Wirkung der Verbandspolitik abzielt) bewegen sich alle Ansätze in einem Raum, in dem sich ein erstes Attribut dem Verhältnis zwischen den Mitgliedern bzw. dem einzelnen Mitglied und dem Verband als handlungsfähigem Kollektivorgan zuordnen lässt. Unabhängig davon, ob man diese Dimension als „Legitimität", „Zielfindung", „Mitgliedschaftslogik", „Mitgliedersolidarität" oder als „Macht im Verband" (Groser) bezeichnet, berühren alle die zentrale Frage, in welcher Weise Interessen, Präferenzen oder Bedürfnisse der Mitglieder bzw. von Gruppen von Mitgliedern in ein kollektives Gemeininteresse[17] eines Verbands überführt werden und ebendieses Gemeininteresse notfalls gegen die Partikularinteressen des einzelnen Mitglieds zur Geltung gebracht wird.

Eine zweite Dimension berührt die Schnittstelle des Verbandes mit seiner Umwelt. Das können zum einen die Auseinandersetzungen mit Gewerkschaften im Kontext von Tarifverhandlungen sein, aber auch das Austauschverhältnis zwischen Arbeitgeberverband und Staat.

Nun teilen die hier vorgestellten theoretischen Ansätze die Einschätzung, dass die kollektive Interessenvertretung von Unternehmen in Arbeitgeberverbänden keinesfalls als selbstverständlich anzusehen ist, erachten sie doch Arbeitgeberverbände als „Überlebenskünstler" bei der Verbindung widersprüchlicher Grundprinzipien ihrer verbandlichen Existenz. In den Fällen der Ansätze von

17 Folgt man Rousseau (1986 [1762]: 31), wäre hierbei allerdings weiterhin zwischen „Gesamtinteresse" und „Gemeininteresse" zu unterscheiden. Das Gemeininteresse, beruhend auf der „volonté général", ist das gemeinsam geteilte Interesse aller an der Unveräußerlichkeit der individuellen Souveränität, während das Gesamtinteresse letztlich nichts anderes als das Aggregat der individuellen Partikularinteressen darstellt (ebd.: 31). Die bislang gemachten Ausführungen, wonach Arbeitgeber ihre souveräne Handlungsfreiheit sehr hoch schätzen, legen eher nahe, von „Gemeininteresse" zu sprechen.

Weitbrecht, Child et al., H. Weber und zum Teil auch bei Schmitter/Streeck gelingt die Bewältigung der bestehenden Spannungen durch den Verband selbst – bei Weitbrecht durch Differenzierung von Entscheidungs- und Legitimationsmechanismen, bei Child et al. durch zyklische Rückkopplungen von Entscheidungen an Bewertungen durch die Mitglieder, bei Weber durch die Ausdifferenzierung der vom Verband bereitgestellten Güter. Bei Schmitter/Streeck wiederum löst sich das Spannungsverhältnis durch die Ausdifferenzierung von Verbandsstrukturen und insbesondere durch die Abgrenzung von Verbandsdomänen quasi von selbst auf. Traxler hingegen geht noch einen Schritt weiter, indem er annimmt, dass eine Formalstruktur durch eine abweichende Praxis überformt wird, ein Prozess, der die erfolgreiche Bewältigung des inneren Spannungsverhältnisses vereitelt; letztlich bleiben Verbände zur Überwindung ihrer inneren Widersprüchlichkeit auf externe Organisierungshilfen (Staat, Gewerkschaften) verwiesen, wollen sie nicht im Stadium der weitgehenden Handlungsunfähigkeit gefangen bleiben.

Die insbesondere in den schon „klassisch" zu nennenden Arbeiten der 1960er und 1970er Jahre (Weitbrecht, Child et al.; Schmitter/Streeck) entwickelte dichotome Vorstellungswelt der Interessenorganisationen der Wirtschaft erwies sich als enorm einflussreich und trug wesentlich zum besseren Verständnis auch der Arbeitgeberverbände als Organisationen sui generis bei. Dennoch ergaben sich in der weiteren Debatte offene Flanken und auch kritische Fragen. Zwei Hauptpunkte, die im folgenden Kapitel vertieft werden sollen, sind hierbei von Be-

Tab. 2.1: Spannungsverhältnisse in Arbeitgeberverbänden

Autor(en)	Komponente 1	Komponente 2	Statisch/dynamisch?	Bewältigungsmechanismus (Spannungsverhältnis)
Weitbrecht	Legitimität (Verpflichtungsfähigkeit)	Effektivität (Kompromissfähigkeit)	statisch	Differenzierung von Entscheidungs- und Legitimationsmechanismen („Quasi-Entscheidung" und „Quasi-Legitimation")
Child et al.	Zielfindung (repräsentative Rationalität)	Zielverfolgung (administrative Rationalität)	dynamisch-offen (Rückkopplungszyklus)	Abarbeitung im Zyklus
Schmitter/ Streeck	Mitgliedschaftslogik	Einflusslogik	dynamisch-geschlossen (Formalisierungsprozess)	Auflösung in der Struktur
Traxler	Mitgliedersolidarität	Effektivität		Auflösung nur außerverbandlich möglich, sonst eingeschränkte Handlungsfähigkeit des Verbandes
H. Weber	politische Logik	ökonomische Logik	statisch	durch „Produktdiversifizierung" und Information

deutung: die Frage, für welche Interessen sich Arbeitgeberverbände überhaupt zuständig erklären, sowie jene nach der Autonomie der Mitglieder gegenüber dem Verband.

Die Antwort auf die Frage, welche Art von Interessen ein Arbeitgeberverband repräsentieren soll, fällt zumindest in diesen klassischen Studien recht schlicht aus: Der Bezugspunkt der verbandlichen Legitimität (Weitbrecht), Zielfindung (Child et al.) oder Mitgliedschaftslogik (Schmitter/Streeck) wird einfach mit „Tarifpolitik“ und den darauf bezogenen Interessen benannt. Bezogen auf die Konstitutionslogik der Arbeitgeberverbände ist dies auf jeden Fall schlüssig, wirft aber in der heutigen Situation eine Reihe von offenen Fragen auf: Welche Bestandteile des Themenkomplexes Tarifpolitik soll ein Arbeitgeberverband repräsentieren – lediglich die Aushandlung von Verträgen oder auch die Überwachung ihrer Einhaltung? Welche Themen sollen überhaupt einer tariflichen Regulierung zugeführt werden? Welche über die Tarifpolitik hinausgehenden Unternehmensinteressen soll der Arbeitgeberverband aufgreifen?

Mit dem Aspekt der Autonomie, dem zweiten Punkt, stellt sich die Frage nach dem eigenständigen Handlungspotential eines Arbeitgeberverbandes, das ihn gegen Abhängigkeiten von der äußeren (Staat und Märkte) und inneren (Mitgliedsunternehmen) Verbandsumwelt immunisiert (Traxler 1986: 32). Während die Ansätze von Weitbrecht und Schmitter/Streeck (teilweise auch von Child et al.) davon ausgehen, dass gerade die Begrenzung der Mitgliederautonomie gegenüber dem Verband letztlich ein probates Mittel darstellt, um das Spannungsverhältnis aufzulösen, hat bereits Traxler in Frage gestellt, dass eine solche Autonomisierung wirklich gelingen kann. Diese Zweifel lassen sich wie folgt umschreiben: Warum sollten sich ausgerechnet Unternehmen quasi mit Haut und Haaren der Disziplin eines Arbeitgeberverbandes unterwerfen, wo sie doch als ungemein ressourcenstarke und handlungsmächtige Akteure eine Vielzahl alternativer Durchsetzungsmöglichkeiten zur Verfügung haben?

Das folgende Kapitel wendet sich nun diesen beiden Aspekten, den Mitgliederinteressen sowie der Autonomie von Mitgliedern gegenüber dem Arbeitgeberverband, zu.

3 Die Bearbeitung von Mitgliederinteressen im Arbeitgeberverband

Es gehört zu den Gemeinplätzen der Organisations- und Verbandsforschung, dass es ohne einen Mindestfundus gemeinsamer Interessen der Mitglieder keine Notwendigkeit zur Bildung einer Organisation gibt, denn individuelles und unorganisiertes Handeln stellt stets eine relevante Handlungsoption dar. Demnach mache es keinen Sinn, Organisationen zu schaffen, nur um Patiencen zu legen (Olson 1998: 6). Ob nun diese individuellen (Ausgangs-)Interessen Resultat rein zweckrationaler Orientierung des Handelns des Einzelnen sind (Weber 1972: 15), aus dem Wunsch nach der Kontrolle über Güter und Ressourcen erwachsen (Esser 1993: 342f.), handlungsveranlassende Ziele, Werte, Wünsche, Erwartungen und Neigungen darstellen (Morgan 2000: 213) oder überhaupt erst im Lichte der sie tragenden Ideen gedeutet werden müssen (Lepsius 1990: 42f.), bleibt innerhalb des Konzepts der Logik des kollektiven Handelns unerheblich.

Das Interesse ist für Olson erst dann von Bedeutung, wenn es sich von einer individuellen auf eine kollektive Ebene erhebt. Wie aber entsteht ein solches gemeinsames Interesse, und wie manifestiert es sich? Olson nimmt an, dass Interessen bereits im vor-organisatorischen Raum durch ihre Träger, rational handelnde Individuen, begründet werden und die eigentlichen Schwierigkeiten der Organisationsbildung im Wesentlichen aus der genauen Verteilung von Kosten und Nutzen resultieren. Olsons Hauptproblem ist somit nicht die Konstituierung von Interesse, sondern das „Trittbrettfahren" als Resultat eines rationalen Kosten-Nutzen-Kalküls (Baumgartner/Leech 1998: 65ff.).

Nun sind, bezogen auf die Anwendung dieser Theorie im Bereich der „business interest associations", eine Reihe gewichtiger Bedenken vorgebracht worden, die hier nur umrissen werden sollen. So kritisieren Offe/Wiesenthal (1980) die klassentheoretische Unterbelichtung der „Logik des kollektiven Handelns", wobei allerdings grundsätzlich nicht in Frage gestellt wird, dass Arbeitgeberinteressen im vorverbandlichen Raum als Ausdruck eines einzelwirtschaftlichen Optimierungskalküls festgelegt und definiert werden. Wie Offe an anderer Stelle ausführt, unterscheiden sich in dieser Hinsicht Unternehmerverbände grundsätzlich von Gewerkschaften, die als Organisationen überhaupt erst die Interessen ihrer Mitglieder konstituieren. Die Unternehmerinteressen erscheinen hier vergleichsweise statisch: „... und selbst dort, wo Kapitalinteressen oder Arbeitgeberinteressen verbandsförmig, d.h. gemeinschaftlich verfolgt werden, entsteht keine kommunikative Deutung des Gesamtinteresses“[1] (Offe 1979: 77). Die Interessen der Wirtschaft sind also wenig widersprüchlich, auslegungsbedürftig oder zweideutig und sind „monologisch“ in dem Sinne, dass einzelne Unternehmer zur Erkenntnis ihres wahren Interesses nicht auf Dritte angewiesen sind (Offe/Wiesenthal 1980: 91).

Schmitter/Streeck (1981) hingegen bemängeln die Vernachlässigung der Rolle des Staates als Instrument zur Politisierung von Arbeitgeberinteressen in Olsons Ansatz. Keller (1988) weist auf die recht eindimensionale Modellierung des subjektiven Kosten-Nutzen-Vergleichs in der Logik des kollektiven Handelns hin, die zwar geeignet sei, das „Einbringungskalkül“ der Verbandsmitglieder (also den Verbandsbeitritt) zu erklären, aber die Gründe für den dauerhaften Verbleib im Verband nicht wirklich erhellen könne (ebd.: 392, van Waarden 1992: 163). Traxler (1986: 171, 1999) betont, dass es sich im Falle der „business interest organisations“ bei den Mitgliedern nicht um rational handelnde Individuen im streng Olson'schen Sinne handele, sondern schlichtweg um andere Organisationen, denen durch ihre teils recht üppige Ressourcenausstattung eine Reihe alternativer Formen der Interessendurchsetzung zur Verfügung stünden.

Die so vorgebrachte Kritik zielt in weiten Teilen darauf ab zu belegen, dass kollektives Handeln nicht im gesellschaftsfreien Raum organisiert wird, sondern eine Reihe von Kontextfaktoren in die Betrachtung einbezogen werden müssen. In diesem Sinne findet Organisationsbildung nicht als „Robinsonade“ statt, bei der die ursprünglichen und unverfälschten (Arbeitgeber-)Interessen einem Kosten-Nutzen-Kalkül unterworfen werden. Gesellschaft spielt bereits im Prozess der Interessenformierung eine entscheidende Rolle.[2] Darüber hinaus hat Schmitter in seiner Kritik vereinfachender Aggregationsansätze auf die analytische Unschärfe des Interessenbegriffs hingewiesen;[3] um nun herauszufinden, welches die eigenen Interessen sind, ist, so der Autor, ein derart großer Zeit- und Arbeitsaufwand erforderlich, dass es eigentlich nicht im Eigeninteresse der Sub-

1 Ähnlich argumentiert Streeck: „Womöglich ist die verhaltensbestimmende Wirkung der Beitrittsentscheidung bei den Arbeitgebern geringer als bei den Arbeitnehmern, die zwar schwer zu organisieren, aber leichter zu solidarischem Handeln zu motivieren sind“ (Streeck 1972: 151).

2 Ein erster Hinweis auf die Bedeutung von Arbeitgeberverbänden bei der „Formung von Mitgliederinteressen“ findet sich bereits bei Hondrich (1963: 14).

3 Schmitter (2006: 298) weist auch zu Recht darauf hin, dass unter dem Begriff „Interesse“ zuweilen ein bunter Strauß unterschiedlichster sozialer Phänomene subsumiert wird. Dies führe notwendigerweise zum Verlust von analytischer Präzision: „With the possible exceptions of ‚power‘ and ‚influence‘, no concept in the social sciences has suffered more from terminological imprecision, multiple usages, and naive presumptions.“

jekte liegt herauszufinden, was nun die eigenen Interessen sind, geschweige denn, diesen Interessen gemäß zu handeln (Schmitter 2006: 299).[4]

Es ist das große Verdienst gerade der Protagonisten der Theorie des Neokorporatismus, sich dieser Leerstelle zugewandt und auf die strukturierende Kraft korporatistischer Arrangements zur Aggregation von Interessen und die daraus resultierenden Spannungen zwischen Mitgliederinteressen und gesamtgesellschaftlichen Sachzwängen hingewiesen zu haben (siehe z.B. Streeck 1972).

Fasst man nun die vorgestellten Deutungen des Zusammenhangs zwischen Arbeitgeberverband und (potentiellen oder aktuellen) Mitgliedern zusammen, so fällt zunächst auf, dass den Verbänden selbst eine passive Rolle zugeschrieben wird. So werden sie wahlweise als Interessenaggregate verstanden (Olson, Offe/Wiesenthal), als verdichtete Interessen (H. Weber 1989: 14) oder aber als Resonanzraum für Gravitationskräfte, die außerhalb der Verbände im politischen System selbst angesiedelt sind (Neokorporatismus).

Nun erscheint es sinnvoll, diese doch recht rigorosen Vorstellungen von Arbeitgeberverbänden als Getriebenen von Verbandsumwelt und Mitgliederinteressen zu hinterfragen und um ein Konzept zu erweitern, welches die verbandliche Organisation als eigenständige Analyseebene ernst nimmt. Hinweise auf den zu erwartenden Ertrag ergeben sich aus Teilen der Organisationstheorie. So weist Oliver in ihrer Verdichtung von institutionentheoretischen und Ressourcenabhängigkeitstheorien darauf hin, dass Organisationen nicht als konforme und passive Einheiten zu interpretieren sind, sondern über einen erheblichen Spielraum zum Umgang mit organisationsexternen Zwängen verfügen (Oliver 1991). In ihrem Strategic-response-Ansatz werden Organisationen nicht einfach der „compliance“ mit Umweltanforderungen unterworfen, sie suchen diese Anforderungen zu gestalten oder gar zu manipulieren (Pfeffer 1982: 197; Pfeffer/Salancik 2003: 106). „Responsiveness“ im Sinne Olivers bedeutet allerdings nun keineswegs, dass Organisationen externe Zwänge vollständig oder auch nur nahezu vollständig übergehen könnten, Unterwerfung („acquiesce“) stellt immer noch eine mögliche strategische Antwort der Organisation dar. Der Ansatz Olivers verweist allerdings auf reale Handlungsspielräume in den Dimensionen „degree of choice“, „awareness“ und „self-interest“ (Oliver 1991: 148).[5]

---

4 Unter dem Stichwort „bounded rationality“ hatte bereits Simon (1997 [1945]) auf die Schwierigkeiten hingewiesen, welche aus unvollständiger Information und begrenzten Kapazitäten zur Informationsverarbeitung resultieren.

5 Zu ähnlichen Resultaten in Bezug auf die Bedeutung organisationsimmanenter Prozesse gelangt man mit Rückgriff auf die organisationswissenschaftliche Entscheidungstheorie (March/Olsen 1989, Cyert/March 1992). So haben March/Olsen auf das eigene Gewicht von Organisationsstrukturen gegenüber Umwelteinflüssen hingewiesen. Demnach konstituieren Organisationen eigene Regeln der Angemessenheit („rules of appropriate-

In eine ähnliche Richtung weist der Strategic-choice-Ansatz von Child (1972, 1997); hierbei werden Prozesse innerhalb der Organisation als eminent politische Auseinandersetzungen angesehen, welche immer auch die Frage der Macht und der Orientierungen von Entscheidungsträger widerspiegeln (Child 1972: 16).

Letztlich verweisen die beschriebenen Ansätze aus der Organisationstheorie auf die folgende offene Flanke: Organisationen leisten mehr als eine reine Aggregation von Interessen, sie bearbeiten diese in vielfältiger Weise. Die Verlagerung des Fokus auf Arbeitgeberverbände als Organisation soll einen Beitrag dazu leisten, die durch die dominierende Auseinandersetzung mit der Theorie Olsons einhergehende Fokussierung auf die prä-formative Phase zu korrigieren bzw. zu ergänzen. Ansätze hierzu ergaben sich bereits aus Teilen der Neokorporatismusdebatte (siehe z.B. Streeck 1972: 132) und den früheren Arbeit Weitbrechts (1969), aber auch aus H. Webers Analysen. So sieht Weber die Hauptleistung der Organisation darin, die „unmittelbaren, selbstbezogenen, kurzfristigen Interessen der Mitglieder“ von diesen abzukoppeln sowie zu „selegieren“ und somit teilweise sogar Interessen unberücksichtigt zu lassen (Weber 1987: 17). Wie in Kapitel 2 näher ausgeführt wurde, führen diese Grundbedingungen der verbandlichen Existenz notwendigerweise zu inneren Spannungen, die auch jeder Arbeitgeberverband jeden Tag aufs Neue lösen oder zumindest eindämmen muss. Bei diesem Prozess kommt unterschiedlichen Formen der Interessenbearbeitung eine besondere Rolle zu.

3.1 Die Politik der Interessenbearbeitung

Obwohl – wie gezeigt wurde – die deutsche Forschung zu „business interest associations“ verstärkt dazu überging, den Verband selbst als auf Dauer gestellte, organisatorisch verfestigte Kollektivgut-Erstellung in den Blick zu nehmen, wissen wir erstaunlich wenig über die Prozesse, durch die innerhalb des Verbandes die Mitgliederinteressen letztlich in Verbandspolitik umgesetzt werden. So finden sich im Gegensatz zur Pionierarbeit Traxlers über die österreichischen Unternehmerverbände (Traxler 1986) in der deutschen Arbeitgeberverbandsforschung kaum derart ausführliche und präzise Analysen der Prozesse innerverbandlicher Interessenbearbeitung.

Die hier vorgeschlagene Analyse der Strukturen der Interessenbearbeitung knüpft zunächst an die in der Organisationsforschung weit verbreitete These an, dass es sich bei Organisationsstrukturen um Systeme bewusst gestalteter und un-

ness“), die die Deutungsmuster ihrer Mitglieder beeinflussen und letztlich auch die Handlungen der Organisation als Ganzes lenken.

persönlich geltender Regelungen handele (Kubicek/Welter 1985: 14), analysiert diese Regeln allerdings im Kontext der Ausgangsinteressen der Organisationsmitglieder.[6] Eine solche Weitung des Fokus erscheint allein schon deshalb angebracht, weil anders als beim „Betrieb" oder „Unternehmen" – als den viel analysierten Kardinalfällen der Organisation – den Ausgangsinteressen der Mitglieder der Organisation „Arbeitgeberverband" ein besonderer Stellenwert zukommt. Ein weiterer Einwand gegen eine zu eng geführte Strukturanalyse ergibt sich aus dem besonderen Charakter des Mitgliederkreises von Arbeitgeberverbänden; wie Traxler (1986) in seinem Ressourcenansatz in Erinnerung gerufen hat, handelt es sich bei den Arbeitgeberverbandsmitgliedern in jedem denkbaren Fall letztlich selbst um Organisationen.[7] In einer solchen Perspektive erscheinen diese Verbände in janusköpfiger Gestalt: Sie sind gleichermaßen Organisationen und Netzwerk von Organisationen. Auf einer anderen Analyseebene sind Arbeitgeberverbände politische Verbände, oder, präzisier formuliert, sind diese Non-Profit-Organisationen von For-Profit-Mitgliedern. In diesem Sinne ist ein solcher Verband, schon allein aus steuerrechtlichen Erwägungen, nicht auf Gewinnerzielung ausgerichtet – mithin ist er ein politischer Verband; seine Mitglieder hingegen sind durchaus an Gewinnerzielung interessiert, denn schließlich sind sie Wirtschaftsunternehmen.

Als Zwischenfazit bleibt festzuhalten: Arbeitgeberverbände sind zunächst Organisationen, die sich zum Teil mit Hilfe organisationstheoretischer Ansätze analysieren lassen – sie sind als politische Verbände oder Netzwerke allerdings auch Organisationen sui generis, deren besondere Charakteristika verstanden sein wollen.

Das nun vorgeschlagene Analyseraster schlägt daher einen Mittelweg zwischen zwei Extrempositionen vor. Einerseits werden anders als in der Tradition Olsons die Interessen der Organisationsmitglieder nicht als absolut und unveränderbar gesetzt, andererseits kommt es im Unterschied zu Teilen der Organisationsforschung auch nicht zu einer vollständigen Ablösung der eine Organisation konstituierenden Regeln von ebenjenen Ausgangsinteressen ihrer Mitglieder. In der Folge wird davon ausgegangen, dass dieser Zusammenhang zwischen Struktur und Interessen an zwei Stellen besondere Relevanz erhält: In einer ersten Dimension spielt hier die Konstitution einer Grenze der Organisation zu

---

6 In ihrer eigenen Analyse verwenden Kubicek/Walter die folgenden fünf Kategorien zur Bestimmung der Organisationsstruktur: Differenzierung, Zentralisation, Programmierung, Koordination/Kommunikation und Professionalisierung/Rekrutierung.

7 Dies gilt, wenn Unternehmen Mitglieder eines Arbeitgeberverbandes sind, ebenso für den Fall, dass wir es mit einem Verband von Verbänden zu tun haben. Selbst dann, wenn „natürliche Personen" zur Verbandsmitgliedschaft zugelassen werden, fungieren diese dort als Repräsentanten ihres Unternehmens (zur Verbreitung unterschiedlicher Mitgliedschaftstypen siehe Kap. 4).

ihrer Umwelt eine wichtige Rolle, in einer zweiten Dimension geht es darum, wie durch den Verband repräsentierte Interessen zueinander ins Verhältnis gesetzt werden[8] Der Konstitution der Organisationsgrenzen (erste Dimension) und den darauf aufbauenden Formen der Interessenbearbeitung kommt eine herausragende Bedeutung zu, denn durch ihn tritt der Arbeitgeberverband überhaupt erst als Kollektivorgan in Erscheinung.

Mit der „Zulassung" und „Isolierung" von Interessen werden zwei zentrale Teilaspekte der Konstitution und Aufrechterhaltung einer Grenze zwischen Organisation und Umwelt analysiert. Die Zulassung erfolgt auf mehreren Ebenen. Zunächst einmal betrifft sie die Palette der zu vertretenden Themen und Gegenstandsbereiche. Neben der von Wiesenthal ins Spiel gebrachten Frage nach den Gegenstandsbereichen gesellschaftlicher Politik stehen hier Unterscheidungen in der unmittelbaren Sphäre wirtschaftlicher Interessen der Unternehmen im Mittelpunkt. Wie eingangs bereits ausgeführt, liegt die Entscheidung, ob ein Verband lediglich produktmarktseitige oder arbeitsmarktseitige Interessen der Unternehmen vertritt (oder gar beides), im freien Ermessen der Verbände selbst und hat weitreichende Auswirkungen auf die verbandliche Interessenvertretung. Interessenselektion findet aber auch im Bereich der Erlaubnis zum Verbandszugang statt. So differenzieren Verbände ihre Domäne nach regionalen Kriterien und Branchenzugehörigkeit, zum Teil aber auch nach der Größe der zu repräsentierenden Unternehmen; Interessenbearbeitung durch Selektion manifestiert sich zumeist in Form harter Demarkationslinien, die als Resultat klare Outsider in Form von nicht repräsentierten Interessensphären oder Mitgliedschaftsverweigerung produzieren.

Neben der Interessenzulassung spielt auch die Isolierung bestimmter Mitgliederinteressen eine gewichtige Rolle. Hierbei geht es nicht wie bei der Interessenselektion darum, die Träger dieser Interessen aus dem Verband herauszuhalten bzw. komplexe Interessenbündel (wie z.B. produktmarktbezogene Interessen) aus der Vertretungsdomäne auszuklammern; vielmehr soll ein als intim erachteter Kernbestand der unternehmerischen Interessensphären vor dem Zugriff durch andere Verbandsmitglieder geschützt werden. Gerade in Arbeitgeberverbänden als Organisationen von Marktkonkurrenten ist diese Funktion besonders bedeutend. Zwar erweist es sich für die Verbandsmitglieder zumeist als unschädlich, wenn ihre individuellen „Geschäftsgeheimnisse" durch den Ver-

8 Der hier gewählte Ansatz nimmt die beiden im „situativen Ansatz" der Organisationsforschung („contingency theory of organizations") verwendeten Schlüsselbegriffe (Organisationsgrenze und Umwelt) auf, ohne sich aber deren zum Teil recht deterministischer Modellierung des Einflusses kontingenter Variablen wie z.B. Größe, Technikeinsatz oder Marktstrategie auf die Organisationsstruktur anschließen zu wollen (zur Kritik solcher deterministischer Ansätze siehe Kieser 2002).

band als Kollektivorganisation gesammelt und zusammengefasst werden, die mögliche Weitergabe an andere Verbandsmitglieder soll aber systematisch ausgeschlossen werden. Die besondere Leistung des Verbands besteht also nun darin, dass individuelle Unternehmensinteressen in kollektive Verbandspositionen und darauf basierende Handlungen überführt werden, die genauen Facetten und Hintergründe dieser Individualinteressen gegenüber den anderen Verbandsmitgliedern allerdings sorgsam verborgen werden müssen. Für diesen heiklen Balanceakt der Interessenisolierung stehen Arbeitgeberverbänden eine Reihe unterschiedlicher Mechanismen zur Verfügung, die von Verschwiegenheitsklauseln bis hin zu einer Personalpolitik des neutralen Interessenbrokerings reichen.

Mit der „Zulassung" und „Isolierung" bestimmter Interessen und der daraus resultierenden Schaffung und Aufrechterhaltung von Organisationsgrenzen ist die verbandliche Politik der Interessenbearbeitung aber noch nicht erschöpft. Eine zweite zentrale Dimension bezieht sich darauf, wie durch den Verband repräsentierte Interessen zueinander ins Verhältnis gesetzt werden; hierbei spielen neben der Gewichtung von Interessen deren Aktivierung sowie die Konfliktschlichtung eine herausragende Rolle.

Auf dem Wege der Gewichtung werden jene Interessen, die die verbandlichen Zugangsbarrieren überwunden haben, miteinander in Bezug gesetzt. Das wohl anschaulichste Beispiel für eine solche Interessengewichtung ist die Zuteilung von Stimmrechten des Verbands an das einzelne Mitglied; so ist es beispielsweise den Verbänden möglich, die Zahl der Stimmen eines Mitgliedes nach Kriterien wie z.B. Beschäftigtenzahl oder Umsatz zu gewichten. In diesem Sinne führt ein Verband nicht einfach eine Aggregation der Ausgangsinteressen der einzelnen Mitglieder durch – auf dem Wege einer bewussten Bevorzugung oder Benachteiligung einzelner Interessen greift er gestaltend in den Prozess der Konstitution eines kollektiven Verbandsinteresses ein. Die Mechanismen zur Interessengewichtung, die einem Arbeitgeberverband zur Verfügung stehen, erweisen sich hierbei als äußerst vielfältig. Sie reichen von der bereits erwähnten Stimmrechtsgewichtung über Regeln zur Stimmrechtsübertragung auf der einen Seite – also Regeln, die zumeist auf Satzungsvorschriften basieren – bis hin zu eher informellen Routinen der innerverbandlichen Machtverteilung auf der anderen Seite.

Interessen werden weiterhin auch selektiv aktiviert bzw. deaktiviert. Während die Gewichtung etwas darüber aussagt, inwieweit vertretungswillige Interessen zum Zuge kommen, verweist die Ebene der Aktivierung auf die Frage, inwieweit eine Vertretungswilligkeit durch Teilhabegelegenheiten und -anlässe strukturell hergestellt und unterstützt wird. Beispiele sind etwa Ausschüsse und Beiräte; solche Gremien bieten den Mitgliedern einen über den Kreis der gewählten und hauptamtlichen Verbandsfunktionäre hinausgehenden direkten Zugang zu relevanten Informationen und – sofern diese Gremien als Beschlussgremien konstituiert wurden – eine Option zur weiteren Mitgestaltung der Verbandspolitik.

Schließlich beeinflussen Organisationen die Interessen ihrer Mitglieder, indem sie dazu beitragen, auftretende Interessengegensätze zu schlichten. Von Bedeutung sind an dieser Stelle nicht primär Interessengegensätze, die zwischen dem Verband als Tarifvertragspartei und den Gewerkschaften erwachsen, sondern solche zwischen Mitglied und Verband bzw. zwischen einzelnen Mitgliedern. Dies schließt allerdings nicht aus, dass Verhandlungen zwischen den Kollektivakteuren zu innerorganisatorischen Konflikten führen können: Wie Walton/McKersie (1993: 282ff.) deutlich gezeigt haben, kann es sowohl innerhalb der Gewerkschaftsorganisation, aber auch bei Arbeitgebern zu einem so genannten „boundary conflict" oder einem „factional conflict" kommen. Im Resultat führt die innerverbandliche Interessenschlichtung entweder zu einer „Vorfahrtsregel", bei der sich bestimmte Interessen auf dem Ausschlusswege gegenüber anderen durchsetzen, oder aber zu einer Verhandlungslösung auf dem Wege des innerorganisatorischen Bargaining.

Mit der Selektion, Isolierung, Gewichtung und Aktivierung von Interessen sowie der Interessenschlichtung sind innerverbandliche Prozesse benannt, die ein eigenständiges Potential der Arbeitgeberverbände zur Interessenbearbeitung beinhalten. Zwar sind diese nicht – wie schon der knappe Verweis auf die Tarifpolitik verdeutlicht – völlig losgelöst von dem, was Organisationsforscher als die „Umwelt" einer Organisation bezeichnet haben, sie deuten aber im Hinblick auf dieses autonome Gestaltungs- und Handlungspotential auf eine „strategic choice" durch Arbeitgeberverbände als Organisation hin.

Die erste Grundannahme dieser Arbeit soll daher lauten:

H1: Arbeitgeberverbände verfügen über einen erheblichen Spielraum zur Ausübung von *strategic choice.*

Die Annahme eines Spielraums für *„strategic choice"* ist den Gewerkschaften wiederholt zugestanden und plausibel belegt worden (Child et al. 1973; Kochan et al. 1986); für die Arbeitgeberverbände ist dieser aber alles andere als selbstverständlich. In einer Reihe von Studien wurde belegt, dass Arbeitgeberverbände ursprünglich als Reaktion auf die vorangegangene Gründung von Gewerkschaften gebildet wurden (Heinze 1981; Müller-Jentsch 1997: 171ff.; Schroeder 2000: 158ff.; Schroeder/Silvia 2003: 250ff.), und auch nach erfolgter Etablierung findet die Entwicklung einer autonomen Verbandspolitik der Interessenvertretung immer unter dem Vorbehalt statt, dass diese sich nicht zu weit von den Einzelinteressen der wichtigsten Verbandsmitglieder entfernt. Wie Traxler wiederholt argumentiert hat, lässt sich die (im Vergleich zu Gewerkschaften) ausgesprochen gute Ressourcenausstattung der einzelnen Verbandsmitglieder nur zu leicht in die glaubhafte Drohung des Exit übersetzen, welche den Raum des Verbandes zur Bearbeitung der Mitgliederinteressen systematisch einschränkt (Traxler 1991, 1995, 1999). Zur Annahme der Strategic-choice-Hypothese ist es erforderlich, den Beweis zu führen, dass zum einen die oben skizzierten Mechanismen der Interessenbearbeitung in einem relevanten Maße zwischen den Verbänden variieren und zum anderen diese Variation nicht einfach das Resultat unterschiedlicher Ausgangsbedingungen auf den relevanten Arbeitsmärkten oder der Strategie des gewerkschaftlichen Gegenübers ist.

3.2 Interessenbearbeitung und Teilhabe

Allein mit der Feststellung eines Spielraums für „strategic choice" ist die politische Handlungsfähigkeit von Arbeitgeberverbänden noch nicht ausgelotet; auch bei ihnen stellt sich wie bei jeder komplexen Organisation die Frage, für wen genau ein solcher Handlungsspielraum besteht. Wie seit Michels eine Vielzahl von Beobachtern deutscher Arbeitgeberverbände nicht müde wird zu betonen, können sklerotische Zustände auch aus der innerverbandlichen Sphäre selbst resultieren. Den Ausgangspunkt dieser Annahme bildet Michels' 1911 formulierte, ebenso populäre wie ungeheuerliche Behauptung vom „Gesetz der Oligarchie":

> „Es ist ein unabänderliches Sozialgesetz, daß in jedem durch Arbeitsteilung entstandenem Organ der Gesamtheit, sobald es sich konsolidiert hat, ein *Eigeninteresse,* ein Interesse an sich selbst und für sich selbst entsteht. Die Existenz von Eigeninteresse im Gesamtverband jedoch involviert die Existenz von Reibungsflächen und von Gegensätzen zum Gesamtinteresse." (Michels 1989 [1911]: 366; Hervorhebung im Original)

Der Weg zur verbandlichen Oligarchie führt demnach durch drei Etappen: die Auswirkung komplexer Organisationsstrukturen auf die Machtfülle führender Verbandsvertreter, die Statusdiskrepanz zwischen Führung und Mitgliedern sowie durch die Apathie und Inkompetenz der Mitglieder (Mann 1994: S. 60).

Hätte Michels recht, dann wäre die Interessenvertretung durch Arbeitgeberverbände zwar nicht notwendigerweise durch die im vororganisatorischen Raum definierten Einzelinteressen der Unternehmen und Unternehmer determiniert, sehr wohl aber würden diese nachhaltig durch die Partikularinteressen der Verbandsführung manipuliert und instrumentalisiert. In der Konsequenz würde zwar weiterhin Raum zur Ausübung von „strategic choice" bestehen – jedoch nicht basierend auf einem Manövrierspielraum der Verbandsmitglieder, der gegenüber dem Zwang der „Umweltfaktoren" erstritten und behauptet wird, sondern auf der Manipulationsmacht einer elitären Clique, die durch gezielte Deaktivierung der Mitglieder den eigenen Partikularinteressen zum Durchbruch verhilft.[9]

Während nun Michels die Oligarchisierung von Verbänden aus dem Verhältnis zwischen Führung und Mitgliedern heraus begründet, ergibt sich für Vertreter des Neokorporatismus die Notwendigkeit, Oligarchisierung mit Formen der Quasi-Partizipation zu verknüpfen. Die Begründung für diese Absicherung von Oligarchisierung geht auf Arbeiten von Weitbrecht (1969) zurück: Er attestierte ein Grunddilemma zwischen der Effektivität und der Legitimität von Organisationen, welches sich in widersprüchlichen Anforderungen an Verpflichtungsfähigkeit und Kompromissfähigkeit ausdrückt. Im Kern muss daher jede funktionierende Organisation eine stabile Verbindung zwischen beiden Elementen herstellen (siehe Kap. 2). Der sich aus diesem Dilemma ergebende Zwang, eine Verbandspolitik der geschlossenen Türen mit Elementen des offenen Diskurses und der Teilhabe verknüpfen zu müssen, mündet nach Streeck in einem brisanten Spagat, dem die Politik der Arbeitgeberverbände jeden Tag aufs Neue ausgesetzt ist:

> „Zielformulierung und Motivierung müssen auseinandergezogen werden; nur ein sorgfältig oligarchisierter Entscheidungsprozeß sichert die angemessene Repräsentation der gesamtwirtschaftlichen Notwendigkeiten; nur breite Beteiligung verschafft der Verbandspolitik jene Legitimität, von der die Funktionsfähigkeit des Verhandlungssystems abhängt." (Streeck 1972: 160)[10]

Wie Weitbrecht anschaulich belegt, funktioniert eine solche „partielle" Oligarchisierung allerdings nur in der Form von „Quasi-Partizipation":

> „Es kommt also gar nicht darauf an [...], daß die Mitglieder der Organisation tatsächlich an den Entscheidungen in Auseinandersetzungen teilhaben, sondern der Meinung sind und glauben, daß sie Einfluß ausüben können, wenn sie eine Entscheidung akzeptieren, d.h. in diesem Fall sich auf ein Ergebnis von Verhandlungen verpflichten sollen." (Weitbrecht 1969: 89)

Quasi-Partizipation läuft demnach auf eine Art Beruhigungspille für die Mitglieder hinaus, d.h. auf den *geglaubten* Einfluss auf die Verbandspolitik, die sich bei genauerer Betrachtung zumindest im Prozess der Tarifverhandlungen nie wirklich in Szene setzen lässt. Allenfalls gilt eine Ex-post-Abstrafung der Verbandsführerschaft als denkbar. Gerade im Bereich von Arbeitgeberverbänden,

---

9 In seiner Kritik an der Michels-These hebt Medding (1970) den Unterschied zwischen Initiative und Kontrolle hervor. Demnach würde die Initiative einer Verbandsführung die Kontrolle zwar erschweren, jedoch nicht gänzlich unmöglich machen.

10 Baccaro (2002, 2003) verweist auf einen interessanten Ausweg aus diesem Dilemma. In seiner Analyse der Reform des italienischen Rentensystems konnte er zeigen, dass italienische Gewerkschaften auf das Instrument des Mitgliederreferendums zurückgegriffen haben, um die Gefolgschaft ihrer Mitglieder sicherzustellen.

deren Mitgliedern ein besonderes Bewusstsein für das jeweilige Eigeninteresse zugeschrieben wird (Traxler 1999: 69), erscheint eine solche Annahme wenig plausibel.

Es mag erstaunen, dass diese – im Bereich der theoretischen Überlegungen zu Arbeitgeberverbänden recht weit verbreitete – Annahme der notwendigen Einschränkung von Teilhaberechten zugunsten der verbandlichen Wirksamkeit nur eingeschränkte Unterstützung findet, zieht man Erkenntnisse der Soziologie, Politikwissenschaft und Organisationstheorie zu wirtschaftlich aktiven Organisationen und deren Strukturen heran.

So wurde von Autoren unterschiedlicher Disziplinen ein Zusammenhang zwischen der inneren Verfassung ebendieser Organisationen und deren Wirksamkeit der Interessenvertretung bzw. Interessenaggregation festgestellt. Burns/Stalker (1961) kommen zu dem Ergebnis, dass Organisationen mit einer partizipatorischen („organic") Struktur eher in der Lage sind, sich an schnell verändernde Umwelten anzupassen, als hierarchische („mechanistic") Strukturen (siehe auch: Donaldson 2001: 2f.). Cohen/Rogers (1992) attestieren so genannten „secondary associations" eine vergleichsweise hohe Kapazität zur effektiven Aggregation der vertretenen Interessen, wenn sie ihre Mitglieder in besonderem Maße einbeziehen, die Verbandsführung gegenüber den Mitgliedern rechenschaftspflichtig ist („leadership accountability") und kooperative Formen des Umgangs mit externen Gruppen und Assoziationen praktiziert werden. Schädlich für effektive Interessenaggregation sind demnach hierarchische Binnenbeziehungen, Klientelismus und ein konfliktorientierter Politikstil. In eine ähnliche Richtung weist das Argument Granovetters; er postuliert, dass es ökonomischen Akteuren leichter fällt, Informationen auszutauschen, wenn zwischen ihnen schwache Beziehungen bestehen („weak ties"). Starke Beziehungen („strong ties") kanalisieren demnach den Informationsaustausch in einer Art und Weise, die insbesondere den Austausch neuer Informationen erschwert (Granovetter 1982). Locke (1995: 25f.) geht noch einen Schritt darüber hinaus, indem er belegt, dass innerverbandliche Strukturen einen entscheidenden Einfluss auf lokale Wirtschaftsnetzwerke haben. Demnach versetzt ein größerer Grad an Offenheit lokale Firmen und Gewerkschaften in die Lage, multiple horizontale Bindungen aufzubauen, die sich leicht zu einem polyzentrischen Netzwerk verknüpfen lassen.

Als Zwischenfazit bleibt festzuhalten: Während in Bezug auf wirtschaftlich aktive Organisationen in einer Vielzahl von Arbeiten unterschiedlichster Provenienz offene und kooperative Strukturen mit Erfolg assoziiert werden, wird für Arbeitgeberverbände als Aggregate von wirtschaftlich aktiven Organisationen der umgekehrte Zusammenhang unterstellt.

Neben den bereits erwähnten Unterschieden in einigen Grundcharakteristika der Untersuchungseinheiten – hier Arbeitgeberverbände als Mitgliedsorganisationen, dort gesellschaftlich eingebettete Unternehmen und Unternehmensnetzwerke – mögen für diese divergierenden Befunde und Bewertungen auch unterschiedliche Definitionen und Auffassungen von Einflussnahme verantwortlich zu machen sein. Während sich nun in der Industrial-relations-Forschung weitgehend ein Teilhabekonzept durchgesetzt zu haben scheint, welches sich auf die Gewährung von Teilhabemöglichkeiten (Information, Konsultation, Mitbestimmung) z.B. durch die Rechtsnormen des Betriebsverfassungsgesetzes bezieht, wird im Bereich der Arbeitgeberverbände vielfach auf ausgeübte Praxis der Teilhabe abgehoben (Buchholz 1969: 103f.; Scherzinger 1978: 114; Rampelt 1979: 47). Ein solches Konzept verzerrt die Maßstäbe: Ebenso wie verinnerlichte Macht auch „im Dunkeln" (Popitz 1992: 28) wirkt, muss auch die Einflussnahme im Bereich der Arbeitgeberverbände nicht notwendigerweise ausgeübt werden, um Wirksamkeit zu erlangen.

Hier soll daher davon ausgegangen werden, dass selbst potentieller Mitgliedereinfluss eine reale Potentialität erfordert, d.h. die Möglichkeit, einen solchen Einfluss zumindest als Ultima Ratio ausüben zu können. Derartige Widerspruchsformen sind im Kontext von Hirschmans Konzept von Abwanderung und Widerspruch (1970) wiederholt diskutiert und von Groser (1979) für den Kontext des Verhältnisses zwischen Mitgliedern und Verband angewandt worden. Demnach kann sich die Unzufriedenheit von Mitgliedern mit ihrem Verband entweder in „Abwanderung" („exit") ausdrücken, d.h., diese geben ihre Mitgliedschaft vollständig auf, oder aber in „Widerspruch" („voice"), der sich in einer Reihe unterschiedlicher Formen manifestieren kann. Solche Erscheinungsformen können von Beschwerden bis hin zu offenem Protest oder Rebellion reichen. Nach Hirschman sind für das Überleben der Organisation im Prinzip beide Mechanismen notwendig, allerdings sei es nicht möglich, das optimale Mischungsverhältnis beider Elemente zu bestimmen (siehe Groser 1979: 132, 140).

Trotz der Unverzichtbarkeit der Abwanderung gilt der Widerspruch im Allgemeinen als das schöpferische Element, beruht doch diese Kategorie nicht auf reinen „Ja"- oder „Nein"-Entscheidungen, sondern ist in hohem Maße zukünftigen Entwicklungen gegenüber offen (ebd.: 132). Was nun die konkreten Erscheinungs- und Ausdrucksformen anbelangt, so erweist sich Hirschmans Konzept als weitgehend anpassungsfähig.[11] Als eine bedeutende Ausdrucksform von „Widerspruch" wurden von Evan (1975) institutionelle Garantien für verstärkte Mitwirkungs- und Kontrollrechte hervorgehoben. Über die Bereitstellung eines

11 Hirschmans Basis-Definition von „Widerspruch" lautet wie folgt: „Voice is here defined as any attempt at all to change, rather than to escape from, an objectionable state of affairs, whether through individual or collective petition to the management directly in charge, through appeal to a higher authority with the intention of forcing a change in management, or through various types of actions and protests, including those that are meant to mobilize public opinion" (Hirschman 1970: 30).

geeigneten Verfahrens schaffen solche Garantien situativ aktivierbare Möglichkeiten der Einflussnahme der Mitglieder, die hier, im Kontext der Arbeitgeberverbände, als Vetopunkte[12] benannt werden sollen. Solche Vetopunkte gewähren den Mitgliedern zwar kein bindendes und blockierendes Einspruchsrecht, wie es der Wortsinn nahelegen würde, garantieren diesen aber durchsetzungsfähige Partizipationsrechte, die situativ in Anspruch genommen werden können. Demnach ist aktive Teilhabe der Mitglieder zwar nicht zwangsläufig Regelfall der verbandlichen Praxis, kann aber auf dem Wege der Aktivierung verfahrensmäßig abgesicherter Mitwirkungs- und Kontrollrechte jederzeit in Anspruch genommen werden. Auch eine noch so oligarchische Verbandsführung kommt nicht umhin, sich zumindest punktuell der Unterstützung durch eine Mehrheit der Mitglieder bzw. Delegierten zu vergewissern. Insofern kommt es bei solchen formalen Vetopunkten nicht allein darauf an, ob sie regelmäßig aktiviert werden; von Bedeutung ist allein schon das Droh- und Disziplinierungspotential, welches von der formalen Durchsetzungsmöglichkeit dissenter Interessen ausgeht. Die folgende Hypothese geht nun davon aus, dass sich deutsche Arbeitgeberverbände in der konkreten Ausgestaltung solcher formalen Vetopunkte deutlich unterscheiden: Die eingangs eingeführten Prozesse der innerverbandlichen Interessenbearbeitung sorgen nicht nur für eine Modellierung der Ausgangsinteressen der Verbandsmitglieder, sie beeinflussen gleichzeitig auch das Verhältnis zwischen Mitgliederinteresse und Verbandsführung.

H2: Arbeitgeberverbände unterscheiden sich in der Art und Weise, wie sie Mitglieder mit strukturellen Vetopunkten gegenüber der Verbandsführung ausstatten.

Wenn die skizzierten Zusammenhänge zwischen innerer Verbandsverfassung und Wirksamkeit der Interessenvertretung, Informationsaustausch und Kapazität zur Netzwerkbildung zutreffend sind, so kommt der verbandlichen Ausstattung mit Vetopunkten eine nicht unerhebliche Bedeutung für die verbandliche Politik zu. Demnach wäre zu erwarten, dass ein eher oligarchisch strukturierter Arbeitgeberverband, also ein Verband, der seinen Mitgliedern nur wenige Vetopunkte gegenüber der Verbandsführung einräumt, Interessen weniger effektiv vertritt als ein Verband mit vergleichsweise großer Partizipationstiefe, also mit einer Vielzahl von Vetopunkten. Nun ließe sich trefflich darüber streiten, was genau unter

12 Der Begriff der Vetopunkte geht auf Arbeiten von Immergut (1992) zum Thema der institutionellen Dynamik politischer Entscheidungsfindung zurück. Nach Immergut unterliegen politische Entscheidungen einer komplexen Entscheidungslogik, die jeweils multiple Ansatzpunkte für strategische Beeinflussung durch gesellschaftliche Akteure bietet.

„effektiver Interessenvertretung“ zu verstehen ist und wie man diese empirisch bestimmt. Die hier zu Grunde liegende Auffassung von effektiver Interessenvertretung schließt an Vorstellungen an, wie sie bereits in der Korporatismusdebatte eingeführt wurden; demnach sind Kollektivakteure wie Gewerkschaften und Arbeitgeberverbände in einem umfassenden Sinne in das System der politischen Ökonomie eingebunden und somit zentrale politische Kräfte in einer Vielzahl politischer Aktionsfelder, die sich nicht allein in der Regulierung von Arbeits- und Entlohnungsbedingungen erschöpfen. Als „effektiv“ soll daher ein Verband angesehen werden, wenn er ein möglichst breites Spektrum der Interessen seiner Mitglieder nach außen hin vertreten kann. Diese Annahme lässt sich zu folgender Hypothese verdichten:

H2.1: Je größer die Partizipationstiefe der Mitglieder innerhalb eines Verbands ist, desto breiter ist die Palette der vom Verband vertretenen Interessen.

3.3 Umprogrammierung der Interessenvertretung durch Arbeitgeberverbände

Die bislang eingenommene Perspektive der Analyse behandelt Arbeitgeberverbände als weitestgehend statischen Untersuchungsgegenstand: Interessen werden durch Verbände bearbeitet und in der Auseinandersetzung zwischen Verbandsführung und Mitgliedern vertreten. Dies hat einige Berechtigung, denn Organisationen im Allgemeinen und Institutionen im Besonderen sind große Beharrungskräfte gegenüber Veränderungen zugeschrieben worden.[13] Wie eingangs dieses Abschnittes angedeutet, wird die Stabilität und Durchsetzungsfähigkeit der deutschen Arbeitgeberverbände von zwei Seiten her in Frage gestellt. Einerseits erweist sich der Anspruch der Metallindustrie auf die Führerschaft im Arbeitgeberlager als zunehmend brüchig, andererseits treten auch Konfliktlinien innerhalb einzelner Verbände, z.B. zwischen Groß- und Kleinbetrieben, zunehmend deutlicher zutage.

Dass solche neu auftretenden Bruchlinien die Strukturen der Interessenbearbeitung unberührt lassen, erscheint recht unwahrscheinlich. Zum einen können Formalstrukturen selbst verändert werden, auch wenn vorangegangene Studien gerade am Beispiel der Arbeitgeberverbände anschaulich belegt haben, dass dies vergleichsweise selten geschieht (Behrens/Traxler 2004). Zum anderen können unveränderte Strukturen aber auch in einer Weise interessenpolitisch genutzt werden, die es erlaubt, neue Ziele zu verfolgen bzw. den Interessen neuer Ak-

13 Für die Organisationstheorie siehe die Zusammenfassung bei Ortmann 1994: 102, für die Institutionentheorie Walgenbach/Meyer 2008, Kap. 4.

teure zu folgen. Eine solche veränderte Nutzung von Strukturen soll hier am Beispiel der Umprogrammierung thematisiert und untersucht werden.

„Umprogrammierung“ bedeutet hier nicht schlichtweg die Etablierung neuer Handlungsmuster, Verfahrensrichtlinien und „Programme“ – ein Verständnis, wie es in der allgemeinen Organisationstheorie etabliert ist (siehe Kieser/Kubicek 1992: 110ff.), sondern bezieht sich auf die Neuausrichtung der Ziele sowie der generellen „Mission“ der Arbeitgeberverbände. Umprogrammierung im hier verwendeten Sinne zielt auf die Tarifpolitik als den konstitutiven Kern der Arbeitgeberverbände.

Als „Paradebeispiel“ für eine solche Umprogrammierung soll hier die Einführung von Mitgliedschaften ohne Tarifbindung thematisiert werden.

Die Einführung von OT-Mitgliedschaften beinhaltet ein Wahlrecht der Mitglieder, die nun entscheiden können, ob sie neben den üblichen Verbandsdienstleistungen wie z.B. Rechtsberatung und Prozessvertretung an einen vom Verband abgeschlossenen Tarifvertrag gebunden sein möchten. Auf der Formalebene bedeutet die Einführung von OT-Mitgliedschaften eine weitere Differenzierung von Mitgliederrollen, die eine verbandsinterne Parzellierung der Zulassung von Interessen mit sich bringt und als solche durchaus einen Eingriff in den Kernbereich des Verbandszwecks darstellt. Inwieweit die Umprogrammierung der Verbandsziele gelingt und inwieweit diese auch an die jeweils vorliegenden Strukturen der Interessenbearbeitung geknüpft ist, soll hier Gegenstand der weiteren Analyse sein.

Mit dem Strategic-response-Ansatz von Oliver (1991) wird davon ausgegangen, dass sich Organisationen nicht einfach konform zu Veränderungen ihrer Umwelt bzw. des institutionellen Rahmens verhalten, sondern über eine Vielzahl unterschiedlicher Reaktionsweisen verfügen. Ob sich also eine Organisation unterwirft, den Kompromiss sucht, sich den Herausforderungen entzieht, sich aktiv widersetzt oder einen auf sie ausgeübten Druck zum eigenen Vorteil manipuliert, hängt letztlich von einer Reihe von Ausgangsbedingungen ab, zu denen neben dem Ursprung des Konformitätsdrucks und den Protagonisten des Wandels auch der Grad der Unsicherheit der Organisationsumwelt gehört. Auf diesen Analyserahmen wird zurückgegriffen; er muss allerdings weiter angepasst werden, um der Besonderheit der Organisation „Arbeitgeberverband“ Rechnung zu tragen. Dies bezieht sich insbesondere auf den Interessenbezug und die daraus resultierende Verletzbarkeit der Verbände. Dass die Notwendigkeit, Ausgangsinteressen und Außenwirkung des Verbandes (also das Äquivalent zu den „wettbewerbsfähigen Produkten“ der klassischen Organisationsforschung) in Einklang zu bringen, die diesen besonderen Typus Organisation begleitet, fast zwangsläufig Brüche und Spannungen hervorruft, wurde in zahlreichen Studien herausgearbeitet (siehe auch Kap. 2). Insofern steht zu erwarten, dass im Falle von Arbeitgeberverbänden Veränderung nicht allein als Anpassung an Umweltbedingungen erfolgt, sondern immer auch als durch Verbandsstrukturen getragene Integration zum Teil konkurrierender Interessen. Die folgende „dynamische" Partizipationshypothese geht nun davon aus, dass konkurrierende Ausgangsinteressen nur dann dazu bereit sind, eine substantielle Veränderung der Mission des Verbandes mitzutragen, wenn ein Mindestmaß an Beteiligung bei der Bestimmung der Veränderungsziele garantiert wird.

H3: Partizipative Organisationsstrukturen fördern die Umprogrammierbarkeit von Arbeitgeberverbänden.

Teilhabe der Mitglieder, so die Hypothese, ermöglicht es den Arbeitgeberverbänden, sich in beide Richtungen gleichzeitig abzusichern: in Richtung der durch den Verband verfolgten Ziele und Aktivitäten und gleichzeitig in Richtung der ihn tragenden Ausgangsinteressen.

Zwischenfazit

Mit dem hier vorgestellten Untersuchungsansatz werden Arbeitgeberverbände als Organisationen sui generis vorgestellt, also als Organisationen, die spezifischen Grundbedingungen ihrer Mitglieder, ihrer Geschichte sowie der organisatorischen Umwelt, innerhalb derer sie sich bewegen, Rechnung tragen müssen und mitunter einige Besonderheiten ausbilden, die sie von anderen Organisationen wie dem Betrieb, der Gewerkschaft oder einem Verband von Ornithologen unterscheiden. Die Art dieser Besonderheit, wie sie hier eingeführt wurde, unterscheidet sich allerdings von derjenigen, die in Teilen der Arbeitgeberverbandsliteratur behauptet wird. Zunächst wird Arbeitgeberverbänden hier die Fähigkeit zur strategischen Gestaltung der konkreten Formen der verbandlichen Interessenbearbeitung zugesprochen (H1), die sie von der Olson'schen Vorstellung einer Organisation zur reinen Aggregation von Unternehmerinteressen deutlich abhebt. Die angenommene Heterogenität der Formen verbandlicher Interessenbearbeitung spiegelt sich nicht zuletzt auch darin wider, wie Verbände die Partizipation der Mitglieder gegenüber der Verbandsführung gestalten (H2). Mit Rückgriff auf das Konzept der Vetopunkte wurden Formen der Partizipation benannt, die eine effektive Kompromissbildung der Verbandsführung ermöglichen, ohne die Mitglieder lediglich auf eine Teilhabeillusion zu verweisen. Vetopunkte sind demnach (H2.1) nicht nur unschädlich für die Handlungsfähigkeit des Verbandes als solcher; sie schaffen vielmehr die Voraussetzung für eine effektivere Vertretung von Mitgliederinteressen. In einer dynamischen Perspektive werden solche Vetopunkte darüber hinaus als förderlich für die „Umprogrammierung" der Arbeitgeberverbände erachtet (H3). Eine solche Umprogrammierung bedeutet, dass bestehende Organisationsstrukturen in neuer Weise interessenpolitisch genutzt werden können.

4 Arbeitgeberverbände als sperriger Gegenstand empirischer Forschung

4.1 Forschungsstand

Wie den beiden vorangegangenen Kapiteln gezeigt wurde, herrscht kaum Mangel an vielversprechenden Theorien zum Verständnis von Wirtschafts- und Arbeitgeberverbänden. Wohl aber fehlen belastbare empirische Befunde; hierbei fällt auf, dass entsprechende Fortschritte zumeist in zyklischer Form in Erscheinung traten. So sollte es nach Kesslers früher Studie aus dem Jahre 1907 fast ein halbes Jahrhundert dauern, bis Unternehmerverbände erneut zum Gegenstand empirischer Forschung wurden. Neben Westhaus' Dissertation über Strukturfragen der Arbeitgeberverbände (1956) sind hier insbesondere jene Veröffentlichungen zu nennen, die im Kontext des Forschungsvorhabens „Wirtschaftsverbände und Wirtschaftspolitik" entstanden sind. Die hiermit verbundenen Projekte wurden im Jahre 1960 vom wirtschaftspolitischen Ausschuss der „Gesellschaft für Wirtschafts- und Sozialwissenschaften" (Verein für Socialpolitik) initiiert und umfassen eine Reihe unterschiedlicher Teilaspekte von Verbänden (Schmölders 1965; König 1965; Leckebusch 1966; Buchholz 1969; auch Grochla 1959, Adels 1969).[1] Bei diesen Forschungsansätzen fällt zunächst das eklatante Übergewicht von betriebswirtschaftlich inspirierten Ansätzen auf, das sich letztlich auch aus der Neuausrichtung des Vereins für Socialpolitik heraus begründen lässt. Die (Neu-)Entdeckung des Themas durch die Soziologie und die Politikwissenschaft ließ noch mehr als ein Jahrzehnt auf sich warten.

Mit dem so genannten OBI-Projekt (Organization of Business Interests), welches dann in vorderster Front auch Soziolog/inn/en und Politikwissenschaftler/innen ins Spiel brachte, folgte zu Beginn der 1980er Jahre eine zweite Welle der Arbeitgeberverbandsforschung, die auf konzeptionellen Vorarbeiten von Schmitter/Streeck (1999) aufbauen konnte (siehe Kap. 2). Während die Studien im Umfeld des Vereins für Socialpolitik zumeist Strukturen und historische Entwicklungslinien der Arbeitgeber- und Wirtschaftsverbände untersuchten, waren diejenigen im Rahmen des OBI-Projekts (und seines Nachfolgers, des EOI-Projekts) von der Korporatismusdebatte inspiriert. Gegenstand dieser Betrachtungen waren zwar auch formale Strukturen, im Zentrum stand aber die Frage, inwie-

1 Dieses umfangreiche Forschungsprogramm wurde durch die finanzielle Unterstützung der Deutschen Forschungsgemeinschaft sowie durch die Kooperation mit den Universitäten Erlangen-Nürnberg, Köln, Wien, Berlin und der Wirtschaftshochschule Mannheim ermöglicht (siehe Buchholz 1969: 4).

weit Interessenvertretung (auf Branchenebene) im Spannungsfeld von Unternehmerverband, Gewerkschaften und Staat wirksam wird (Rampelt 1979; Groser 1985; Weber 1987; Hilbert 1988; van Waarden 1991).

Eine Renaissance erlebte das Thema wiederum in der zweiten Hälfte der 1990er Jahre, wie eine Auswertung der im Katalog der Deutschen Nationalbibliothek registrierten Dissertationen dokumentiert (siehe Schroeder/Keudel 2008: 10). Im Gegensatz zu den beiden vorangegangenen Wellen dürften hierfür allerdings weniger umfassende neue Verbundprojekte verantwortlich zu machen sein als vielmehr eine neue Dringlichkeit des Themas, die insbesondere auf Erosionstendenzen im Arbeitgeberverbandsbereich (siehe Kap. 1) zurückzuführen ist. So erscheint es konsequent, dass viele der diesem Zeitraum zuzuordnenden Arbeiten (Schroeder 2000; Völkl 2002; Zimmer 2002; Haipeter/Schilling 2006) Arbeitgeberverbände zumeist im Kontext ihrer Tariffunktion betrachten. Wurden diese innerhalb der erwähnten ersten Welle der Forschung (1960er Jahre) als komplexe Interessenverbände thematisiert, während im Kontext der korporatistischen Wende der 1970er und frühen 1980er Jahre (zweite Welle) der Staat als Garant für ihre Gründung und Fortexistenz ins Visier genommen wurde, lenkt die aktuelle Debatte die Aufmerksamkeit auf die (tarifpolitischen) Wirkungen von Strukturen der kollektiven Interessenvertretungen der Arbeitgeber. Die Strukturen selbst und die Bedingungen ihrer Konstitution im Spannungsfeld zwischen Mitgliederinteressen und Verband rücken dabei allerdings zunehmend in den Hintergrund.

Unter den bislang erschienenen Studien dominieren solche Arbeiten, die auf einer qualitativen Empirie basieren. Dieses Übergewicht lässt sich nur zum Teil dadurch erklären, dass Arbeitgeberverbände zum gefragten Gegenstand historischer Analysen wurden, die nur sehr selten auf quantitative Methoden zurückgreifen (siehe beispielsweise die Arbeiten von Erdmann 1966; Berghahn 1985; Moser 1990; Mallmann 1990; Knips 1996). Ein weiterer Grund liegt sicherlich in der mangelnden Verfügbarkeit und fragwürdigen Qualität quantitativen Materials.

Zuverlässige amtliche Daten zum deutschen Verbandswesen und insbesondere zu Arbeitgeberverbänden, die über die Lobbyliste des deutschen Bundestages hinausreichen, liegen nicht vor, und auch Befragungen zu diesem Thema haben stets mit dem Problem zu kämpfen, dass die Teilnahmebereitschaft seitens der Verbände selbst äußerst gering ist. Trotz dieser Widrigkeiten liegen immerhin bislang drei unterschiedliche Typen von quantitativen Erhebungen vor, auf die die Arbeitgeberverbandsforschung aufbauen kann.

Zu nennen sind hier zunächst direkte Befragungen der Verbände und ihrer Schlüsselrepräsentanten. Diese Vorgehensweise erwies sich in der Vergangenheit, wie angedeutet, als in hohem Maße abhängig von verschiedenen Voraussetzungen, insbesondere von der Auskunftsbereitschaft der Verbände bzw. ihrer

Spitzenvertreter selbst. So ist es kaum verwunderlich, dass es nach Schmölders bahnbrechender Erhebung aus dem Jahre 1961 (Schmölders 1965) lange Zeit nicht zu vergleichbaren Befragungen gekommen ist. Erst in jüngster Zeit gelang es mit den Erhebungen von Völkl (2002), Helfen/Woywode an der RWTH Aachen (Helfen 2006) sowie des Instituts für Verbandsmanagement (Busch 2006), hier neue Türen zu öffnen.

Ein zweiter Typus von Datensätzen beruht auf Betriebs- oder Unternehmensbefragungen, die zum Teil auch die Verbandsmitgliedschaft der befragten Betriebe thematisieren. Nicht die Verbände selbst sind hier Gegenstand der Analyse, sondern ihre Mitglieder bzw. potentiellen Mitglieder. Zu diesem Typus gehört beispielsweise das IAB-Betriebspanel, das seit 1995 Daten zur Tarifbindung und somit mittelbar auch zur Mitgliedschaft in Arbeitgeberverbänden erhebt. Darüber hinaus ist auch das Hannoveraner Firmenpanel zur Untersuchung der Arbeitgeberverbandsmitgliedschaft herangezogen worden. Mehrere quantitative Studien bauen auf diesem Material auf (Schnabel 2005; Kohaut/Schnabel 2003; Schnabel/Wagner 1996).

Eine dritte Gruppe bilden Sekundäranalysen veröffentlichter Quellen wie z.B. die OBI- und EOI-Projekte, die am Wissenschaftszentrum Berlin/Max-Planck-Institut für Gesellschaftsforschung in Köln durchgeführt wurden. Neben der Erhebung der jeweiligen Mitgliedschaftsverhältnisse im Rahmen unterschiedlicher Verbandssysteme zielen diese Datensammlungen auch auf die Erhebung von Verbandsressourcen und Mitgliederzahlen ab.

Darüber hinaus ergibt sich das Bild, dass trotz einiger hoffnungsvoller Entwicklungen innerhalb der letzten Jahre ein doppelter Bias der bislang vorgelegten Forschungsergebnisse festzustellen ist. Wie bereits in Kapitel 1 ausgeführt, bezieht sich zum einen ein herausragender Teil der Forschungsarbeiten auf die Metallindustrie, während andere Organisationsbereiche als wenig erforscht gelten müssen.[2] Ein zweiter Bias ergibt sich zum anderen aus der Dominanz der qualitativen, zumeist auf Fallstudien einzelner Verbände bzw. Verbandssysteme aufbauenden Arbeiten. Während wir also über die (historische) Entwicklung einiger Verbände, insbesondere auch des Spitzenverbandes BDA, recht viel wissen, stellt auch heute noch die Verbandslandschaft in ihrer Breite weitgehend eine Black Box dar.[3]

---

2 Auch hier sind im Detail Differenzierungen angebracht: Während beispielsweise für den Bereich der Nahrungs- und Genussmittelindustrie mittlerweile zwei sehr ausführliche Untersuchungen vorliegen (König 1965, Hilbert 1988), stehen entsprechende Studien für den Bereich der Bauwirtschaft und der Dienstleistungen noch aus.

3 Auf der Ebene der international vergleichenden Forschung konnte diese Lücke zum Teil geschlossen werden. So ist es insbesondere das Verdienst der quantitativen Arbeiten Franz Traxlers, auf eine Reihe von Unterschieden der nationalen Verbandsspitzensysteme hingewiesen zu haben (Traxler et al. 2001; Traxler 2004, 2007, Traxler et al. 2007).

4.2 Verwendete Methode

Wie bereits angedeutet (siehe Kap. 3 und Abschnitt 4.1), bewegt sich die Erforschung von Arbeitgeberverbänden im Grenzbereich unterschiedlicher Fachdisziplinen, welche wiederum in Teilen eine Affinität zu bestimmten Methodentraditionen aufweisen. Um zwei extreme Positionen zu verdeutlichen: Während historische Forschung überwiegend auf qualitativen Methoden wie z.B. der Auswertung historischer Dokumente basiert,[4] hat sich im Bereich der Organisationsforschung (insbesondere dann, wenn diese betriebswirtschaftlich orientiert ist) eine Vorherrschaft quantitativ-statistischer Methoden herausgebildet (siehe Kühl et al. 2005, Kubicek/Welter 1985).[5] Analysen aus der Feder von Soziolog/inn/en und Politikwissenschaftle/rinne/n bewegen sich zwischen diesen beiden Polen, wobei allerdings qualitative Methoden (noch) deutlich überwiegen.

Neben dieser Affinität bestimmter Fachdisziplinen ist weiterhin angeführt worden, die fortbestehende Frontstellung zwischen quantitativen und qualitativen Methoden erweise sich schon deshalb als stabil, weil sowohl die „subjektiv interpretative" als auch die „kausalanalytisch messende" Methodentradition sehr eng mit gegensätzlichen Theoriepräferenzen verknüpft sei (Kühl et al. 2005: 20, zur historischen Entwicklung dieser Auseinandersetzung siehe auch Schnell et al. 1999: 47ff.).[6] Dieser Grundsatzdisput kann an dieser Stelle nicht weiter vertieft und schon gar nicht entschieden werden; immerhin aber deutet einiges darauf hin, dass zumindest im recht interdisziplinär strukturierten Feld der industriellen Beziehungen bzw. – um es weiter zu fassen – der Erwerbsregulierung (Pries 2005) auch weiterhin Raum für die Verfolgung unterschiedlicher theoretischer Zugänge, aber auch methodischer Ansätze besteht.

So kommen Whitfield/Strauss (2000) für den Bereich der Veröffentlichungen im Bereich der Industrial Relations zu dem Ergebnis, dass insbesondere in den USA quantitative Arbeiten auf dem Vormarsch sind, von einer weitgehen-

---

4 Eine Ausnahme von dieser Regel stellt beispielsweise die kollektive Biographik dar (Schröder et al. 2000).

5 Dies schließt selbstverständlich ein, dass die Wurzeln der Organisationsforschung vorwiegend im Bereich der verstehenden, qualitativen Forschung zu finden sind (siehe z.B. Weber 1972 [1922]; Simon 1997 [1945]).

6 Diese Annahme einer beharrlichen Frontstellung zwischen zwei scheinbar unvereinbaren Theorietraditionen findet insofern eine Bestätigung, beobachtet man den Markt für Methodenlehrbücher. Hier konnten sich in den Sozialwissenschaften über Jahre hinweg Standardwerke für quantitativ-statistische und solche für qualitative Methoden am Markt etablieren; Lehrbücher, die beide Traditionen gleichermaßen vertreten, sind Mangelware.

den Einebnung der Forschungslandschaft aber nicht die Rede sein kann.[7] In eine ähnliche Richtung gehen die Befunde von Frege, die sowohl fortbestehende nationale Unterschiede attestiert als auch zum Teil eklatante unterschiedliche Schwerpunktbildungen verschiedener Fachzeitschriften aus dem gleichen Land (Frege 2005).

Letztlich kann also an dieser Stelle die Wahl der verwendeten Methode weder aus einem theoretischen Vorverständnis noch aus „etablierter wissenschaftlicher Praxis" abgeleitet werden, sondern muss sich der Frage der Angemessenheit für den untersuchten Forschungsgegenstand stellen.

Der Gegenstandsbereich der Erforschung von Strukturen und Prozessen der Interessenbearbeitung legt hierbei eine Entscheidung sowohl für die qualitative als auch für die quantitative Methodik nahe. Wie in Kapitel 1 näher begründet wurde, kann die doppelte Verbandskrise der Arbeitgeberverbände letztlich nicht mehr mit Blick auf Gesamtmetall als den prägenden Leitverband sinnvoll analysiert und verstanden werden. Will man nun Antworten für die Verbandslandschaft in ihrer Gesamtheit finden, kommt ein qualitatives, auf Einzelfallstudien bezogenes Forschungsprogramm schnell an seine Grenzen; ohne einen Überblick über die Variationsbreite und -tiefe bei den unterschiedlichen Arbeitgeberverbänden ließe sich letztlich die Auswahl einer überschaubaren Zahl aussagekräftiger Fälle kaum sinnvoll begründen. Zwar konnten sich im Bereich der Fallstudienempirie neben Verfahren, die auf typische Fälle („typical cases") abstellen, auch solche etablieren, die entscheidende Fälle („critical cases") untersuchen (Colvin 1999: 91), aber dieses löst letztlich das genannte Dilemma nicht, denn ohne genaue Informationen über die Verteilung und Bedeutung der Fälle bezogen auf die untersuchte Gesamtheit lässt sich nicht entscheiden, ob es sich um einen „typischen", „entscheidenden" oder gar „belanglosen" Fall handelt.

Ein zweites Argument spricht allerdings für ein qualitatives Forschungsdesign. So lassen sich Strukturen der Interessenbearbeitung zwar anhand von Satzungsvorschriften relativ leicht bestimmen und somit „messen" – wie nicht zuletzt aber Müller-Jentsch (1997: 143) und Traxler (1986) hervorgehoben haben, erweist sich der einseitige Schluss von einer bestehenden Formalstruktur auf die „Realstruktur" der verbandlichen Praxis als latent prekär. Es gilt also zunächst, die Bedeutung der quantitativ bestimmten Formalstrukturen für die verbandliche Praxis zu verstehen und zu bestimmen. Eine solche Interpretation muss, will sie nicht allein an der Oberfläche der beobachteten Phänomene verbleiben, zumindest punktuell auf eine qualitative Empirie zurückgreifen, um komplexe Wirkungszusammenhänge verstehen zu können. Bezogen auf das hier interessierende Problem der Interessenbearbeitung in und durch Arbeitgeberverbände stellt

7 Ein systematischer Vergleich nationaler Theorietraditionen zwischen den USA und Großbritannien findet sich bei Cappelli (1985).

sich also ein doppeltes Black-Box-Problem. Eine quantitative Methodik vermag zwar Auskunft darüber zu geben, wie sich bestimmte Formalstrukturen der Interessenbearbeitung in der (deutschen) Arbeitgeberverbandslandschaft verteilen; sie ist allerdings zum Teil blind für deren konkrete Bedeutung im Spannungsfeld zwischen Mitgliedern und Verband. Eine qualitative Empirie hingegen besitzt ihre Stärke darin, die Bedeutung bestimmter Strukturen dechiffrieren zu können; sie kann allerdings wenig darüber aussagen, welche Gültigkeit ebenjenen Befunden bezogen auf die gesamte Arbeitgeberverbandslandschaft zukommt.

Ein Forschungsprogramm, das also für die Ausdifferenzierung der Verbandslandschaft offen sein will und somit das Selektionsbias einer reinen Fallstudienempirie umgeht, aber gleichzeitig auch die Sensibilität für die komplexen Prozesse der Transformation individueller Mitgliederinteressen in verbandliche Politik (Praxis) bewahrt, muss notwendigerweise auf einen Mix quantitativer und qualitativer Methoden zurückgreifen.

Eine solche Strategie findet in der Geschichte der empirischen Sozialforschung durchaus Vorbilder, wie z.B. die schon als klassisch anzusehende Studie „Die Arbeitslosen von Marienthal" (Jahoda et al. 1975) aus dem Jahr 1933 belegt,[8] sie bedarf allerdings einer weiteren Ausarbeitung und Begründung, insbesondere was das Verhältnis zwischen qualitativen und quantitativen Elementen anbelangt (Schulz/Ruddat 2008). So weist Engler zu Recht darauf hin, dass heute unter den Stichworten „Methodenmix", „Methodenvielfalt" oder „Triangulation" recht häufig für die Kombination von unterschiedlichen Methoden plädiert werde, „doch das Verhältnis von qualitativen und quantitativen Methoden ist weitgehend ungeklärt" (Engler 1997: 125). Drei unterschiedliche Formen der Kombination von qualitativen mit quantitativen Methoden sollen hier nun vorgestellt werden.

4.2.1 Unterordnungsmodell: Instrument der Hypothesenbildung

Eine erste Kombinationsform weist den qualitativen Methoden eine „dienende Funktion" (Engler 1997: 124) zu; dabei fungieren diese nahezu ausschließlich als Hilfsmittel zur Generierung von Hypothesen.[9] Qualitative Methoden werden hier als Mittel zweiter Wahl dazu eingesetzt, unbekanntes Gelände zu erkunden und für die Forschung zu erschließen (Barton/Lazarsfeld 1979). In einer solchen Logik schaffen qualitative Methoden ein Grundverständnis des Gegenstandsbe-

8 Kern (1982: 172) charakterisiert diese Studie als „cross-examination [...] in perfekter Ausführung".

9 Positiv gewendet könnte aber die „dienende Funktion" der qualitativen Forschung als Mittel der Hypothesenbildung auch als eine Strategie verstanden werden, die verbreitete Theoriebildung als Prozesse logische Spekulation zu überwinden und zu einer systematisch entwickelten „grounded theory" zu gelangen (siehe Glaser/Strauss 2005 [1967]).

reichs, welches dann überhaupt erst dem eigentlichen Forschungsprozess, dem „Messen" sozialer Tatbestände, den Boden bereitet. In der zeitlichen Abfolge sind demnach qualitative Methoden dem Einsatz quantitativer Verfahren vorgeschaltet (Kelle/Erzberger 2003: 300ff.). Eine Stärke dieses Ansatzes besteht nun darin, den „Ausschluß der Betroffenen aus dem Forschungsprozeß" (Lamnek 1995: 96) zumindest partiell aufheben zu können, ohne dabei das (intersubjektive) Falsifikationsprinzip aufgeben zu müssen. Ein Nachteil liegt darin, dass sich dieser Ansatz lediglich zeitlich befristet als flexibel und anpassungsfähig erweist. Nach erfolgter Hypothesenbildung wird das interpretative Potential qualitativer Forschung zugunsten der Eindeutigkeit empirischer Prüfkriterien aufgegeben.

4.2.2 Validierungsinstrument

Unter dem Stichwort „Triangulation" wird hier als zweite Kombinationsform die Verbindung verschiedener methodischer Zugänge zur Erforschung eines Sachverhalts verstanden (Flick 2003: 309).[10]

Ziel einer solchen Vorgehensweise innerhalb eines Forschungsprogramms („across method triangulation") ist letztlich die Validierung der Forschungsergebnisse; das setzt aber – wie Jick ausführt – eine entscheidende Grundbedingung voraus:

> „The effectiveness of triangulation rests on the premise that the weaknesses in each single method will be compensated by the counter-balancing strengths of another." (Jick 1983: 138)

Erscheint es zunächst einmal plausibel anzunehmen, dass eine geschickte Methodenwahl in der Lage ist, eine solche Methodenkombination herzustellen, bei der Schwächen gegenseitig kompensiert werden (statt im schlimmsten Falle bestehende Schwächen kumulativ zu verstärken), so stellt doch der Umgang mit einander widersprechenden, nicht-kongruenten Befunden eine ungleich größere Herausforderung dar. Verleihen mit unterschiedlichen Methoden erzielte übereinstimmende Forschungsergebnisse den Befunden größere Gültigkeit, stürzen einander widersprechende Resultate die Wissenschaftlerin/den Wissenschaftler ins Dilemma:

> „While statistical tests can be applied to a particular method, there are no formal tests to discriminate between methods to judge their applicability." (Ebd.: 142).

---

10 Der Begriff umfasst neben der hier interessierenden Verbindung unterschiedlicher Methoden mit der Daten-Triangulation auch eine Strategie der Verbindung unterschiedlicher Datenquellen ohne Variation der verwendeten Methode (Flick 2003: 310).

4.2.3 Kontextualisierungsansatz: Vertiefung des Erklärungsgehalts

Als dritte Kombinationsform bezieht sich eine erweiterte Sicht, die an die Vorstellungen der Triangulation anknüpft, auf die Ergänzung von Forschungsperspektiven. So ist es bei der Kombination unterschiedlicher Methoden durchaus möglich, dass neben übereinstimmenden und divergierenden Forschungsergebnissen komplementäre, einander ergänzende Resultate zutage gefördert werden:

> „Qualitative Verfahren können also dabei helfen, Lücken ‚variablensoziologischer' Erklärungen, bei denen statistische Zusammenhänge durch zusätzliche Ex-post-Annahmen erklärt werden, zu schließen, während quantitative Verfahren überindividuelle Strukturzusammenhänge aufzeigen können, die von den Individuen nicht bewusst wahrgenommen werden und sich durch qualitative Interviews deswegen kaum erfassen lassen." (Kelle/Erzberger 2003: 306)

Ein weiterer (eher technischer) Vorteil der Kontextualisierung quantitativer Daten durch qualitative Forschungsmethoden soll hier nicht verschwiegen werden. Für eine Vielzahl sozialwissenschaftlicher Fragestellungen stehen bestenfalls quantitative Datensätze zur Verfügung, die auf Querschnittsanalysen beruhen. Verlässliche Zeitreihendaten erweisen sich für die überwiegende Mehrzahl der Fragestellungen als Luxusgut: Die Generierung solcher Daten ist aufwändig, zeitraubend, methodisch besonders anspruchsvoll und vor allem kostenintensiv. So wertvoll und hilfreich Querschnittsanalysen für die empirische Sozialforschung auch sind, bezogen auf bi- und multivariate statistische Analyseverfahren haben sie (gegenüber Zeitreihenanalysen) einen entscheidenden Nachteil: Mit Ausnahme einiger Matchingverfahren erlauben sie keine statistische Prüfung von Kausalbeziehungen, sondern lediglich die von statistischen Assoziationen, sodass die genaue Richtung der aufgefundenen Zusammenhänge (wenn überhaupt) nur interpretativ erschlossen werden kann. Zur Absicherung einer solchen Interpretation der Kausalrichtung können nun die Befunde qualitativer Forschung entscheidende Hinweise geben; ohne eine solche Schließung wäre es zwar weiterhin möglich, einfache Zusammenhangs- und Unterschiedshypothesen statistisch zu testen, der Rückschluss auf Verursachungszusammenhänge, die bei der Mehrheit der sozialwissenschaftlichen Fragestellungen von besonderem Interesse sind, wäre allerdings erschwert.

An diese dritte Form der Methodenintegration soll in dieser Arbeit angeknüpft werden. So weist die Rolle der qualitativen Empirie über die reine Hypothesenbildung hinaus, indem sie integraler Teil des Prozesses der Hypothesenüberprüfung ist. Die in dieser Arbeit verwendete qualitative Empirie, welche neben reaktiven Verfahren (halboffenes Interview) auch nicht-reaktive Verfahren (Dokumentenanalyse) einsetzt, geht aber auch über eine reine Validierung hinaus, indem sie die zu erklärenden Phänomene interpretativ vertieft und erweitert. Ist es nun Ziel der quantitativen Empirie, die Verbreitung und Wandlungsfähigkeit der Formalstrukturen der Interessenbearbeitung aufzuklären, so soll mit Hilfe der qualitativen Empirie die Umsetzung von Formalstrukturen in die verbandliche Praxis analytisch ergründet und somit „verstanden" werden.

4.3 Empirische Grundlagen der Arbeit

Wie bereits in Abschnitt 4.1 angedeutet wurde, erweist sich insbesondere in quantitativer Hinsicht die Datenlage als nicht befriedigend. So gab es bislang für den hier interessierenden Aspekt der Interessenbearbeitung innerhalb von Arbeitgeberverbänden keinen verwertbaren Datensatz; dieser musste komplett neu konzipiert und aufgebaut werden. Wie auch bei entsprechenden Vorläuferprojekten musste diese Erhebung mit den bekannten Hindernissen der mangelnden Auskunftsbereitschaft der Verbände selbst, dem Fehlen öffentlich zugänglicher Informationsquellen sowie der generellen Sperrigkeit des Untersuchungsgegenstandes kämpfen. In der Welt einer perfekten Befragung wäre die Grundgesamtheit der Untersuchung bekannt, eine Zufallsstichprobe könnte aus dieser gezogen werden und die befragten Zielpersonen wären in ihrer überwiegenden Mehrzahl auskunftswillig wie auch fähig, die gewünschten Informationen mit großer Zuverlässigkeit zu geben.

Der hier interessierende Forschungsgegenstand teilt mit anderen sozialwissenschaftlichen Analysen etwa aus dem Bereich der Forschung zu Prostitution, Schwarzarbeit und illegaler Migration den Makel, dass diese Idealvoraussetzungen für quantitative Erhebungen – wenn überhaupt – nur sehr eingeschränkt gegeben sind. Die Grundgesamtheit der deutschen Arbeitgeberverbände war zumindest vor Beginn dieser Erhebung weitgehend unbekannt. Ein öffentliches Register dieser Verbände besteht nicht, und alternative Datengrundlagen wie z.B. die Hoppenstedt-Datenbank oder die bereits angesprochene Lobbyliste des Deutschen Bundestages haben sich als lückenhaft erwiesen und können darüber hinaus nicht zuverlässig zwischen Arbeitgeberverbänden und anderen „business interest associations" differenzieren. Ohne bekannte Grundgesamtheit jedoch erweist sich das Ziehen einer Zufallsstichprobe als aussichtslos. Die Auskunftsbereitschaft der Zielpersonen schließlich ist im Vergleich zu anderen Organisationsbefragungen eher unterdurchschnittlich und die Zuverlässigkeit der gegebenen Informationen zumindest so lange fraglich, wie eine Vielzahl der zu erhebenden Merkmale politisch als heikel eingestufte Aspekte der verbandlichen Praxis betrifft.[11]

---

11 Rücklaufquoten variieren recht stark von Untersuchung zu Untersuchung. Wichtige Faktoren, die die Rücklaufquoten beeinflussen, sind die verwendete Methode, der Umfang

Die in dieser Studie verfolgte Erhebungsstrategie sucht die genannten Restriktionen zu überwinden, indem sie erstens über den Aufbau eines eigenen Datensatzes den Versuch unternimmt, die Grundgesamtheit zu definieren, und zweitens eine auskunftsfähige schriftliche Quelle analysiert, die eine Befragung von Verbandsvertretern zunächst als verzichtbar erscheinen lässt.

4.3.1 Grundgesamtheit

Die Definition einer Grundgesamtheit für die folgende Analyse erfolgte über eine Datenbank, die auf dem Versuch einer Totalerhebung der deutschen Arbeitgeberverbände basiert. Der Aufbau einer Arbeitgeberdatenbank mit Verbandsname, Adresse und einigen grundlegenden Informationen zur Stellung innerhalb eines übergeordneten Verbandssystems begann im Jahre 2002 und konnte 2003 weitgehend abgeschlossen werden. Im Kernbestand umfasst der Datensatz Mitgliedsverbände der BDA, welche über die Mitgliedschaft in den jeweiligen Fachspitzenverbänden bzw. Landesverbänden der BDA recherchiert wurden. Weitere unabhängige Verbände wurden über Listen der gewerkschaftlichen Tarifpartner, Zeitungsrecherche und allgemeine Verbandsregister wie z.B. „Hoppenstedts Register der Verbände, Behörden und Organisationen der Wirtschaft" ermittelt. Insgesamt erfasst die Datenbank 900 Verbände, wobei es sich weitgehend um Arbeitgeber- und Mischverbände handelt. Reine Wirtschaftsverbände, also solche Verbände, die sich ausschließlich auf die produktmarktseitigen Interessen der Wirtschaft konzentrieren, wurden nach Möglichkeit nicht in die Datenbank aufgenommen; da allerdings in einigen Fällen die genaue Typologisierung eines Verbandes erst nach Analyse der einschlägigen Verbandsdokumente vorgenommen werden konnte, finden sich unter den 878 Verbänden auch eine Reihe von Wirtschaftsverbänden.

Die Tabelle 4.1 zeigt die Herkunft bzw. Zugehörigkeit der recherchierten Verbände, die im Folgenden die uns bekannte Grundgesamtheit der Untersuchung darstellt.

---

der Befragung und die Qualität des Befragungsinstruments, die Auskunftsperson/Einheit, an die die Fragen gerichtet werden, der Auftraggeber der Befragung, das Themenfeld und vor allem der soziale/politische Kontext, innerhalb dessen sich die Befragung bewegt. Für Organisationsbefragungen geht Lang (2005: 101) von durchschnittlichen Rücklaufquoten von zehn bis 20 Prozent aus. Mit einer Rücklaufquote von immerhin 23 Prozent erwies sich eine aktuelle Untersuchung von Unternehmerverbänden (Helfen 2006: 4) zwar als überaus erfolgreich – es sollte aber weiterhin bedacht werden, dass die Grundgesamtheit der deutschen Arbeitgeberverbände so klein ist, dass man eigentlich eine deutlich überdurchschnittliche Rücklaufquote benötigen würde, um multivariate statistische Verfahren sinnvoll einsetzen zu können.

Tab. 4.1: Struktur der Grundgesamtheit

Verbandsherkunft	Anzahl
Fachspitzenverband BDA	59
Mitgliedsverband im Fachspitzenverband BDA	434
Landesverband BDA	14
Mitglied im Landesverband BDA (keine Doppelmitgliedschaften von Mitgliedern der Fachspitzenverbände)	345
Unabhängiger Verband	17
Nicht eindeutig zuzuordnen	31

Quelle: WSI-Datenbank Arbeitgeberverbände (2006)

Bezogen auf die regionale Verteilung der Verbandssitze ergibt sich folgendes Bild (Tab. 4.2): 21,3% der im Datensatz enthaltenen Verbände haben ihren Sitz in Ostdeutschland, während der Löwenanteil (78,7%) in Westdeutschland angesiedelt ist. Während dies recht genau der Verteilung der Bevölkerungsanteile entspricht, ergibt eine genaue Aufschlüsselung nach Bundesländern ein etwas komplexeres Bild. Im Vergleich zur Gesamtbevölkerung ist die Verbandsdichte in Berlin und Nordrhein-Westfalen überdurchschnittlich hoch und in Bayern und Baden-Württemberg unterdurchschnittlich. Zumindest für die überdurchschnittliche Verbandsdichte bieten sich zwei Erklärungen an: In Berlin hat sich neben den reinen Landesverbänden auch eine Vielzahl von Fachspitzenverbänden angesiedelt, welche die Nähe zu den politischen Zentren der Macht suchen. Gerade in den letzten Jahren sind eine Reihe von Verbänden dem Bundestag quasi „hinterhergezogen" und haben somit dazu beigetragen, die Zahl der in Berlin ansässigen Verbände zu erhöhen. In Nordrhein-Westfalen sorgt ein regionales Spezifikum für die „Inflationierung" der Verbändezahlen. In einer Reihe von Branchen bauen die Landesverbände auf einer Unterstruktur von Regionalverbänden auf, die als eigenständige Einheiten (Verbände erster Ordnung) im Datensatz erfasst wurden. Da eine solche eigenständige Regionalebene in vielen anderen Bundesländern fehlt, ist die Zahl der Verbände mit Sitz in NRW vergleichsweise groß.

Da die Gesamtzahl der Verbände in der so definierten Grundgesamtheit in einem überschaubaren Rahmen blieb, wurde auf eine weitere Stichprobenziehung verzichtet und die eigentliche Erhebung vom Grundprinzip her als Totalerhebung durchgeführt.

Tab. 4.2: Grundgesamtheit, Sitz der Verbände nach Bundesländern

Bundesland	Anzahl	Prozent	Anteil Bevölkerung (in Prozent)
Baden-Württemberg	71	7,9	13,0
Bayern	83	9,2	15,1
Berlin	91	10,1	4,1
Brandenburg	9	1,0	3,1
Bremen	22	2,4	0,8
Hamburg	46	5,1	2,1
Hessen	90	10,0	7,4
Mecklenburg-Vorpommern	15	1,7	2,1
Niedersachsen	70	7,8	9,7
Nordrhein-Westfalen	243	27,0	21,9
Rheinland-Pfalz	43	4,8	4,9
Saarland	19	2,1	1,3
Sachsen	40	4,4	5,2
Sachsen-Anhalt	22	2,4	3,1
Schleswig Holstein	21	2,3	3,4
Thüringen	15	1,7	2,9
Ostdeutschland (inkl. Berlin)	192	21,3	20,4
Westdeutschland	708	78,7	79,6
Gesamt	*900*	*100*[a]	*100*

a – Rundungsbedingt kann die Summe der in den Spalten ausgewiesenen Prozentzahlen von 100 abweichen.

Quelle: WSI-Datenbank Arbeitgeberverbände (2006)

4.3.2 Erhebungsstrategie und -methoden

Für die im Zentrum dieser Arbeit stehende Frage nach den Formalstrukturen der Interessenbearbeitung und deren Bedeutung für die verbandliche Praxis bietet sich zunächst ein Quellentyp an, der vergleichsweise gut zugänglich ist und diese Strukturen in ihrem Kerngehalt auch zuverlässig abbildet: die Verbandssatzung. Jeder Verband muss sich, als Voraussetzung seiner Geschäftsfähigkeit, nach den Vorschriften des BGB eine Satzung geben und diese beim zuständigen Registergericht eintragen lassen. Das Gesetz stellt bestimmte Mindestanforderungen an dieses Dokument, sodass viele Themenbereiche, die für die Beurteilung von Formalstrukturen der Interessenbearbeitung von herausragender Bedeutung sind, auf diese Weise zuverlässig ausgewertet werden können. Jedoch: So zutreffend die Aussage „Satzungen lügen nicht“ auch sein mag – sie regeln Formalstrukturen der Interessenbearbeitung immer nur so weit abschließend, wie sie es (vereinsrechtlich) müssen. Neben diesem Quellentyp, der im Zentrum der Erhebungsstrategie stand, wurden daher darüber hinaus weitere Verbandsdokumente wie Geschäftsberichte, Beitragsordnungen, Sitzungsprotokolle und Publikationen für Mitglieder ausgewertet, mit dem Ziel, zum einen Aussagen über die konkrete Wirkung der Formalstrukturen auf die verbandliche Politik treffen zu können und zum anderen Hinweise auf mögliche Regelungslücken der Satzungen und dort nicht formal abgesicherte Praktiken zu erhalten. Neben diesen nichtreaktiven Messverfahren wurde zusätzlich eine Reihe von qualitativen Interviews mit Geschäftsführern von Arbeitgeberverbänden geführt.

Die Sammlung der Satzungen/Geschäftsberichte erfolgte in einer mehrstufigen Strategie. In einem ersten Schritt wurden alle in der Datenbank enthaltenen Verbände angeschrieben und um die Übersendung von einschlägigen Dokumenten gebeten.[12] Nach Abschluss einer Nachfassaktion ergab sich folgende Bilanz: 216 Verbände kamen der Bitte nach Übersendung einer Satzung nach, insgesamt 143 Verbände übersandten Geschäftsberichte. Bezogen auf den Dokumententyp „Satzung" ergibt sich daraus eine Rücklaufquote von 24% und bezogen auf den Dokumententyp „Geschäftsbericht" von 15,9%.

In einem zweiten Schritt wurden die Dokumentenbestände durch alternative Bezugsquellen aufgestockt. Weitere Satzungen wurden über Internetrecherche und Dokumentenanhänge einschlägiger Veröffentlichungen, aber im Besonderen unter Rückgriff auf die Bestände der jeweiligen Vereinsregister bei den lokal zuständigen Amtsgerichten beschafft. Insbesondere der Weg über die Vereinsregister erwies sich als hilfreich, um systematische Verzerrungen, die sich aus der Kooperationsverweigerung von Verbänden selbst ergeben könnten, weitestgehend ausschließen zu können. Insgesamt konnten über die skizzierten Bezugsquellen 449 verwertbare Satzungsdokumente beschafft werden, was bezogen auf unsere Grundgesamtheit der erfassten Verbände einer Erfassungsquote von 49,9% entspricht. Die verbleibenden Ausfälle erklären sich zumeist durch die Besonderheiten des Vereinsrechts. So ergibt sich zwar für „rechtsfähige Vereine" eine Pflicht zur Registrierung der jeweils aktuellen Vereinssatzungen beim Vereinsregister, es gibt aber keine zentrale Meldepflicht. In einer großen Zahl von Fällen war es daher nicht möglich, über das Registergericht eine Verbandssatzung zu bekommen, weil es entweder Unstimmigkeiten beim Verbandsnamen gab oder aber der Verband nicht beim örtlichen Vereinsregister registriert war. Aus Gründen der Praktikabilität wurde davon abgesehen, fehlende Verbandssatzun-

12 Die erste Dokumentenakquise erfolgte im Juni 2002 und setzte sich über mehrere Etappen fort. Die letzte Aufforderung zur Übersendung von Dokumenten erfolgte im Juni 2004.

gen nicht nur beim Registergericht am Verbandssitz, sondern auch bei allen anderen Vereinsregistern abzufragen.

Neben den Satzungen und Geschäftsberichten wurden, wie erwähnt, weitere Quellen zur Gewinnung von Informationen zu den Themenkomplexen „Verbandsfunktionäre" und „Anzahl der Verbandsmitglieder" herangezogen.

Wie die Tabelle 4.3 belegt, ergeben sich bezogen auf das Merkmal Verbandssitz keine gravierenden Unterscheidungen zwischen der Verteilung in der Grundgesamtheit und der Gruppe der Verbände, für die eine auswertbare Verbandssatzung vorliegt.

Tab. 4.3: Realisierte Fälle (n = 449) im Vergleich zur Grundgesamtheit nach Verbandssitz

Bundesland	Verbände mit Satzungen in Prozent	Verbände in der Grundgesamtheit in Prozent)
Baden-Württemberg	8,2	7,9
Bayern	8,7	9,2
Berlin	11,8	10,1
Brandenburg	1,6	1,0
Bremen	2,4	2,4
Hamburg	4,7	5,1
Hessen	8,7	10,0
Mecklenburg-Vorpommern	1,3	1,7
Niedersachsen	8,5	7,8
Nordrhein-Westfalen	26,5	27,0
Rheinland-Pfalz	5,6	4,8
Saarland	1,8	2,1
Sachsen	3,8	4,4
Sachsen-Anhalt	2,7	2,4
Schleswig-Holstein	2,0	2,3
Thüringen	1,8	1,7

Quelle: WSI-Datenbank Arbeitgeberverbände (2006)

4.3.3 Auswertungsstrategie

Obwohl es sich bei den dem Datensatz zu Grunde liegenden Informationen ausschließlich um schriftliche Quellen handelt, mussten für die verschiedenen Merkmale teils unterschiedliche Regeln zur Auswertung angewendet werden. Im Zentrum stand die Satzungsauswertung, die hier zunächst erläutert werden soll.

Erfahrungen mit der quantitativen Auswertung von Vorschriften aus Arbeitgebersatzungen liegen nur in sehr begrenztem Maße vor. So basiert Kesslers frühe Studie (Kessler 1907) zwar zum Teil auf der Analyse von 60 Arbeitgeberverbandssatzungen, die ihm „von den betreffenden Verbänden in freundlicher Weise zur Verfügung gestellt worden sind" (ebd.: 110), jedoch entwickelt er keine Auswertungsstrategie, die über eine reine (selektive) Inhaltsangabe hinausgeht. Weitergehende Erfahrungen mit Satzungen gibt es für den gewerkschaftlichen Bereich. Neben reinen Textanalysen (Lahne 1970) sind hier vielfach auch Abgleiche mit Daten, die auf der Grundlage telefonischer oder schriftlicher Befragungen von Gewerkschaftsfunktionären gewonnen wurden, erfolgt (Delaney et al. 1996; Jarley et al. 1998, 2000). In ihrem Nutzen für die Auswertung von Arbeitgeberverbandssatzungen erwiesen sich diese Erfahrungen als begrenzt, jedoch konnten gerade in Bezug auf Fragen der Abstimmungsmodalitäten einige wichtige Anregungen gewonnen werden.

Im Gegensatz zu anderen Studien wurde bei dieser Auswertung nicht auf hermeneutische Methoden zurückgegriffen; vielmehr wurden Sinn und Bedeutung der entsprechenden Satzungsvorschriften im Kontext des Vereinsrechts interpretiert. Insofern diente das Recht hier als Referenzfolie, über die die Satzungstexte interpretiert wurden. Die Auswertung der Satzungen erfolgte unter Zuhilfenahme eines detaillierten Codebuches, das die Kriterien für die Zuordnung der Merkmale genau definierte und das genaue Verfahren im Falle von Grenz- und Zweifelsfällen festlegte. Vor der Eingabe in eine Access-Datenbank wurden alle Auswertungsbögen auf Schlüssigkeit und Plausibilität geprüft und die Angaben der Erstauswertung in ca. 50% der Fälle vom Verfasser nochmals direkt mit den Angaben im Originaldokument abgeglichen.

Eine Reihe von Daten wie z.B. Mitgliederzahlen und Angaben zum Geschlecht/beruflichem Hintergrund der Verbandsfunktionäre, die für die hier interessierenden Strukturen der Interessenbearbeitung von großer Bedeutung sind, konnten den Satzungen selbst nicht entnommen werden. Derartige Informationen mussten daher aus zusätzlichen Quellen beschafft werden, für deren Erschließung das Vereinsrecht keine Hilfestellung bietet. Aus diesen weiteren Quellen wurden daher zumeist nur Sachinformationen, insbesondere Zahlenangaben, gewonnen, die für abweichende Interpretationen wenig anfällig sind. Jenseits der Dokumenteninterpretation ergaben sich Probleme immer dort, wo unterschiedliche Quellen für ein Merkmal herangezogen wurden. Das war zunächst der Fall bei der Bestimmung des beruflichen/akademischen Hintergrundes der Verbandsfunktionäre; dieser wurde zunächst über die entsprechenden Angaben in den vorliegenden Geschäftsberichten ermittelt und dann mit jenen auf den Internetseiten der Verbände verglichen. Als Resultat dieses Abgleichs wurden jeweils die aktuellsten sowie vollständigsten Daten verwendet.

Informationen zur Anzahl der Verbandsmitglieder sind schwer zu erhalten und beruhen nahezu ausschließlich auf Eigeninformationen der Verbände selbst bzw. wurden aus diesen abgeleitet. Insgesamt wurden Daten aus den Quellen Internet, Hoppenstedt-Datenbank, wissenschaftliche Veröffentlichungen, Geschäftsberichte, Protokolle von Mitgliederversammlungen sowie aus einer abschließenden telefonischen Recherche bei den Verbänden selbst zusammengefügt. Aus Letzterer ergaben sich für etliche Verbände abweichende Angaben, sodass für die Verwendung im Datensatz eine Strategie der Auswahl und Validierung vorgenommen werden musste. Hier wurde ein dreistufiges Verfahren angewendet. Erstens wurden alle Angaben nochmals mit der jeweiligen Quelle abgeglichen, um Übertragungsfehler auszuschließen. Zweitens wurde bei geringfügigen Abweichungen den jeweils aktuelleren Angaben (Bezugsjahr der Mitgliederzahlen) der Vorrang gegeben. Drittens wurde eine Hierarchie der unterschiedlichen Quellen erarbeitet. Hierbei wurde davon ausgegangen, dass direkt vom Verband übermittelte Zahlen zuverlässiger sind als solche, die nur abgeleitet wurden und somit Übermittlungsfehler enthalten können. Darüber hinaus wurde Daten aus verbandsinternen Dokumenten (Protokolle) eine größere Zuverlässigkeit als veröffentlichten Zahlen (Internet, Geschäftsberichte) zugebilligt, da bei ihnen die mit den Angaben verknüpften Wirkungen in der Öffentlichkeit (soziale Erwünschtheit von Angaben) keine Rolle gespielt haben dürften.

Die gesamte Dokumentenauswertung konnte im Frühjahr 2006 abgeschlossen werden.

4.3.4 Beschreibung der „WSI-Datenbank Arbeitgeberverbände (2006)“

Anhand der Angaben aus der jeweiligen Satzung konnten 358 der insgesamt 448 Verbände, für die auswertbare Satzungen vorlagen, als Arbeitgeberverbände identifiziert werden. Dieser Datensatz (n = 358) bildet die Grundlage für die folgenden Auswertungen in den Kapiteln 5 bis 7.

Insgesamt umfasst der Datensatz unterschiedliche Kategorien von Arbeitgeberverbänden, welche sich insbesondere nach Gesichtspunkten ihres Mitgliederkreises unterscheiden lassen. Wie in Abbildung 4.1 dargestellt, stellen Verbände, die ausschließlich Unternehmen als Mitglieder zulassen, mit 39% der Fälle die häufigste Kategorie dar.

Fast elf Prozent der im Datensatz vertretenen Arbeitgeberverbände räumen die Mitgliedschaft exklusiv für andere Verbände ein. Überraschend erscheint zunächst, dass neben Unternehmen auch Individuen eine ordentliche Mitgliedschaft erwerben können und dass es offensichtlich auch hybride Organisationen gibt, die sowohl Verbände als auch Unternehmen organisieren.

Die Tabelle 4.4 gibt die Branchenzugehörigkeit der Verbände im Datensatz wieder.

Abb. 4.1: Mitglieder von Arbeitgeberverbänden in Prozent (n = 358)

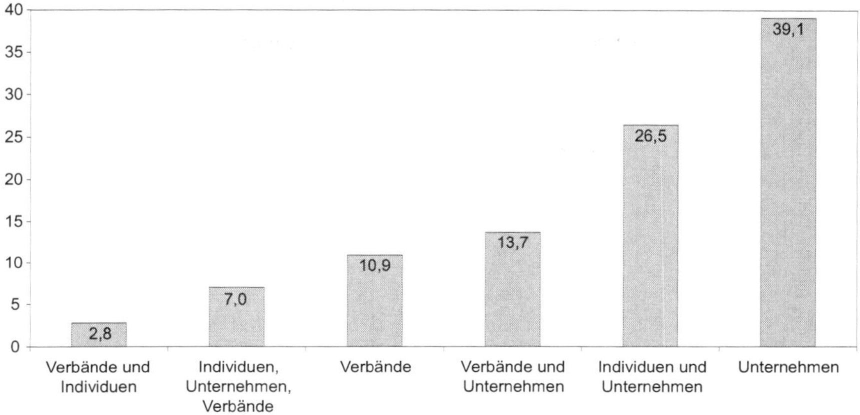

Quelle: WSI-Datenbank Arbeitgeberverbände (2006)

Tab. 4.4: Fälle im Datensatz nach Branche

Branche	Fälle	Prozent
Handwerk	25	7,0
Industrie	140	39,1
Dienstleistungen	119	33,2
Bergbau	5	1,4
Bau	33	9,2
Landwirtschaft	23	6,4
Gemischt	13	3,6
Gesamt	*358*	*100*[a]

a – Rundungsbedingt kann die Summe der in den Spalten ausgewiesenen Prozentzahlen von 100 abweichen.

Quelle: WSI-Datenbank Arbeitgeberverbände (2006)

Arbeitgeberverbände aus dem Bereich der Industrie sind demnach am stärksten vertreten, gefolgt von Verbänden aus dem Dienstleistungsbereich. An dritter und vierter Stelle folgen die Bereiche Bau und Handwerk. Weitere Wirtschaftsbereiche wie Bergbau, aber auch branchenübergreifende Verbände (Kategorie „gemischt“) kommen nur auf geringe Fallzahlen, sodass sich hier branchenbezogene Aussagen ohne weitere Aggregation zumeist nicht durchführen lassen.

Wie bereits angedeutet, erwies sich die Beschaffung von Daten zur Mitgliederzahl von Arbeitgeberverbänden als sehr schwierig. In unserem Fall konnten solche Angaben nur gewonnen werden, indem unterschiedliche Quellen bewertet und kombiniert wurden.

Da die untersuchten Verbände Mitgliedschaften für unterschiedliche Kategorien von Mitgliedern zulassen, muss sich dies in der Darstellung der Mitgliederzahl niederschlagen. Die beiden Tabellen 4.5 und 4.6 stellen daher getrennt die Mitgliederkategorien „Unternehmen" und „Verbände" dar, wobei sich Überschneidungen durch die Tatsache ergeben, dass etliche der untersuchten Verbände beide Mitgliederkategorien zulassen (siehe auch Abb. 4.1). Die Kategorie „Individuen" wurde nicht besonders ausgewiesen, da die überwiegende Mehrzahl jener Verbände, die Angaben zu ihrem Mitgliederkreis machen, nicht gesondert zwischen „natürlichen" und „juristischen Personen" unterscheidet. Insofern sind beide in der Kategorie „Unternehmen" enthalten.

Tab. 4.5: Mitgliederzahlen (Unternehmen) nach Größenklassen

	Fallzahl	Prozent der gültigen Fälle
1 bis 49	42	21,0
50–99	33	16,5
100–499	75	37,5
500 und mehr	50	25,0
Gesamt	*200*	*100*

Mittelwert: 1.327,8 Median: 160,0
Erfassungsquote: 64,7% Wertebereich: 4–70.000

Quelle: WSI-Datenbank Arbeitgeberverbände (2006)

Tab. 4.6: Mitgliederzahlen (Verbände) nach Größenklassen

	Fallzahl	Prozent der gültigen Fälle
1–9	18	25,7
10–19	27	38,6
20–29	12	17,1
30 und mehr	13	18,6
Gesamt	*70*	*100*

Mittelwert: 26,7 Median: 16,0
Erfassungsquote: 56,9% Wertebereich: 3–544

Quelle: WSI-Datenbank Arbeitgeberverbände (2006)

In der Kategorie der Mitgliedschaft von Unternehmen konnten für insgesamt 64,7% der in der Auswertung enthaltenen Arbeitgeberverbände, die eine solche Mitgliedschaft zulassen, aussagekräftige Mitgliederzahlen erhoben werden. Die Anzahl der angeschlossenen Mitgliedsunternehmen reicht hierbei von vier bis 70.000.

Wie in Tabelle 4.6 dargestellt, liegt die Erfassungsquote bei jenen Verbänden, die die Mitgliedschaft von Verbänden zulassen, mit 56,9% etwas unterhalb des entsprechenden Wertes für die Unternehmensmitgliedschaften. Von den erfassten Verbänden verfügt der „kleinste" über drei und der „größte" über 544 angeschlossene Mitgliedsverbände.

Die Tabelle 4.7 stellt eine abgeleitete Mitgliederkategorie dar. Sie ist insofern abgeleitet, als sie nicht direkt nach den Trägern der Mitgliedschaft fragt, sondern danach, wie viele Beschäftigte diese haben. Insgesamt lagen nur für 63 der untersuchten Verbände solche Angaben vor.

Tab. 4.7: Beschäftigte der Mitglieder nach Größenklassen

	Gesamtzahl	Prozent der gültigen Fälle
1–9.999	12	19,0
10.000–49.999	31	49,2
50.000–99.999	9	14,3
Mehr als 100.000	11	17,5
Gesamt	*63*	*100*

Mittelwert: 95.155,2 Median: 30.000,0
Erfassungsquote: 17,6%[13] Wertebereich: 350–1.859.026

Quelle: WSI-Datenbank Arbeitgeberverbände (2006)

Auch bei den Angaben zur Anzahl der von den Verbandsmitgliedern beschäftigten Arbeitnehmer/inne/n ist die Spannweite des Wertebereichs enorm, er reicht von einem ausgesprochenen Kleinverband mit 350 Beschäftigten bis zu einem Großverband mit mehr als 1,8 Millionen Beschäftigten. Allerdings handelt es sich bei Letzterem um einen Verband von Verbänden, der die Beschäftigten der Unternehmen seiner Mitgliedsverbände aufaddiert hat. Die auf das Merkmal Beschäftigtenzahl bezogene Erfassungsquote liegt allerdings mit 17,6% deutlich unter den Werten für die direkte Mitgliedschaft von Verbänden und Unternehmen.

13 Die Bezugsgröße sind hier alle Verbände im Datensatz, da theoretisch auch von reinen Verbänden von Verbänden auf die Anzahl der Beschäftigten zurückgeschlossen werden kann. Im Datensatz gilt dies aber nur für insgesamt zwei von 63 Fällen, für die Beschäftigtenzahlen vorlagen.

In der nun folgenden Darstellung der empirischen Befunde werden die betroffenen Verbände, aber auch die für diese handelnden Personen weitgehend anonymisiert. Da ein beachtlicher Teil der Satzungen ohne das ausdrückliche Einverständnis der betroffenen Verbände über die jeweils zuständigen Vereinsregister beschafft wurde, werden die betroffenen Verbände nur über ihre Datenbank-Identifikationsnummer und einige Globalinformationen zur Branche identifiziert. Eine Nennung der vollständigen Verbandsbezeichnung erfolgt immer dann, wenn es sich bei den ausgewerteten Informationen um veröffentlichtes Material handelt, d.h., eine besondere Schutzwürdigkeit der verbandlichen Innensphäre nicht mehr gegeben ist. Interviews mit Verbands- und Gewerkschaftsfunktionären wurden anonymisiert, es sei denn, die betroffenen Personen hatten einer Identifikation zugestimmt.

5 Formalstrukturen der Interessenbearbeitung

5.1 Zulassung

Die Zulassung bestimmter Interessen zur Vertretung durch den Verband ist eingangs als Resultat einer bewussten Selektion, mithin als Ergebnis einer politischen Entscheidung vorgestellt worden. Als Resultat solcher – teils konflikthafter – Entscheidungen kommt es zur Bestimmung einer Interessendomäne, welche z.B. Fragen des regionalen und fachlichen Zuschnitts des Organisationsbereichs ebenso berührt wie die Definition bestimmter in die Vertretung einbezogener Unternehmenstypen und deren Interessencluster (Schmitter/Streeck 1999: 61f.). Die Frage, wie die arbeitsmarktbezogenen oder produktmarktseitigen Interessen von Unternehmen in einheitlichen oder getrennten Verbänden vertreten werden, ist in der deutschen Verbandslandschaft durchaus unterschiedlich beantwortet worden (Behrens/Helfen 2009).

Während sich die Domänenabgrenzung in den Dimensionen des fachlichen Zuschnitts und der Auswahl von Unternehmenstypen als weitgehend stabil erwiesen hat, kam es in den letzten Jahren im Bereich der regionalen Gliederung, insbesondere aber auch in Bezug auf die Zusammenlegung von Interessenclustern zu Anpassungsprozessen; solche Prozesse vollzogen sich zumeist in Form von Zusammenschlüssen zuvor selbstständiger Verbände und veränderten die Domänenabgrenzung in fundamentaler Weise. Dabei ist allerdings zu beachten, dass sich deutsche Arbeitgeberverbände – obwohl die Auswirkungen solcher Fusionen im Einzelfall für die betroffenen Organisationen gravierend sein können – insbesondere im Vergleich zu ihrem Pendant, den Gewerkschaften, durch einen schon als stoisch zu bezeichnenden Strukturkonservativismus auszeichnen: Im Vergleich zur Gesamtzahl der Verbände erweist sich die Fusionsaktivität als moderat bis schwach.

Die Politik der Zulassung bestimmter Interessen zur Vertretung im Verband berührt im Kern die Frage, durch welche Mechanismen Insider und Outsider produziert werden. Als Resultat entstehen harte Demarkationslinien, die in letzter Instanz auch die strukturelle Begründung für eine Mitgliedschaftsverweigerung liefern können.[1] Wie genau diese Grenzen definiert und beachtet werden, wird nun in den vier Kernbereichen der regionalen und fachlichen Abgrenzung,

1 Schmitter/Streeck (1999: 45f.) sprechen in diesem Zusammenhang die Rolle von formalen Grenzen der Organisation als institutionelle Filter an, welche zugleich als „rules of inclusion“ und „rules of elimination“ in Erscheinung treten. Traxler thematisiert dieses Problem unter dem Begriff „filtering out irreconcilable interests“ (Traxler 1993: 678).

der Fokussierung auf bestimmte Unternehmenstypen, des Marktverhaltens und der Definition der zu vertretenen Interessencluster näher analysiert.

5.1.1 Regionale und fachliche Abgrenzung

Die leitende Vorstellung vom regionalen Organisationsmuster deutscher Arbeitgeberverbände ist eng am Leitbild von Gesamtmetall, als dem lange Jahre führenden Arbeitgeberverband, orientiert. Demnach formieren sich unterhalb der Ebene der BDA als nationaler fachübergreifender Spitzenorganisation branchenspezifische Spitzenorganisationen, die wiederum Landesverbände auf der Ebene der einzelnen Bundesländer unterhalten. Diese Vorstellung von einer Verbandsstruktur, die quasi die föderale Ordnung der Bundesrepublik widerspiegelt, ist in mehrfacher Hinsicht revisionsbedürftig.

Zur systematischen Analyse der regionalen Ordnung deutscher Arbeitgeberverbände ist es notwendig, zunächst einmal zwei wesentliche Grundcharakteristika zu unterscheiden. Als Erstes ist hier zunächst die Gliederungskaskade von Bedeutung, die das Verhältnis unterschiedlicher Ebenen eines Verbandssystems zueinander in Beziehung setzt. Solche Gliederungskaskaden formieren sich über Mitgliedschaften in den jeweiligen Verbänden der nächsthöheren Ebene. So ist beispielsweise Südwestmetall als Verband Mitglied bei Gesamtmetall, und dieser Verband wiederum ist als Fachspitzenverband Mitglied in der BDA. An dieser Stelle wird bewusst auf die Beschreibung dieser Verbändebeziehungen als „Verbändehierarchie“ verzichtet, denn dass aus einer Verbändekaskade auch gleichzeitig eine hierarchische Unterordnung der jeweiligen Verbände auf der nächstniedrigen Ebene resultiert, ist längst nicht ausgemacht.

Als zweites Charakteristikum ist die besondere Art des Mitgliedschaftsverhältnisses zu nennen. Demnach sind als Verbände erster Ordnung nur solche Organisationen zu verstehen, die direkt einzelne Arbeitgeber oder Unternehmen organisieren. Verbände der zweiten oder dritten Ordnung organisieren demnach als „Verbände von Verbänden“ jeweils andere Arbeitgeberverbände. Diese Unterscheidung ist insofern von Bedeutung, als die Ausgangsinteressen der Unternehmen (um in der Olson'schen Vorstellungswelt zu bleiben) in den Verbänden erster Ordnung vergleichsweise unmittelbar Relevanz für die Politik des jeweiligen Verbandes erlangen, während Verbände von Verbänden nur in abgeleiteter Form auf diese zugreifen. Was dieses für die Handlungsfähigkeit einer Organisation bedeutet, lässt ein Bonmot des früheren DGB-Vorsitzenden Dieter Schulte erahnen. Schulte, der wie viele Präsidenten von Arbeitgeberverbänden zweiter und dritter Ordnung nur der Vorsitzende eines Verbandes von Verbänden war, wurde gefragt, ob es ihm denn gelingen würde, die Mitglieder seiner Organisation zum Streik aufzurufen. Seine Antwort fiel so aus: „Das sollte mir nicht sonderlich schwerfallen, schließlich habe ich nur 16 Mitglieder.“ Diese Parallele aus der Gewerkschaftswelt verweist auf zwei grundlegende Aspekte der Mitgliedschaftsverhältnisse: Zum einen ist die Anzahl der Mitglieder, aber auch die Komplexität der Ausgangsinteressen dieser Mitglieder in einem Verband von Verbänden vergleichsweise geringer als in einem Verband erster Ordnung. Zum anderen ist demzufolge eine Massenmobilisierung der Mitgliederbasis – in diesem Falle also der Unternehmen – nur indirekt über den Umweg der angeschlossenen Verbände erster Ordnung möglich.

Beide Teilaspekte, die Ausprägung der Gliederungskaskade wie auch die Gestaltung der Mitgliedschaftsverhältnisse, sind strukturell voneinander entkoppelt. Dies soll an zwei Beispielen näher erläutert werden. Die Bundesarbeitsgemeinschaft der Mittel- und Großbetriebe des Einzelhandels e.V. (BAG) war bis zu ihrer Auflösung im Dezember 2009 als Fachspitzenverband Mitglied in der BDA und hatte ihrerseits 15 Mitgliedsverbände auf der Ebene der Bundesländer. Im Zuge einer Zentralisierung der Verbandspolitik wurden Mitglieder zumeist durch diese Landesverbände aufgenommen. Das eigentliche Mitgliedschaftsverhältnis bestand aber mit der Bundesarbeitsgemeinschaft, die ein Verband von Verbänden, zur gleichen Zeit jedoch auch ein Mitgliedsverband von Einzelhandelsunternehmen war. Diese erwarben mit ihrem Beitritt zum Landesverband eine Doppelmitgliedschaft in der Bundesarbeitsgemeinschaft, die ihnen dort gleichzeitig Antrags- und Stimmrecht verschaffte. Die Landesverbände selbst verfügten in der Bundesarbeitsgemeinschaft lediglich über ein Antrags-, nicht aber über das Stimmrecht. Betrachtete man lediglich die Gliederungskaskade der Beziehungen zwischen den Verbänden, so würden die Landesarbeitsgemeinschaften als Basisorganisationen mit Unternehmensmitgliedern erscheinen und die Bundesarbeitsgemeinschaft als der ihnen übergeordnete Spitzenverband. Der Blick auf die Mitgliedschaftsverhältnisse stellt dieses Bild in Frage, indem er die Formalbeziehung der Organisationsebenen näher qualifiziert. Demnach ist die ehemalige Bundesarbeitsgemeinschaft als Spitzenverband und Basisgliederung in einem anzusehen.

Wie sehr solche Logiken selbst innerhalb eines Verbandes auseinanderfallen können, zeigt auch der Blick auf Gesamtmetall. Hier werden (Unternehmens-)Mitglieder zwar in der Regel durch die Landesverbände aufgenommen, mit denen auch das formale Mitgliedschaftsverhältnis besteht; es gibt aber bedeutende Ausnahmen, denn NRW-Metall als der mitgliederstärkste Landesverband tritt selbst nur als Verband zweiter Ordnung in Erscheinung. Das Mitgliedschaftsverhältnis der Unternehmen besteht mit einem der 26 Regionalverbände, die wiederum mit den Arbeitgeberverbänden anderer Branchen gemeinsame Regionalbüros und fachübergreifende Regionalverbände unterhalten. Immerhin ist dieses Organisationssystem insofern einheitlich, als Unternehmen durch die jeweils unterste Ebene der Kaskade aufgenommen werden und das Mitgliedschaftsverhältnis mit dieser Ebene besteht, die Gestalt der Kaskade selbst aber zwischen den Bundesländern differiert. Im Bereich des Handwerks schließlich gibt es eine Reihe von Verbänden, bei denen das Mitgliedschaftsverhältnis mit dem Verband auf Landesebene begründet wird, aber dennoch eine nachgelagerte Regionalebene existiert, die eine vollwertige hauptamtliche und ehrenamtliche Verbandsstruktur aufweist. Solche Satellitenorganisationen sind dann im strengen Sinne weder Verbände von Verbänden noch Mitgliederverbände von Handwerksunternehmen.

Darüber hinaus ist von Bedeutung, dass weder die Gestalt der Kaskade noch der Geltungsbereich der Mitgliedschaftsverhältnisse auf das Gebiet der Bundesrepublik begrenzt sind. Für die Kaskade ist von Belang, dass es auf der europäischen und internationalen Ebene Konföderationen von Arbeitgeberverbänden gibt, die durchaus politische Relevanz besitzen. Auch die Reichweite der Mitgliedschaftsverhältnisse endet nicht an der Landesgrenze; immerhin bieten sieben der insgesamt 449 Verbände, für die Unterlagen ausgewertet wurden, eine ordentliche Mitgliedschaft für Unternehmen aus dem Ausland an. Auf dem Wege einer „Internationalisierung von unten" werden somit zusätzliche verbandliche Querverbindungen geschaffen, die die Komplexität der zu vertretenen Interessen steigern. Auslandsmitgliedschaften sind nicht auf bestimmte Branchen begrenzt und finden sich im Bereich der Entsorgungswirtschaft, des Bergbaus, der Bauindustrie, der Landwirtschaft und der Möbelindustrie.

Solange ein Verbandssystem keine weißen Flecken bei der regionalen Abdeckung seines Einzugsbereichs aufweist, führen die hier angedeuteten unterschiedlichen Formen der Regelung des Zugangs zum Verband in der Praxis nicht zur Mitgliedschaftsverweigerung. Aus ihnen resultieren aber sehr wohl unterschiedliche Ausprägungen bei der Frage, an welcher Stelle des Verbandssystems Unternehmensinteressen direkt ins Spiel gebracht werden. Während also die Interessen einer Düsseldorfer Privatbank direkt und wirkungsmächtig beim Arbeitgeberverband des privaten Bankgewerbes (Berlin) angesiedelt sind, kommen diejenigen eines Düsseldorfer Automobilzulieferers beim Arbeitgeberverband Metall- und Elektroindustrie Düsseldorf und Umgebung zum Tragen. Solche Unterschiede werden oftmals zu Recht als Produkte historischer Entwicklungsprozesse interpretiert. Gleichzeitig sind sie aber auch das Resultat politischer Auseinandersetzungen innerhalb der Verbände.

Bei der Frage nach der Verortung des Mitgliedschaftsverhältnisses innerhalb der Organisationskaskade konkurriert eine Oligarchielogik mit der Logik der Gegenmacht. Aus einer reinen Oligarchielogik heraus könnten die handelnden Verbandsfunktionäre mit ihrer Situation als Verband zweiter oder gar dritter Ordnung recht gut leben, schafft dies doch einen komfortablen Puffer zwischen der Funktionärsschicht und den unmittelbar artikulierten Mitgliederinteressen. Auf der anderen Seite aber sorgt die große Entfernung zu den Unternehmen gleichzeitig auch für Schwierigkeiten bei der Organisierung von Gegenmacht, insbesondere gegenüber den Gewerkschaften. So krankte die tarifpolitische Handlungsfähigkeit von Gesamtmetall über weite Strecken daran, dass es der Organisation nur selten gelang, aus einer nur abgeleiteten Mitgliedermacht Handlungsfähigkeit herzustellen. Ein Verbandsgeschäftsführer aus der Metallindustrie erinnert sich:

> „Ich habe ja verzweifelte Versuche gemacht, an der Verbandsstruktur etwas zu ändern. Wir haben schon 1970 mit Schleyer die so genannte Doppelmitgliedschaft gemacht. Das steht auch alles im Handelsblatt dokumentiert, wo wir gesagt haben, alle unsere Firmen sollten zugleich Mitglied bei Gesamtmetall sein, sodass wir gar nicht angewiesen sind auf die regionale Zuständigkeit, denn de jure ist ja Gesamtmetall sowieso nur eine Holding ohne Gewinnabführung. Eine ganz schwache Decke darüber, denn die Tarifautonomie liegt bei den 15 Regionalverbänden. Die sind tariffähig, die sind der Partner der IG Metall, die könnten eigentlich mit Fug und Recht sagen, mit denen wollen wir verhandeln, mit Gesamtmetall gar nichts." (Interview 22.06.1999)

Letztlich ließ sich eine Doppelmitgliedschaft mit der daraus resultierenden Aufwertung von Gesamtmetall nicht dauerhaft gegen den Widerstand der Landesverbände durchsetzen.

Neben der regionalen Gliederung spielt auch die fachliche Abgrenzung der Arbeitgeberverbände eine herausragende Rolle. So stellt Gesamtmetall das Paradebeispiel eines Verbands mit einer ausgesprochen breiten fachlichen Abdeckung dar. Das Spektrum der vertretenen Branchen reicht hier von der Automobilindustrie, dem Schiffbau, dem Maschinenbau, der Elektroindustrie bis hin zur Computerindustrie und Telekommunikation. Auf der anderen Seite gibt es eine Reihe von Verbänden mit ausgesprochen enger fachlicher Verbandsdomäne. Hier sind der Tarifverband Privater Rundfunk, der Verband des Deutschen Fass- und Weinküferhandwerks oder der Bundesverband der deutschen Bürsten- und Pinselindustrie zu nennen.

Beitrittswilligen Unternehmen ist nicht freigestellt, sich selbst einem dieser Branchenbündel zuzuordnen. In diesem Sinne gibt es also keinen offenen „Markt der Verbände" mit Wahlalternativen für die Nachfrager von Dienstleistungen der Interessenvertretung. Mit wenigen Ausnahmen, bei denen es zu einer Konkurrenz mehrerer Verbände zur Vertretung einer Branche kommt (Leiharbeit, Teile des Einzelhandels), definieren die Verbände recht trennscharf, welche fachlichen Interessen vom Verband vertreten werden und welche nicht. Solange die Tariffunktion von Arbeitgeberverbänden einen äußeren Zwang durch Vereinheitlichung der Repräsentanz schafft – schließlich würden die Gewerkschaften wohl kaum mehrere konkurrierende Verbände als Verhandlungspartner akzeptieren –, wird die konkrete Form der Bündelung von Unternehmensinteressen entlang bestimmter Branchencluster einseitig durch den Verband festgelegt.[2] Wie die Praxis – zumeist tariffreier – so genannter „allgemeiner Arbeitgeberverbände“ in Ostdeutschland zeigt, bricht diese Logik erst bei Wegfall des Vereinheitlichungsdrucks durch den Tarifpartner weg.

Die Definition der fachlichen Organisationsdomäne hat weitreichende Konsequenzen für die Zulassung bestimmter Interessen und die daraus resultierende Konstitution der Handlungsfähigkeit, aber auch des inneren Konfliktpotentials von Arbeitgeberverbänden. Unterstellen wir zunächst, dass wir bereits existierende Verbände vor uns haben, also das Olson'sche Einbringungskalkül (Keller 1988) hier nicht weiter thematisiert werden muss, so spricht vieles dafür, dass ein breit angelegtes Branchencluster zu einer größeren Heterogenität der im Verband vertretenen Interessen führt, als dies bei eng gezogenen fachlichen Grenzen (enges Branchencluster) der Fall sein dürfte. Zumindest was die Fähigkeit zur Formulierung allgemein akzeptierter Ziele der verbandlichen Politik anbelangt, dürfte hier der Bundesverband der deutschen Bürsten- und Pinselindustrie dem Verband Gesamtmetall überlegen sein, denn folgt man dem Ansatz Peter Blaus (zitiert nach Groser 1979: 77), führt eine Erhöhung der Mitgliederzahl quasi zwangsläufig zu einer Verwässerung der Ideologien. Dieser nur scheinbar eindeutige Zusammenhang kann sich allerdings genau umkehren, bezieht man den moderierenden Einfluss der Marktbeziehungen unter den Mitgliedern ins Kalkül ein. Danach sind Arbeitgeberverbandsmitglieder nicht nur Unternehmen mit einer spezifischen Problemwahrnehmung ihrer Branche und darauf aufbauenden Bedürfnissen nach Interessenvertretung, sondern auch Konkurrenten auf den Produkt- und Arbeitsmärkten (Franke 1964; Keller 1999). In dieser Hinsicht kann sich der Vorteil einer vergleichsweise homogenen Branchenstruktur in einen manifesten Nachteil verwandeln; statt die Chancen zur Formulierung einheitlicher Verbandsziele zu verbessern, verstärkt eine eng gefasste Branchenstruktur das gegenseitige Misstrauen unter den Verbandsmitgliedern und schränkt somit den Handlungsspielraum ein, den diese ihrem Verband zu gewähren bereit sind. Ob es so weit kommt, hängt im Wesentlichen von der konkreten Gestalt der Märkte ab. So ist in Branchen mit stark lokalisierten Märkten mit geringer Anzahl an Marktanbietern (bzw. starken Marktzugangsbarrieren), wie dies z.B. häufig bei personenbezogenen Dienstleistungen auftritt, der innerverbandliche Konkurrenzdruck vergleichsweise geringer als bei überregionalen Märkten mit einer unübersichtlichen Zahl von Marktteilnehmern (bzw. geringen Marktzugangsbarrieren).

---

2 Das Problem der konkurrierenden Verbände wird zum Teil auch über den jeweiligen Fachspitzenverband bzw. in letzter Instanz durch die BDA gelöst. So wurde beispielsweise im Fall des neu gegründeten Konkurrenzverbandes „Fachgemeinschaft Bau Berlin-Brandenburg“ dessen Aufnahmeantrag seitens der BDA abgelehnt (Interview 21.11. 2002).

Der Zugang zu den Verbänden wird aber nicht nur über das Kriterium der räumlichen und fachlichen Abgrenzung an sich, sondern auch durch deren besondere Gewichtung geregelt. Ausschlaggebend ist hierbei nicht allein, welche konkrete Abgrenzung der fachlichen Mitgliedschaftsdomäne ein Verband für sich wählt, sondern darüber hinaus, wie diese innerhalb einer Organisationskaskade, also unterhalb eines Fachspitzenverbandes, gebündelt wird. Gesamtmetall erscheint hier als ein typischer Fall der Durchsetzung des Regionalprinzips, denn Mitgliedsverbände werden auf der Ebene der Bundesländer gebildet und nicht weiter fachlich differenziert. Andere Verbände wie z.B. die Sozialpolitische Arbeitsgemeinschaft Steine und Erden hingegen organisieren exklusiv fachspezifische Mitgliedsverbände, deren räumlicher Zuständigkeitsbereich häufig die gesamte Bundesrepublik umfasst. Mischformen, also die gleichzeitige Existenz einer fachlichen Verbandsebene neben der räumlichen Gliederung, sind weit verbreitet. So repräsentiert beispielsweise die Arbeitgebervereinigung Nahrung und Genuss e.V. (ANG) neun Landesverbände und fünf Bundesfachverbände (beispielsweise für Süßwaren, Stärke und Zucker).

5.1.2 Weitere Abgrenzungskriterien

Unternehmenstypen

Eine weitere Differenzierung zwischen zugelassenen Insider-Interessen und ausgegrenzten Outsider-Interessen kommt insbesondere im Bereich des Einzelhandels zum Tragen; sie basiert nicht zuletzt auf einer phasenweise recht ausgeprägten Rivalität zwischen den beiden Spitzenverbänden, der Bundesarbeitsgemeinschaft der Mittel- und Großbetriebe des Einzelhandels (BAG) und dem Hauptverband des Deutschen Einzelhandels (HDE) (siehe Abschnitt 7.5.5). So konzentrierte sich die BAG bis zu ihrer Auflösung im Jahre 2009 überwiegend auf Mittel- und Großbetriebe und grenzte allein schon satzungstechnisch den Wettbewerb mit dem HDE dadurch ein, dass eine Mindestbedingung für die Verbandsaufnahme der Nachweis eines Jahresumsatzes von mehr als 2,5 Millionen Euro war. Da der HDE auch weiterhin Großmitglieder aufnahm, war aber zumindest das Konkurrenzverhältnis um weniger umsatzstarke Mitglieder wirksam entschärft worden.

Marktverhalten

Gerade in Verbänden mit einer vergleichsweise homogenen fachlichen Mitgliederstruktur und einem daraus resultierenden großen Konkurrenzdruck unter den Verbandsmitgliedern bestehen vielfach besondere Zulassungsregeln, die über eine reine Typologisierung der potentiellen Mitglieder weit hinausgehen. Hier geht es nicht um eine Zuordnung nach Raum, Branche oder Größe eines Unternehmens, sondern es wird dessen Praxis als Marktteilnehmer zum Beurteilungskriterium für die Verbandsaufnahme gemacht. Bezugspunkte für solche Regeln sind Aspekte wie „gute fachliche Praxis", „lauterer Wettbewerb", aber auch andere Kriterien, die einen von den Verbandsmitgliedern akzeptierten Kernbestand der Verbandsidentität vor Erosion von außen schützen sollen. So greifen gerade solche Verbände auf zusätzliche Kriterien für die Aufnahme zurück, die große Probleme bei der Konkretisierung eines übergreifenden Verbandsinteresses haben. Der interne Konsolidierungsaufwand ist in diesen Fällen überdurchschnittlich groß, weil diese Verbände in Marktsegmenten operieren, in denen Marktzugangsbarrieren schwach ausgeprägt sind, Marktanteile besonders umkämpft sind und die Zahl der konkurrierenden Anbieter besonders groß ist. Beispiele für solche Märkte sind der Gartenbau, das Baugewerbe, aber auch das Speditions- und Überwachungsgewerbe.

So ist es im Bereich der Verbände des Garten- und Landschaftsbaus üblich, neben einem Nachweis des Meisterbriefes als Beleg für die gute fachliche Praxis auch umfangreiche Belege für die Rechtstreue eines Mitgliedschaftsaspiranten zu verlangen. Beispielsweise fordert ein Verband dieser Branche (310) zum Erwerb der Mitgliedschaft die Vorlage von Unbedenklichkeitsbescheinigungen des Finanzamts, der Sozialversicherungsträger und der zuständigen Berufsgenossenschaften. Ein Bundesverband aus dem Dienstleistungsbereich (858) setzt bei seinen Neumitgliedern den Beleg von „Sachkunde und Zuverlässigkeit" anhand von „Unterlagen" voraus. Ein Verband aus dem Logistikbereich (697) verlangt von einem Teil seiner Klientel umfangreiche Nachweise der fachlichen Qualifikation, die neben der „Einhaltung der Grundsätze und Regeln eines ordentlichen Kaufmanns" (§ 6 II b der Satzung vom 10.10.2001) auch den Einsatz besonders ausgerüsteter Fahrzeuge, die Zusammenarbeit mit seriösen Versicherern, die Vorhaltung geeigneter und sicherer Möbellager und den Einsatz von Fachpersonal verlangen. Ein Verband aus der Baubranche (270) führte eine zweijährige Probezeit ein, in der es den Neumitgliedern nicht erlaubt ist, das Verbandszeichen zu verwenden. Während dieser Probezeit sind Mitgliedschaftsbewerber darüber hinaus verpflichtet, zwei Qualifikations-Seminare zu besuchen. Konkrete Wettbewerbsregeln, denen sich alle Neu- und Altmitglieder zu unterwerfen haben, werden vom Hauptverband der deutschen Bauindustrie mit Wirkung für die den Mitgliedsverbänden angeschlossenen Unternehmen erlassen. Solche Regeln umfassen die Grundsätze der Preisgestaltung und des Bieterwettbewerbs ebenso wie Fragen der Werbung sowie Abwerbung von Beschäftigten.

In eine ähnliche Richtung zielen Regeln, die der erfolgreichen Aufnahme in den Verband eine Art „Aufgebot" voranstellen. So muss ein Dienstleistungsverband (264) seine Mitglieder durch Veröffentlichung im Mitteilungsblatt über das Aufnahmebegehren eines potentiell neuen Mitglieds in Kenntnis setzen. Der Bayerische Garten- und Landschaftsbauverband fordert vor der Aufnahme eine

Stellungnahme von allen Mitgliedern ein, die sich in der unmittelbaren räumlichen Nähe des Mitgliedschaftsaspiranten befinden.

Einige wenige Verbände gehen über die Prüfung des Marktverhaltens ihrer potentiellen Neumitglieder hinaus und überprüfen weitere Eigenschaften ihrer Mitgliedschaftsanwärter. So erwähnt die Satzung eines Verbandes aus dem Bereich Bergbau (521) die deutsche Staatsbürgerschaft als Mitgliedschaftsvoraussetzung, während Verband Nr. 813 aus dem Pressebereich die Aufnahme solcher Zeitungsverlage ausschließt, die nicht auf dem Boden der freiheitlich- demokratischen Grundordnung stehen.

Interessencluster

Bis zu diesem Punkt konzentrierte sich die Analyse der verbandlichen Politik der Interessenzulassung auf das Unternehmen als Träger von Interessen. Wie bereits in Kapitel 1 angedeutet wurde, verhalten sich Verbände äußerst selektiv, wenn es darum geht zu definieren, welche Bündel oder Cluster der Interessen eines Unternehmens durch den Verband vertreten bzw. repräsentiert werden. Wie Traxler et al. (2007: 373) an anderer Stelle ausführen, ist der deutsche Weg der Vertretung produktmarkt- und arbeitsmarktbezogener Interessen in getrennten Verbändestrukturen – Arbeitgeberverbänden und Wirtschaftsverbänden – eher die Ausnahme. Zumindest auf der Ebene der Spitzenverbände, der Bundesvereinigung der Deutschen Arbeitgeberverbände (BDA) und des Bundesverbandes der Deutschen Industrie (BDI) ergaben sich in der Vergangenheit immer wieder Abgrenzungskonflikte, die aus der verbandlichen Trennung der Interessen – oder präziser: aus eben deren Scheitern – resultierten. Zwar konzentriert sich der BDI auf die Felder der Steuer-, Umwelt-, Energie- und Innovationspolitik, während der BDA die Führerschaft in den Feldern Arbeitsmarkt-, Sozial- und Tarifpolitik zugesprochen wird, Übergriffe in die jeweils anderen Kompetenzfelder waren aber in der Nachkriegsgeschichte beider Verbände eher die Regel als die Ausnahme. Während die BDA z.B. Ende der 1980er Jahre volkswirtschaftliche Grundsatzfragen bearbeitete, konterte der BDI mit der Gründung einer Abteilung „Sozial- und Gesellschaftspolitik“. Um Reibungsverluste zu vermeiden, Kosten zu senken und die Durchsetzungskraft der Interessenverbände zu erhöhen, wurde eine engere Verflechtung bis hin zur Fusion beider Verbände diskutiert. Konnten in diesem Bereich noch Ende der 1970er Jahre Fortschritte verbucht werden, die unter anderem in der Wahrnehmung einer „Doppelpräsidentschaft“ durch Hanns-Martin Schleyer mündeten (siehe Henneberger 1993b: 649f.), so war dieses Experiment mit dem Tod Schleyers zunächst gescheitert. Eine erneute Fusionsdiskussion wurde im Jahre 1989 ad acta gelegt. Zu groß war die Befürchtung, mit einem weiteren Zusammenrücken von BDI und BDA würde die Dominanz der industriellen Interessen weiter verstärkt und somit der nichtindustrielle Bereich der Bundesvereinigung marginalisiert (Mann 1994: 91).

Die besondere Brisanz dieser Trennung beider Vertretungssysteme besteht nun darin, dass sie zwar auf der Spitzenebene relativ robust ist, sich aber bei genauerer Betrachtung des Innenlebens beider Verbändestrukturen als vielfach durchbrochen erweist. Hierfür gibt es im Wesentlichen drei Gründe. Zunächst einmal fungieren – wie eingangs bereits ausgeführt – zahlreiche Mitgliedsverbände als Mischverbände, die die Funktion eines Arbeitgeber- und eines Wirtschaftsverbandes in einem Verband vereinigen. Zweitens bietet im Bereich der BDA die Überlagerung zweier Strukturmerkmale, einer fachlichen und regionalen Gliederung, Raum für multiple Überlappungen mit dem BDI. Dieser wiederum schließlich sorgt durch seine Beschränkung auf den Bereich der Industrie dafür, dass weite Teile des Dienstleistungsbereichs aus der Domäne der Interessenvertretung ausgeklammert bleiben und sich nach alternativen Wegen der Vertretung ihrer produktmarktseitigen Interessen umsehen.

Insbesondere der Dualismus von Regional- und Fachstruktur im Bereich der BDA ist dafür verantwortlich, dass ein großer Spielraum für die Integration von produktmarktbezogenen Interessen der Wirtschaftsverbände entsteht. Innerhalb der Fachstruktur organisiert die BDA zurzeit 54 Fachspitzenverbände (Stand: Mai 2011) aus allen Wirtschaftsbereichen. Die Mehrzahl dieser Verbände sind selbst wiederum Verbände zweiter und dritter Ordnung, weil sie andere Verbände als Mitglieder haben. Neben dieser Struktur bestehen als zweite Säule der Bundesvereinigung 14 Landesverbände, welche zumeist auf der Ebene eines Bundeslandes angesiedelt wurden. Während nun im Bereich der Fachstruktur nahezu ausnahmslos reine Arbeitgeber- und Mischverbände als Mitglieder aufgenommen werden, werden in den Landesverbänden neben diesen auch eine Reihe reiner Wirtschaftsverbände als Mitglieder geführt. Diese Tendenz zur Aufweichung von Abgrenzungslinien wird in Ländern wie Niedersachsen, Bayern und Hessen noch dadurch verstärkt, dass die dortigen Landesverbände sowohl die BDA- als auch BDI-Mitgliedschaft innerhalb einer einheitlichen Organisation vertreten (Henneberger 1993a: 1291, 1993b: 649ff.; Zimmer 2002: 147).

Insgesamt gestattet die BDA vielfache Ausprägungen von Quer- und Mehrfachmitgliedschaften, ohne ihren Mitgliedsverbänden im Detail bestimmte Mitgliedschaftsmuster vorschreiben zu wollen. So werden durch die fachliche Struktur zunächst nahezu 500 Spitzenverbände und Mitgliedsverbände eben jener Spitzenverbände vertreten. Viele dieser Mitgliedsverbände, insbesondere wenn sie nach einem regionalen Gliederungsprinzip gebildet wurden, sind außerdem noch Mitglied im jeweils zuständigen Landesverband der BDA. Darüber hinaus gibt es eine Reihe von Arbeitgeber- und Mischverbänden, die sich der BDA nicht über die fachliche Ebene, sondern ausschließlich über die Mitgliedschaft im Landesverband angeschlossen haben. Reine Wirtschaftsverbände aus dem Industrie- und dem Dienstleistungssektor finden sich in großer Zahl in den BDA-Landesverbänden; insbesondere der Verband Deutscher Maschinen- und Anlagenbau (VDMA) sowie der Verband der Chemischen Industrie (VCI) sind mit ihren jeweiligen Regionalgliederungen in einer ganzen Reihe von BDA-Landesverbänden vertreten. Insgesamt sind der BDA – direkt als Fachspitzenverband bzw. Mitglied eines Landesverbandes oder indirekt über ihre Mitgliedschaft in einem dieser Fachspitzenverbände – 750 Arbeitgeber-, Wirtschafts- und Mischverbände angeschlossen (Stand Januar 2006).

Diese massive Unübersichtlichkeit auf der Ebene der BDA reduziert sich, wenn nun die Aufmerksamkeit auf die Ebene der Fachspitzenverbände und deren Mitglieder gerichtet wird, denn hier ist lediglich die Unterscheidung zwischen reinen Arbeitgeberverbänden und Mischverbänden relevant. Obwohl reine Arbeitgeberverbände die Mehrheit der Mitglieder der BDA-Fachstruktur stellen, hat sich eine Reihe von Branchen für die Vertretung von produktmarkt- und arbeitsmarktbezogenen Interessen innerhalb eines Verbandes entschieden. Herausragende Beispiele für solche Mischstrukturen sind die Bauwirtschaft, die Holz- und Kunststoffverarbeitung, die Entsorgungswirtschaft, Papierverarbeitung, Textil- und Bekleidungsindustrie sowie der Groß- und Außenhandel und der Einzelhandel.

Insgesamt bleibt festzuhalten, dass es unterhalb der Ebene der fachübergreifenden Spitzenorganisationen BDA und BDI zu vielfachen Durchbrechungen des Prinzips der Isolierung von produkt- und arbeitsmarktbezogenen Interessen kommt. Dort allerdings, wo sich Spitzenverbände für eine konsequente Trennung beider Interessensphären entschieden haben, erweist sich diese als erstaunlich stabil und beharrlich. Dies verdeutlicht nicht zuletzt das Beispiel der Chemieindustrie, welches hier näher dargestellt werden soll.

Ihren Ausgangspunkt nahmen Bemühungen um eine Fusion des Arbeitgeberverbandes BAVC und des Wirtschaftsverbandes VCI auf der Ebene der jeweiligen Fachspitzen auf Bundesebene, die in Person ihrer Vorsitzenden Jürgen Strube (VCI, BASF) und Georg Braun (BAVC, Braun Melsungen) die Prüfung einer Verbandsfusion in Auftrag gaben, ohne sich zunächst bei ihren jeweiligen Landesverbänden rückzuversichern. Nachdem die Vorüberlegungen durchgesickert waren, kam es zu ersten Protesten auf der Ebene der Landesverbände, die sich übergangen fühlten. So fasste beispielsweise einer der Landesverbände (36) einen einstimmigen Vorstandsbeschluss, der dem Vorstand des BAVC in einem Schreiben mitteilte:

> „Der Vorstand unseres Verbandes spricht sich zum gegenwärtigen Zeitpunkt mit Nachdruck gegen den von Ihnen favorisierten einheitlichen Verband durch Fusion des BAVC und des VCI aus. [...] An dieser Auseinandersetzung müssen wir im Übrigen entsprechend der föderalen Struktur unseres Verbandssystems beteiligt werden, was uns wegen der Ihnen bekannten heterogenen Zusammensetzung un-

seres Verbandes von besonderer Wichtigkeit erscheint.“ (Brief an den BAVC, zitiert in: Niederschrift der ordentlichen Mitgliederversammlung vom 25.04.1997).

Letztlich kam man den Kritikern entgegen, indem zunächst das Tempo aus der Fusionsdiskussion genommen wurde. Eine hochkarätig besetzte Arbeitsgruppe auf Bundesebene wurde mit der Prüfung der Vor- und Nachteile einer Verbandsfusion beauftragt und legte seine Ergebnisse im April 1997 dem Vorstand der BAVC vor. Die Arbeitsgruppe versprach sich von der Fusion die Schaffung eines gemeinsamen Sprachrohres gegenüber Öffentlichkeit, Politik und Gewerkschaft, eine Entlastung im Bereich der ehrenamtlich besetzten Führungsgremien sowie eine Signalfunktion für die gesamte deutsche Verbandslandschaft, diesem Beispiel der Fokussierung von Verbandsstrukturen zu folgen. Auf der Seite der befürchteten Nachteile wurden die nicht deckungsgleiche Mitgliedsstruktur beider Ausgangsverbände, der möglicherweise schwindende Einfluss der kleinen und mittleren Unternehmen auf die Tarifpolitik sowie der erhöhte Aufwand für die Koordinierung der wirtschafts- und sozialpolitischen Themenfelder genannt.

Der auf diesem Bericht aufbauende Vorstandsbeschluss der BAVC sprach lediglich von einer „Weiterentwicklung der heutigen Verbandsstrukturen“ im Rahmen eines breit angelegten Diskussionsprozesses, verzichtete aber darauf, einen möglichen Zusammenschluss beider Verbände als Resultat dieses Prozesses zu erwähnen. Angesprochen wurde lediglich die mögliche engere personelle Verflechtung beider Verbände auf Bundes- und Landesebene, wobei allerdings die Aufgabe der verbandlichen Identität der Ausgangsverbände nicht explizit vorgesehen war.

Letztlich scheiterte das Vorhaben einer Fusion nicht nur an der Komplexität der unterschiedlichen Interessen innerhalb der Mitgliedsverbände des BAVC, insbesondere in der Frage nach der Vertretung der Interessen von Klein- und Mittelbetrieben, sondern auch an der Unterschätzung der aktiven Widerstandspotentiale durch die betreibenden Verbandsspitzen. Offensichtlich war es einigen Landesverbänden gelungen, als Mitgliedsverbände erster Ordnung durch glaubhaften Verweis auf die Ausgangsinteressen der vertretenen Unternehmen ihren Zugang zu verbandlichen Vetopunkten zur Interessendurchsetzung in die Waagschale zu werfen. Auf diesen Aspekt wird nun weiter einzugehen sein.

5.1.3 Die Bedeutung der Vetopunkte

In den vorangegangenen Abschnitten konnte gezeigt werden, dass Verbandssatzungen die Zulassung von unterschiedlichen Unternehmensinteressen auf sehr komplexe Art und Weise regeln. Während viele dieser Bestimmungen recht eindeutig sind, sind formale Zugangsregeln keineswegs abschließend definiert; insbesondere Fragen nach dem Marktverhalten der Beitrittsaspiranten unterliegen in Teilen der Interpretation durch den aufnehmenden Verband. Daher ist neben der Ausgestaltung der formalen Beitrittskriterien immer auch die Gestaltung der verbandlichen „ports of entry“ bedeutsam. In Bezug auf die Frage, wie genau der Verbandszugang gestaltet ist und welche Verbandsorgane letztlich über die Aufnahme oder deren Verweigerung entscheiden, finden sich in den hier analysierten Verbandssatzungen einige interessante Unterschiede. Wie die Tabelle 5.1 zeigt, legen die Verbände das Entscheidungsrecht über die Aufnahme in unterschiedliche Hände.

Tab. 5.1: Entscheidung über die Verbandsaufnahme

Entscheidung über die Verbandsaufnahme durch ...	Prozent	Fallzahl
Beschluss der Mitgliederversammlung/Delegiertenversammlung	4,6	16
Präsidiumsbeschluss	13,3	46
Vorstandsbeschluss	69,4	240
Beschluss des geschäftsführenden Vorstandes	4,6	16
Geschäftsführer	4,6	16
Vorsitzender	2,0	7
Sonstige	1,4	5
Gesamt	*100*[a]	*346*

a – Rundungsbedingt kann die Summe der in den Spalten ausgewiesenen Prozentzahlen von 100 abweichen.

Quelle: WSI-Datenbank Arbeitgeberverbände (2006)

Fasst man die Entscheidungsträger in Gruppen zusammen, so lässt sich feststellen, dass 89% der untersuchten Arbeitgeberverbände die Macht zur Erstentscheidung über die Aufnahme in den Verband in die Hände eines gewählten Kollektivgremiums geben, während nur knapp fünf Prozent die Gemeinschaft aller Mitglieder über die Aufnahme entscheiden lassen wollen. Immerhin lassen knapp sieben Prozent der Verbände die verbandlichen „ports of entry“ durch eine einzelne Person bewachen, sei es durch einen hauptamtlichen Geschäftsführer oder einen ehrenamtlichen Vorsitzenden. Auffällige Unterschiede (die statistisch interpretierbar wären) ergeben sich zwischen den unterschiedlichen Branchen nicht, wohl aber fällt auf, dass Verbände mit einer komplexeren Gremienstruktur, d.h. mit einer vergleichsweise größeren Zahl von Verbandsorganen, eher dazu neigen, die Aufnahmeentscheidung zu zentralisieren, als einfach strukturierte Arbeitgeberverbände.[3]

3 Verbände, bei denen die Mitgliederversammlung/Delegiertenversammlung über die Aufnahme entscheidet, haben durchschnittlich 3,8 Verbandsgremien, Verbände mit Einzelentscheidung des Vorsitzenden/Geschäftsführers 5,2. Der entsprechende Mittelwert für die Aufnahme durch ein Kollektivgremium beträgt 4,2.

Es muss allerdings noch darauf hingewiesen werden, dass nahezu alle untersuchten Satzungen eine Beschwerdeinstanz vorsehen, an die sich jene Mitgliedschaftsaspiranten wenden können, deren Beitrittsgesuch abschlägig beschieden wurde. Anträge auf Überprüfung der Ablehnung werden zumeist abschließend durch die jeweiligen Mitgliederversammlungen bzw. Delegiertenversammlungen der Verbände entschieden.

Darüber hinaus unterscheiden sich Verbände auch darin, inwieweit sie den neuen Mitgliedern ein Entgelt für die Verbandsaufnahme abverlangen. Vorschriften über die Erhebung einer „Aufnahmegebühr“ finden sich immerhin in 21% der hier untersuchten Satzungen von Arbeitgeber- und Mischverbänden (n = 358), wobei derartige Klauseln bei Verbänden mit zahlreichen Mitgliedern häufiger anzutreffen sind als bei solchen mit kleiner Mitgliederzahl.[4] Solche Entgelte weisen oftmals den Charakter einer kleinen Bearbeitungs- oder Schutzgebühr auf, können aber auch Summen erreichen, die geeignet sind, weniger potente Mitgliedschaftsaspiranten vom Beitritt abzuhalten. So begnügt sich beispielsweise ein Verband aus dem Gaststättengewerbe (254) mit einer Aufnahmegebühr von 51,– Euro, während der Verband Nr. 814 (Gewinnung von Rohstoffen) im Jahr 2000 noch 10.000,– DM verlangte. Aufnahmeentgelte werden zum Teil in den normalen Haushalt des Verbandes überführt, oftmals aber auch zweckbestimmt z.B. zur Aufstockung der Gefahrengemeinschaftskasse (Streikkasse) erhoben.

5.2 Isolierung

Während es bei der Interessenzulassung noch um die Frage ging, welche Träger von Interessen mit den ihnen eigenen Interessenbündeln (wie z.B. produktmarktbezogene Interessen) Zugang zum Verband erhalten und welche nicht, greifen Regelungen zur Interessenisolierung erst dann, wenn die grundlegende Zugangsfrage bereits abschließend geklärt ist, also bei bereits bestehender Verbandsmitgliedschaft. Die Isolierung bestimmter Interessensphären wird insbesondere dann zu einem Problem der verbandlichen Praxis, wenn zwischen den Verbandsmitgliedern multiple Konkurrenz- oder Rivalitätsverhältnisse bestehen. Hiervon ist im Falle der Arbeitgeberverbände auszugehen, handelt es sich doch bei deren Mitgliedern um Konkurrenten, die sowohl auf Gütermärkten als auch auf Arbeitsmärkten miteinander im Wettbewerb stehen (Adels 1969: 28). Nach Franke

4 Der Begriff des „kleinen“ oder „großen“ Verbandes wäre an dieser Stelle irreführend, denn etliche der Verbände mit geringer Zahl von Mitgliedsunternehmen haben wiederum Großunternehmen als Mitglieder, welche eine große Zahl von Arbeitnehmer/inne/n beschäftigen.

stellt diese besondere Ausgangssituation erhebliche Anforderungen an die Struktur der Arbeitgeberverbände:

> „Die *Stabilisierung der inneren Ordnung* erfordert zunächst, wie durch einen Filter die widerstreitenden individuellen Wettbewerbsinteressen miteinander konkurrierender Unternehmer daran zu hindern, in den Verband soweit einzudringen, daß sie die Solidargemeinschaft sprengen." (Franke 1964: 138, Hervorhebungen im Original)

Um überhaupt die kollektive Vertretung irgendwelcher Unternehmensinteressen zu ermöglichen, so die noch um einiges restriktivere Annahme Traxlers, sei die partielle Stilllegung des Konkurrenzverhältnisses zwischen den Mitgliedsunternehmen erforderlich, welche letztlich nur dann gelinge, wenn Dritte (Gewerkschaften oder staatliche Instanzen) damit drohten, die autonome Disposition über die eigenen Interessen und deren Durchsetzung einzuschränken (Traxler 1986: 66f.).[5]

Diese Problematik der Selektion von Teilinteressen ist nun vom Grundsatz her kein Privileg der Arbeitgeberverbände – ähnlichen Herausforderungen sehen sich auch andere Organisationstypen gegenüber. So haben Cyert/March darauf hingewiesen, dass jedes Organisationsmitglied über einen „file case full of demands" verfüge, aus dessen Fundus situativ immer nur ein Teilbestand aktiviert werde (Cyert/March 1992: 40). In ähnlicher Weise stellt sich diese Selektionsproblematik allein schon bei der immer wieder zu aktualisierenden Definition der Organisationsgrenzen, hierauf haben nicht zuletzt Pfeffer/Salancik hingewiesen (Pfeffer/Salancik 2003: 29f.).[6] In Arbeitgeberverbänden erhält das Problem der Isolierung bzw. Selektionsproblem eine besondere Dringlichkeit, welche sich aus dem Umstand ergibt, dass Arbeitgeberverbandsmitglieder stets über eine Alternative zur Interessenvertretung durch den Verband verfügen: Im Zweifel können Unternehmen den Verband verlassen und das Heft des Handelns selbst in die Hand nehmen (Traxler 1986, 1999). Aus dieser Verletzbarkeit der Arbeitgeberverbände resultieren nun besondere Anforderungen an deren Praxis: Es müssen Kernbereiche gemeinsamer Interessenverfolgung identifiziert und der Interessenvertretung zugeführt werden; gleichzeitig gilt es aber auch die „Ge-

5 Somit ergibt sich hier ein interessanter Kontrast zu Colemans Vorstellung, wonach sich Personen immer dann einer Organisation unterwerfen und aus freien Stücken Rechte, Ressourcen oder Macht an diese übertragen, wenn sie sich davon einen Vorteil versprechen (Coleman 1979). Nach Traxler übertragen Unternehmen solche Rechte nur dann an die Organisation, wenn sie durch Dritte dazu gezwungen werden.

6 „Individual boundaries are, apparently, more easily discerned. Nature has neatly packaged people into skins, animals into hides, and allowed trees to enclose themselves with bark. It is easy to see where the unit is and where the environment is. Not so for social organizations." (Pfeffer/Salancik 2003: 29)

schäftsgeheimnisse“ der einzelnen Mitglieder zu wahren und ihre marktbezogenen Partikularinteressen vor den opportunistischen Interessen der jeweils anderen Verbandsmitglieder zu schützen. Während es in der Natur der tariffähigen und -willigen Arbeitgeberverbände liegt, dass Fragen der Vergütung der Arbeitskräfte sowie der Grundregelungen der Arbeitsgestaltung in die Sphäre der kollektiv zu regelnden Tatbestände fallen – schließlich ist dieser Gegenstandsbereich konstitutiv für einen jeden Arbeitgeberverband –, werden Aspekte der Technik- und Arbeitsgestaltung, aber selbstverständlich auch der produktbezogenen Interessen häufig von der kollektiven Interessenvertretung ausgenommen. Zu welchen Konflikten Probleme der Interessenisolierung führen, wird aus dem folgenden Beispiel aus den 1980er Jahren deutlich.

Der Vorstand eines Industrieverbandes (234) hatte seiner Mitgliederversammlung vorgeschlagen, ein Schlupfloch für den „Verbandsaustritt durch die Hintertür“ zu schließen. Das Grundproblem resultierte ursprünglich aus dem Umgang mit der Verpachtung von Werken. Verpachtete ein Mitglied sein Werk an einen Pächter, so ging die Mitgliedschaft des Eigentümers nur dann auf den Pächter über, wenn dies vertraglich vereinbart wurde. Für den Verband ergaben sich daraus zunächst zwei Probleme: Erstens konnten Mitglieder auf dem Wege der Verpachtung Produktionsstätten der Zuständigkeit des Verbandes entziehen, was nicht zuletzt auch dessen Beitragseinnahmen negativ beeinflusste. Zweitens ergab sich aus diesem Zustand ein Transparenzproblem: Wurde die Verpachtung nicht bekanntgegeben, was offensichtlich gelegentlich geschah, kam es zu ungeklärten Mitgliedschaftsfragen, die einen erheblichen Aufwand zur Rückabwicklung hervorriefen. Eine Problemlösung wurde vom Vorstand erarbeitet und den Mitgliedern in Form einer Satzungsänderung unterbreitet. In der folgenden Diskussion brachten etliche Mitglieder massive Einwände vor: Die Änderung sei rechtlich bedenklich und unausgewogen. Sie erschwere darüber hinaus auch zukünftige Werksfusionen oder -verkäufe und würde somit die Verhandlungsposition des Verkäufers unnötig schwächen (Protokoll der Mitgliederversammlung vom 10.06.1988). Eine automatische Verbandsmitgliedschaft als Dreingabe für einen Werksverkauf erschien aus dieser Perspektive nicht unbedingt verkaufsförderlich, schließlich galt es, die Braut zu schmücken und nicht mit schweren Eisen zu behängen. Der Protest mündete in den Antrag eines Mitgliedes, den entsprechenden Punkt von der Tagesordnung abzusetzen. Der Vorstand schloss sich diesem Antrag zunächst nicht an, unterbrach aber später die Mitgliederversammlung, um sich zur Beratung zurückzuziehen. Wie lange diese dauerte, ist nicht bekannt, wohl aber deren Ergebnis: Der Antrag auf Satzungsänderung wurde zurückgezogen, die Opposition aus den Reihen der Mitgliederversammlung hatte auf ganzer Linie obsiegt. Offensichtlich hatte der Vorstand – ohne die eigentliche Tragweite des eigenen Vorschlages zu erfassen – das Grundbedürfnis einer kritischen Anzahl von Verbandsmitgliedern unterschätzt, Fragen der freien Verfügbarkeit über das Eigentum und insbesondere Verkäuflichkeit der eigenen Betriebe autonom, ohne Verbandseinfluss, regeln zu können. Durch die Abstimmungsniederlage musste der Vorstand an die Existenz dieser „roten Linie" erinnert werden. Über solche dramatischen Fälle der Grenzüberschreitung hinaus gehört aber Interessenisolierung zur täglichen Routine eines jeden Verbands.

Zur Sicherung der Mitgliederloyalität reicht es häufig nicht, dass diese Gegenstandsbereiche formal von der Agenda des jeweiligen Verbands gestrichen werden; schließlich wäre eine zu weitgehende thematische Selbstbeschränkung in vielerlei Hinsicht dysfunktional und würde den Verband in den Kernbereichen der Interessenvertretung unnötig hemmen. Für viele Verbände erscheint es allerdings notwendig, „Geschäftsgeheimnisse" ihrer Mitglieder durch besondere Regeln zu schützen und die systematische Bevorzugung oder Benachteiligung einzelner Verbandsmitglieder zu unterbinden. Die besondere Leistung des Verbands besteht also nun darin, dass individuelle Unternehmensinteressen in kollektive Verbandspositionen und darauf basierende Handlungen überführt werden, die genauen Facetten und Hintergründe dieser Individualinteressen gegenüber den anderen Verbandsmitgliedern allerdings sorgsam verborgen werden müssen. Für diesen heiklen Balanceakt der Interessenisolierung stehen Arbeitgeberverbänden eine Reihe unterschiedlicher Mechanismen zur Verfügung, die von Verschwiegenheitsklauseln bis hin zu einer Personalpolitik des neutralen Interessenbrokering reichen.

5.2.1 Verschwiegenheitsklauseln

Verschwiegenheitsklauseln kommen in 34% der hier untersuchten Arbeitgeberverbandssatzungen vor, wobei die erfassten Personengruppen bzw. der Umfang der eingeforderten Verschwiegenheit durchaus beträchtliche Unterschiede aufweisen. So halten derartige Klauseln in der Mehrzahl der Fälle die Geschäftsführung bzw. die Geschäftsführung und Vorstandsmitglieder zur Diskretion an; allerdings wird dieser Personenkreis in einigen Verbänden deutlich ausgeweitet und kann sogar das einzelne Mitglied zur Verschwiegenheit verpflichten. Während solche Personen im Regelfall lediglich für die Dauer ihrer jeweiligen Tätigkeit zur Verschwiegenheit verpflichtet werden, dehnen einige Verbände diese Pflicht auch auf die Zeit nach dem Ausscheiden aus dem Amt, dem Mandat oder der Mitgliedschaft aus. Eine Befristung erfolgt meist nicht, sodass die Schweigepflicht die jeweiligen Personen bis ins Grab begleitet. Der wohl elaborierteste Fall einer Geheimhaltungsklausel gilt für die Mitglieder eines Verbandes aus dem Handelsbereich (4) in § 4, V der Satzung vom 19.01.1982:

> „Die Mitglieder sind zur Geheimhaltung aller vertraulichen Tatsachen, Einrichtungen, Meinungsäußerungen, Informationen verpflichtet, die ihnen anlässlich der Mitwirkung in Ausschüssen, Arbeitskreisen und in Ausspracheveranstaltungen

> des Verbandes bekannt werden. Die Pflicht zur Geheimhaltung gilt auch nach einer eventuellen Beendigung der Mitgliedschaft. Die Pflicht zur Geheimhaltung bzw. vertraulichen Behandlung von Informationen und Diensten des Verbandes erstreckt sich auf jegliche Verwendung bzw. Weitergabe außerhalb des Verbandsunternehmens, also zum Beispiel bei Kunden, Lieferanten, Wirtschaftsorganisationen. Ein Verstoß gegen diesen Grundsatz liegt nicht vor, wenn zum Beispiel Berater der Mitgliedsfirma (Wirtschaftsprüfer, Anwälte o. ä.) im Zusammenhang mit der Verwertung von Informationen, Empfehlungen usw. zugezogen werden. In Zweifelsfällen soll der Vorstand gefragt werden. Mitglieder, welche die ihnen zustehenden Informationen, Rundschreiben oder sonstigen Dienste nicht vertraulich behandeln oder diese an dritte Personen oder Organisationen ohne vorherige Abstimmung mit dem Vorstand des Verbandes weitergeben, verlieren den Anspruch auf solche Dienste bzw. Leistungen und können in schwerwiegenden Fällen aus dem Verband ausgeschlossen werden."

Vergleicht man nun Verbände mit Verschwiegenheitsklausel (gut ein Drittel des Samples) mit jenen ohne solche Vorgaben, so fällt zunächst ins Auge, dass sie sich in einer Reihe von Merkmalen nicht unterscheiden. Weder haben Verbände mit Verschwiegenheitsklausel eine komplexere oder weniger komplexe Gremienstruktur (Anzahl der satzungsmäßig vorgesehenen Verbandsgremien), noch weicht die Anzahl der satzungsmäßig garantierten Dienstleistungen ab. Unterschiede zwischen ost- und westdeutschen Verbänden sind ebenso gering wie solche zwischen jungen und alten Verbänden (Datum der Verbandsgründung). Verschwiegenheitsklauseln sind hingegen bei jenen Verbänden weit verbreitet, die ihren Mitgliedern gleichzeitig die Übertragung des Stimmrechtes erlauben, eine Mitgliedschaft ohne Tarifbindung anbieten und eine Aufnahmegebühr erheben. Bei näherer statistischer Analyse erweisen sich diese Zusammenhänge allerdings als alles andere als robust, insbesondere dann, wenn die Anzahl der Verbandsmitglieder als Kontrollvariable eingeführt wird. Die Mitgliederzahl hat einen negativen Einfluss auf die Verbreitung von Verschwiegenheitsklauseln, und zwar unabhängig von der Frage, ob es sich bei den untersuchten Verbänden um solche erster oder höherer Ordnung handelt. Mit anderen Worten: Unabhängig davon, ob ein Verband Unternehmen oder andere Verbände als Mitglieder repräsentiert, kommen Verschwiegenheitsklauseln weitaus häufiger bei Verbänden mit kleinerer als mit größerer Mitgliederzahl vor. So haben Verbände (erster Ordnung) mit Verschwiegenheitsklausel im Mittel 284 Mitglieder ($n = 79$), während Verbände ohne eine entsprechende Satzungsvorschrift einen Mittelwert von 2010 Mitgliedern aufweisen ($n = 121$).[7]

---

7 Wegen Verletzung der Normalverteilungsvoraussetzung der Mitgliedschaftsvariable konnte ein Signifikanztest nicht sinnvoll angewendet werden.

Neben den Größeneffekten zeigen sich darüber hinaus Unterschiede in Bezug auf die untersuchten Branchen. In der Tabelle 5.2 wird die Verbreitung von Verschwiegenheitsklauseln innerhalb der Branchen dargestellt, wobei darauf hinzuweisen ist, dass die in eckigen Klammern gesetzten Werte wegen zu geringer Fallzahlen (weniger als 20 Fälle im Datensatz) nur mit größter Vorsicht zu interpretieren sind.

Tab. 5.2: Verbreitung von Verschwiegenheitsklauseln

Branche	Prozent
Handwerk	4
Industrie	42
... davon Metall	[41]
... davon Chemie	[41]
Dienstleistungen	34
... davon Handel	63
Bergbau	[20]
Bauwirtschaft	42
Landwirtschaft, Forsten und Landschaftsbau	22
Multi-Branchen-Verbände	[23]
Gesamt	*34*

Quelle: WSI-Datenbank Arbeitgeberverbände (2006)

Es fällt zunächst auf, dass Diskretion besonders von Industrieverbänden, aber auch von Verbänden der Bauwirtschaft eingefordert wird. Die Verbreitung von Verschwiegenheitsklauseln innerhalb der Dienstleistungsverbände entspricht zwar genau dem Durchschnitt für das Gesamtsample, disaggregiert man allerdings dieses Branchencluster, so fällt auf, dass insbesondere Verbände aus dem Bereich des Handels mit 63% besonders häufig auf entsprechende Klauseln zurückgreifen (dieser Brancheneffekt bleibt auch bei statistischer Kontrolle der Betriebsgröße bestehen).

Zwar erlaubt die Datenlage keinen direkten Rückschluss auf die Intensität der innerverbandlichen Konkurrenz unter den Mitgliedern, jedoch verweisen die beobachteten Branchen- und Größeneffekte auf einen strukturell bedingten Vertrauensmangel innerhalb bestimmter Verbandsstrukturen, welcher durch das Instrument der Satzung im Zaume gehalten werden muss. So ist beispielsweise der Handel mit 48 in diesem Datensatz vertretenen Verbänden besonders stark entlang von bestimmten Unternehmensgruppen zergliedert. Separate Verbandssysteme existieren für den Bereich des genossenschaftlichen Einzelhandels, des Außenhandels, aber auch für bestimmte Unternehmensgrößen (siehe Abschnitt

5.1). Eine solch weitreichende Diversifizierung bietet die Grundlage für eine vergleichsweise hohe Homogenität der Mitgliedsunternehmen und ihrer zu vertretenden und verbandlich zu bearbeitenden Interessen. Ähnliches lässt sich für die Bauwirtschaft ausführen, eine Branche, die insbesondere in ihrem handwerklich orientierten Bereich auf geringen Marktzugangsbarrieren und einer entsprechend großen Anzahl konkurrierender Unternehmen (bei gleichzeitig großem Radius der zu bedienenden Märkte) aufbaut. Der beobachtete Größeneffekt weist in eine ähnliche Richtung, denn eine geringe Mitgliederzahl deutet auf eine vergleichsweise eng definierten Verbandsdomäne hin, bei der Konkurrenten innerhalb einer überschaubaren Teilbranche in einem Verband zusammengefasst werden.

5.2.2 Interessenbrokering

Neben solchen in der Satzung verankerten Verhaltensregeln für Mitglieder und Führungspersonal praktizieren die Verbände eine zweite Strategie, um marktbezogene Interessensphären ihrer Mitglieder vor dem Zugriff anderer Verbandsmitglieder zu schützen und zu isolieren. Erste Hinweise hierauf finden sich bereits in Kesslers Analyse aus dem Jahr 1907. So sei das Amt des „Geschäftsführers“, „Generalsekretärs“ oder „Syndikus“ zumeist mit Juristen und Nationalökonomen besetzt, häufig fänden sich auch pensionierte Offiziere, niemals jedoch Vertreter der Industrie selbst (Kessler 1907: 131). Die Gründe für eine solche Rekrutierungsstrategie sieht Kessler in der Notwendigkeit zur Schaffung einer neutralen Vertrauensstelle:

> „Für den einzelnen organisierten Industriellen ist der Sekretär ein Vertrauensmann, zu dem er offener sprechen darf als zu den Fachgenossen, die doch auch im Verbande seine Konkurrenten bleiben.“ (Ebd.: 132)

Stellen Verschwiegenheitsklauseln eine regelbasierte Isolierungsstrategie dar, die nur von einem Teil der Verbände praktiziert wird, so kommen personale Isolierungsstrategien in der überwiegenden Mehrzahl der Verbände zum Tragen. Personale Isolierung manifestiert sich über die Figur des Verbandsgeschäftsführers oder der Verbandsgeschäftsführerin als Teil eines „dualisierten Vertretungskonzeptes“ (Schroeder/Silvia 2003: 257). Wie nicht zuletzt Streeck (1972: 142) ausgeführt hat, basiert dieser Dualismus auf politisch verantwortlichen ehrenamtlichen Vorstandsmitgliedern, denen weisungsgebundene hauptamtliche Geschäftsführer gegenüberstehen. Weisungsgebundenheit fungiert demnach als eine wesentliche Säule der Interessenisolierung, wobei „der Geschäftsführer [...] sicherstellen [soll], daß die Verbandspolitik ausschließlich von den Repräsentanten der Mitglieder und deren Willensbildung bestimmt wird“ (ebd.). Auf eine zweite Säule dieser Isolierungsstrategie verweist Schroeder, indem er auf die besonderen Rekrutierungspfade für die Geschäftsführerposition abhebt. Während die ehrenamtlichen Funktionen überwiegend „Eigentümerunternehmern“ übertragen werden, kommen bei der Besetzung der Geschäftsführungen mehrheitlich akademisch ausgebildete Juristen und Volkswirte zum Zuge (Schroeder 2002: 70), die als „neutrale, treuhänderische Instanz“ von den konkurrierenden Mitgliedern akzeptiert werden (Schroeder/Silvia 2003: 257, ähnlich: Adels 1969: 57).

Die Trennung zwischen Ehren- und Hauptamt wurde als Strategie zur Legitimierung verbandlichen Handelns bereits im 19. Jahrhundert eingeführt und hat bis zum heutigen Tage Bestand. So sehen 97% der hier untersuchten Arbeitgeberverbandssatzungen (n = 358) die Position eines Geschäftsführers vor. Eine Minderheit der Verbände (rund 30) erlaubt die Wahl eines Geschäftsführers in die ehrenamtlichen Gremien; oftmals ist dies aber mit einer Art „Zustimmungsverfahren“ verknüpft, bei dem letztlich die Gremien selbst bestimmen, ob dem jeweiligen Geschäftsführer eine solche Wahl oder Berufung angeboten wird.

Trotz dieser dosierten und streng kontrollierten Aufhebung des Trennung zwischen Haupt- und Ehrenamt zeigt sich auch in der Praxis der Verbände immer wieder die große Bedeutung einer neutralen Instanz; dies fängt bereits bei alltäglichen Verbandsdienstleistungen an, wie zum Beispiel der Datenerhebung und Statistik. Die Notwendigkeit der Bewältigung des Grundmisstrauens unter Mitgliedern besteht nicht erst unter der Bedingung eines unter Globalisierungsdruck verschärften Wettbewerbs. Wie das folgende Beispiel aus dem Jahr 1949 zeigt, gehört neutrales Interessenbrokering schon seit langer Zeit zu den Pflichtaufgaben von Arbeitgeberverbänden. Anlässlich der ordentlichen Mitgliederversammlung eines Landesverbandes aus dem Industriebereich (802) berichtete der Geschäftsführer von den Schwerpunkten verbandlicher Politik in turbulenten Zeiten. Die Zusammenarbeit mit den Ansprechpartnern des zuständigen Landeswirtschaftsministeriums hatte sich zur Zufriedenheit des Verbandes entwickelt, sodass der Geschäftsführer berichten konnte: „Unsere Vorschläge bezüglich der Zuteilungen für den Kleinmengenbedarf wurden durchweg akzeptiert.“ Allerdings sei die Durchsetzungsfähigkeit des Verbandes gefährdet, wenn man zur Untermauerung der eigenen Forderungen die „zuständigen Stellen“ nicht mit den entsprechenden Daten versorge:

> „Mit allgemeinen Redensarten ist hier nicht gedient, sondern die Vertretung der Papierverarbeitung muß in solchen Fällen hieb- und stichfeste Unterlagen vorlegen können, die die Berechtigung der gestellten Forderungen beweisen und dadurch überhaupt erst die Voraussetzung schaffen für eine etwa zugunsten der Papierverarbeitung zu fällende Entscheidung.“

Nun dachte aber eine beachtliche Zahl der Mitgliedsunternehmen im Traum nicht daran, dem Verband ihre Geschäftsdaten ungeschützt mitzuteilen, was wiederum bei der Geschäftsführung auf großes Unbehagen stieß. „Beschämend" sei die Verweigerung der Datenübermittlung durch die Hälfte der Mitgliedsfirmen, die letztlich dazu führe, dass alle vom Verband durchgeführten Erhebungen lediglich auf Teilergebnissen beruhten:

> „Es macht auch keinen guten Eindruck, wenn unsere Vertreter in solchen Fällen erklären müssen: Ja, wir hätten ganz gern und glauben auch [sic], aber ein Teil unserer Mitglieder lehnt die Ausfüllung der von uns versandten Fragebogen grundsätzlich ab."

Nachdem somit schweres Geschütz aufgefahren wurde, schwenkte der Geschäftsführer auf eine Besänftigungsstrategie um. Gegenseitiges Vertrauen sei erforderlich, und selbstverständlich behandle man alle statistischen Meldungen streng vertraulich. Als eine solche Vertrauensperson bot der Geschäftsführer niemand anderen als sich selbst an: Die statistischen Daten

> „gelangen im Einzelnen nur zur Kenntnis des Geschäftsführers und werden im Bedarfsfalle nur in ihren Einzelergebnissen gesammelt, also ohne Firmenangabe, an die [Namen des Verbandes] weitergeleitet." (Alle Zitate aus dem Protokoll der ordentlichen Mitgliederversammlung vom 29.03.1949)

Wie dieser „Papierfall" anschaulich belegt, besteht eine wichtige Strategie der Interessenisolierung in der Schaffung von Vertrauen durch die neutrale Rolle der Verbandsgeschäftsführung. Einige Verbände wie z.B. der Verband Nr. 18 (Allgemeiner Unternehmerverband) sichern dieses Vertrauen „regelhaft" ab, indem sie dieses durch eine besondere Satzungsvorschrift bekräftigen:

> „Die Geschäftsführung darf interne, ihr zur Kenntnis gebrachte Betriebsvorgänge oder irgendwelches ihr zur Verfügung gestelltes vertrauliches Zahlenmaterial einzelner Mitglieder weder dem Vorstand noch anderen Mitgliedern noch Dritten bekannt geben."

In anderen Fällen werden die Geschäftsführungen selbst nach dem Ausscheiden aus dem Verband auf ihre Interessenneutralität verpflichtet. Entsprechende Regeln sind zwar nur selten satzungsrelevant, jedoch finden sich gelegentlich Verweise auf entsprechende Verhaltensregeln. Als einzig bekannter Fall einer entsprechenden Satzungsvorschrift legt die Satzung eines bayerischen Industrieverbandes (910) ein Beschäftigungsverbot für Verbandsmitarbeiter fest, die bis zu zwei Jahre nach ihrem Ausscheiden aus dem Verband auf eine Beschäftigung bei einer Mitgliedsfirma verzichten müssen.

Die letztlich entscheidende Glaubwürdigkeit eines neutralen Verhaltens wird allerdings nicht durch Satzungen hergestellt, sondern durch Beruflichkeit und Karrierepfade. Die Frage der Herkunft und Ausbildung der Geschäftsführungen wird nun mit Hilfe einer quantitativen Analyse von Kerndaten der Mitglieder der ehrenamtlichen und der hauptamtlichen Struktur vertieft. Sie basiert auf der Auswertung von Geschäftsberichten und Internetauftritten der Verbände.

Insgesamt konnten 183 ehrenamtliche Gremien (Präsidien und Vorstände) mit 1.909 gewählten Mitgliedern sowie 144 Geschäftsführungen mit insgesamt 311 Geschäftsführungsmitgliedern in die Analyse einbezogen werden. Die in Tabelle 5.3 dargestellten Ergebnisse bestätigen in weiten Teilen die Hypothese der akademischen Durchdringung der Geschäftsführungen. So verweist die stark vertretene Gruppe der Rechtsanwälte in den Reihen der Geschäftsführungen auf die herausragende Bedeutung des Arbeitsrechts beziehungsweise der Rechtsberatung für die Mitglieder, allerdings darf mit mehr als neun Prozent auch der Anteil der Kaufleute nicht vernachlässigt werden. Sowohl im Ehren- als auch im Hauptamt scheint die abgeschlossene Promotion gern gesehen zu sein; mit knapp einem Viertel haben die Promovierten bei den Geschäftsführungen einen erstaunlich hohen Anteil, und selbst im Ehrenamt nennen noch 14% einen Doktortitel ihr Eigen. Insgesamt lässt sich festhalten, dass auch im Ehrenamt akademische Grade eine beachtliche Verbreitung finden, die auf eine große Rolle der Universitätsausbildung für die Elitenreproduktion hinweist; noch häufiger sind sie jedoch bei den Geschäftsführungen anzutreffen.

Tab. 5.3: Beruflicher/akademischer Hintergrund der Funktionäre

	Mitglieder der ...	
	Präsidien und Vorstände (n = 1.909)[a]	Geschäftsführungen (n = 311)[a]
Professor	1,6	1,3
Dr.	14,1	23,2
Rechtsanwalt	0,7	36,3
Diplom-Ingenieur	8,1	4,8
Kaufmann	3,9	9,3
Sonstige akademische Grade	0,9	3,5

a – Angaben in Prozent

Quelle: WSI-Datenbank Arbeitgeberverbände (2006)

Relevant ist darüber hinaus die Frage, über welche Entscheidungskanäle sich die Vorherrschaft der Akademiker, insbesondere der Rechtsanwälte, innerhalb der Geschäftsführungen durchsetzt. Arbeitgeberverbände bieten drei unterschiedliche Pfade zur Bestellung der Geschäftsführung an. Mit 89% der Fälle (n = 332) ist die Bestellung durch ein gewähltes Kollektivgremium (Vorstand, Präsidium, geschäftsführender Vorstand, Beirat) am weitesten verbreitet, während in sieben Prozent der Fälle der Geschäftsführer durch eine einzelne Person (Vorsitzender,

Präsident) bestimmt wird. Lediglich in vier Prozent der Fälle erfolgt die Wahl der Geschäftsführung durch eine Mitgliederversammlung.[8] Es zeigt sich, dass in der überwiegenden Mehrzahl der Fälle die ehrenamtliche Ebene die Bestimmungshoheit über die Auswahl der hauptamtlichen Ebene nicht aus der Hand gibt. Die Mitgliederversammlung ist zwar selbst nur sehr selten direkt in die Entscheidung involviert, verfügt allerdings durchaus über die Möglichkeit, einen Vorstand, der sich wiederholt durch Fehlgriffe bei der Personalauswahl hervorgetan hat, mit dem Mittel der Stimmverweigerung zur Ordnung zu rufen.

Somit lässt sich also mit der beruflichen Fokussierung des Hauptamtes auf externe akademisch ausgebildete Experten die für die Interessenisolierung notwendige Neutralität herstellen; diese wird wiederum auf dem Wege der auf die ehrenamtliche Ebene zurückgebundenen Kompetenz zur Personalauswahl und Kontrolle verbandspolitisch an ein allgemeines Unternehmerinteresse geknüpft. Dass dies jedoch nicht immer reibungslos gelingt, machen Schroeder/Silvia deutlich (2003: 257). Sie berichten von latenten oder gar offenen Spannungen innerhalb des Verbandes, die letztlich aus der strukturellen Asymmetrie zwischen Verbandspräsident und Geschäftsführer resultieren. Demnach ziehen Geschäftsführer Vorteile aus ihrer kontinuierlichen Präsenz im Verbandsbüro. Sie können in stärkerem Maße, als dies Ehrenamtlichen möglich ist, Kontakte aufbauen und pflegen sowie Informationen beschaffen, kontrollieren also innerhalb der Organisation „Arbeitgeberverband" die Zonen der Ungewissheit (Crozier/Friedberg 1979: 12f.). Neben dieser Befürchtung des eigenen strukturellen Steuerungsdefizits wird den Geschäftsführern zuweilen auch vorgeworfen, sie würden vorwiegend eigene Berufsinteressen verfolgen und die Bedürfnisse des Unternehmertums aus dem Auge verlieren. So berichtet Streeck (1972: 143) von der Befürchtung etlicher Unternehmer, die Geschäftsführungen könnten bei der Vertretung von Unternehmerinteressen „irgendwie untermotiviert" sein und mit zu großer „sachlicher Nüchternheit" zu Werke gehen.

Trotz solcher Spannungen hat sich der Dualismus als erstaunlich stabil erwiesen. Dafür sind möglicherweise auch Gründe, die mit der verbandlichen Ressourcenausstattung in Verbindung stehen, verantwortlich zu machen: Eine Besetzung des Hauptamtes mit profilierten Spitzenmanagern aus dem Unternehmensbereich würde mutmaßlich bereits daran scheitern, dass die Mehrzahl der Verbände wohl kaum in der Lage wäre, die im Topmanagement üblichen Gehälter zu zahlen (Interview 04.06.2002). Aus einer solchen Perspektive heraus sind Universitätsabsolventen nicht nur „neutral", sondern darüber hinaus auch unschlagbar günstig, was ihre Vergütung anbelangt.[9]

---

8 Von insgesamt 14 verwertbaren Fällen stammen zwölf aus dem Bereich des Handwerks.

9 Ein entsprechender Hinweis findet sich bereits bei Scherzinger (1978: 29). Ein weiterer guter Grund für die Unabhängigkeit der Geschäftsführerposition ergibt sich aus der Tak-

5.2.3 Interessenisolierung und Vetopunkte

Im vorangegangenen Abschnitt konnten zwei unterschiedliche Wege der Interessenisolierung vorgestellt werden. Neben der *regelbasierten* Isolierung unter Anwendung von Verschwiegenheitsklauseln wurde hier die *personale* Interessenisolierung als Strategie eingeführt, über die Installierung einer neutralen Vertrauensperson im Verband den Schutz eines Kernbestandes von (Einzel-)Unternehmerinteressen zu gewährleisten. Während nun die personale Isolierung von der überwiegenden Mehrheit der Verbände praktiziert wird (weniger als zehn Prozent der untersuchten Verbände erlauben eine Aufweichung der strikten Trennung zwischen Haupt- und Ehrenamt), kommt die regelbasierte Isolierung nur in gut einem Drittel der betrachteten Verbände zum Tragen. Für den hier interessierenden Zusammenhang der Vetopunkte ist nun von Belang, dass das Definitionsrecht über Regeln zu Fragen der Vertraulichkeit weitestgehend dem Zugriff der handelnden Verbandsfunktionäre entzogen ist; ob ein Verband seine Funktionäre und Mitglieder einer Verschwiegenheitsklausel unterwirft oder nicht, unterliegt der Entscheidung einer satzungsverändernden Mehrheit der Mitglieder. Lediglich Fragen der konkreten Anwendung jener Klauseln liegen im Zugriffsbereich der ehrenamtlich besetzten Verbandsgremien sowie besonderer Schiedsgremien (siehe Abschnitt 5.5). Im Bereich der personalen Isolierung verhält es sich genau entgegengesetzt: Die Entscheidungsmacht über die Besetzung der Geschäftsführerposition liegt in fast 90% der untersuchten Fälle in der Hand der ehrenamtlich besetzten Verbandsgremien.

Betrachtet man nun beide Strategien der Interessenisolierung im Verhältnis zueinander, so deutet einiges darauf hin, dass sich unabhängig von der Frage der letztendlichen Definitionsgewalt (Mitglieder oder Ehrenamtliche) eine Gesamtstrategie im Umgang mit den schützenswerten Partikularinteressen der Mitgliederbasis herausgebildet hat. Zumindest lässt sich ein solcher Zusammenhang in der bivariaten statistischen Analyse finden. Von den insgesamt 14 Verbänden, die zur Besetzung der Geschäftsführung ein Votum der Mitgliederversammlung verlangen, verzichten 13 gänzlich auf Verschwiegenheitsklauseln. Hingegen sind solche Klauseln bei jenen Verbänden überdurchschnittlich stark verbreitet, bei denen ein einzelner Verbandsfunktionär die Entscheidung über die Geschäftsführerposition trifft. So greifen 46% dieser Verbände gleichzeitig auf eine Ver-

---

tik des Tarifkonflikts. So führt van Waarden (1992: 155) aus, dass insbesondere die Unternehmen von Führungspersönlichkeiten des Verbandes bevorzugtes Ziel selektiver Streiks der Gewerkschaften seien. Durch die Besetzung der Geschäftsführung mit einem Nicht-Unternehmer seien Arbeitgeberverbände nun in der Lage, die Ausübung selektiven Drucks seitens der Gewerkschaften ins Leere laufen zu lassen.

schwiegenheitsklausel zurück, dies liegt etwa 10 Prozentpunkte über dem Wert für alle untersuchten Verbände.

5.3 Gewichtung

Die Interessengewichtung betrifft Formen der Interessenbearbeitung, bei denen die Ausgangsinteressen der Unternehmen durch bewusste Bevorzugung oder Relativierung in verbandliche Politik übersetzt werden. Die Gewichtung ist eine Form der Interessenbearbeitung, die dann greift, wenn Unternehmen bereits die Verbandsmitgliedschaft erworben haben (Zulassung); darüber hinaus findet sie nur in jenen Bereichen Anwendung, die nicht bereits auf dem Wege der Interessenisolierung von der verbandlichen Interessenvertretung ausgenommen wurden. Insofern handelt es sich hierbei um einen Prozess, der den beiden bereits vorgestellten Formen der Interessenbearbeitung logisch nachgelagert ist.

Das wohl anschaulichste Beispiel für eine solche Interessengewichtung ist die Zuteilung von Stimmrechten des Verbands an das einzelne Mitglied. So ist es beispielsweise den Verbänden möglich, die Zahl der Stimmen eines Mitgliedes bei der innerverbandlichen Willensbildung nach Kriterien wie etwa Beschäftigtenzahl oder Umsatz zu gewichten. In diesem Sinne führt ein Verband nicht einfach eine Aggregation der Ausgangsinteressen der einzelnen Mitglieder durch; vielmehr greift er auf dem Wege einer bewussten Gewichtung einzelner Interessen gestaltend in den Prozess der Konstitution eines kollektiven Verbandsinteresses ein.

Neben der Stimmrechtszuteilung, die in den allermeisten Fällen in der Verbandssatzung und in nur wenigen Fällen in einer besonderen Stimmrechtsordnung festgeschrieben ist, kommen weitere Formen der Interessengewichtung zum Tragen. Besondere Vorschriften zur Stimmrechtsübertragung erlauben hierbei das Kombinieren der Stimmrechte einzelner Mitglieder und bieten somit weitere Möglichkeiten, die eigenen Interessen innerverbandlich zur Geltung zu bringen.

5.3.1 Stimmrechtsverteilung

Was nun die Teilhabe der einzelnen Mitglieder anbelangt, so ist den Arbeitgeberverbänden unterstellt worden, dass sich diese regelmäßig auf ein (gesetzlich erforderliches) Mindestmaß beschränke (Braunthal 1965; Scherzinger 1978: 114; kritisch: Mann 1994). So wurde vielfach angeführt, dass Arbeitgeberverbände kaum umhinkönnen, die ökonomische Macht der Großunternehmen und Großkonzerne auch innerverbandlich abzusichern, und auf zwei Wege verwiesen, dieses Ziel zu erreichen.

Zunächst einmal wurde, zum Teil anknüpfend an Befunde aus dem Organisationsbereich von Gesamtmetall, argumentiert, dass eine Mehrzahl von Arbeitgeberverbänden die ökonomische Macht ihrer Mitglieder innerverbandlich spiegelt, indem sie den einzelnen Mitgliedern gewichtete Stimmrechte zuweist, die das ökonomische Potential dieser Unternehmen angemessen berücksichtigen (Moser 1990; Keller 1999: 21). Würden Arbeitgeberverbände als reine Organisationen zur Aggregation von Unternehmensinteressen fungieren, würde sich demnach ökonomische Macht symmetrisch in politische Macht transformieren lassen.[10] Ein zweites Argument führt an, dass die Zuweisung von Stimmrechten für die konkrete Politik der Arbeitgeberverbände generell weitestgehend unerheblich ist, weil sich diese neben den beschlussfassenden Verbandsgremien quasi als Resultat einer Klüngelwirtschaft der Mächtigen vollzieht. So gelangt W. Simon zu dem Schluss, dass insbesondere die Mitgliederversammlung als höchstes beschlussfassendes Organ wenig mehr sei als eine Alibiveranstaltung und letztlich „für die Willensbildung in den Unternehmerverbänden ohne große Bedeutung“ (Simon 1976: 86).

Die Existenz von informellen, gleichwohl hochwirksamen Kanälen der Machtausübung im Verband soll hier nicht grundsätzlich bestritten werden, wohl aber die Unterstellung, bei der Mitglieder- oder Delegiertenversammlung handele es sich um wenig mehr als eine subalterne „Quatschbude“. Insbesondere wenn es um die Frage der „terms of trade“ der Interessenvertretung geht, also der Frage nach dem Verhältnis zwischen den Beiträgen, die jedes Mitglied zur Aufrechterhaltung des Verbandes leisten muss, und den Interessenvertretungsleistungen, die es dafür beanspruchen kann, spielen Mitglieder- oder Delegiertenversammlungen eine herausragende Rolle. So kann es kaum verwundern, dass es in den Augen eines Verbandsgeschäftsführers kaum eine unangenehmere Situation gibt, als im Rahmen einer Mitgliederversammlung die Erhöhung des Verbandsbeitrages rechtfertigen zu müssen – in dieser Einschätzung scheinen Geschäftsführer über die Branchengrenzen hinweg einig zu sein. So schildert der Geschäftsführer eines kleinen Verbandes aus einer Dienstleistungsbranche:

> „Also, es gibt nichts Schlimmeres, als eine jährliche Erhöhung des Beitrages von 100,– Euro durchzusetzen. Es gibt nichts Schlimmeres! Ich habe mal gesagt, wir sind jetzt eine so prosperierende Branche und wir setzen so viel Geld um, aber wenn der Verband was braucht, stehen alle mit gestreckten Füßen drauf.“ (Interview 21.08.2002, S. 10)

Ein Kollege aus dem Bereich der Fertigung führt aus:

---

10 Dabei vertraten einige Autoren die Auffassung, eine solche Stimmrechtsgewichtung sei letztlich mit der demokratischen Willensbildung im Verband unvereinbar (Buchholz 1964: 541, von Schmädel 1968: 42ff.).

„Keiner möchte höhere Beiträge zahlen, eher weniger Beiträge bezahlen, und es ist schwierig für den Verband nachzuweisen, dass das Beitragsaufkommen auch gerechtfertigt ist. Und wenn es ansteigen soll, dann hat man immer schnell – das ist aber auch so eine eigene Gesetzmäßigkeit in den Mitgliederversammlungen – die Opposition. Und dann wird schnell die Frage gestellt: Ja, was macht ihr eigentlich damit? Und ein Verband kann das schlecht nachweisen, vor allem wenn er dann, mal als Beispiel, so gebeutelt wird wie wir, durch eine Gewerkschaft, die es schafft, in den letzten Jahren immer höhere Abschlüsse zu machen als die gesamte deutsche Wirtschaft." (Interview 04.06.2002, S. 11)

Eine wirksame Ausübung von Vetopositionen findet aber nicht allein dann statt, wenn eine Beitragserhöhung auf der Tagesordnung steht. Zu solch einer wirksamen Opposition kommt es auch dann, wenn mehrheitlich geteilte Vorstellungen von Beitragsgerechtigkeit verletzt zu werden drohen. Dies zeigt nicht zuletzt ein Fall aus dem Gaststättengewerbe (271). Im konkreten Fall ging es dem Präsidium darum, die fortschreitenden Austritte aus den Reihen der Kleinbetriebe aufzuhalten, indem man ihnen vergünstigte Beitragskonditionen anbot. Die Niederlage bei der folgenden Abstimmung konnte deutlicher kaum sein: Weniger als ein Viertel der anwesenden Delegierten konnte sich für die Einführung einer solchen neuen Beitragsgruppe entscheiden, die in ihren Augen grundsätzlichen Normen der Beitragsgerechtigkeit widersprochen hätte.

Wie die Beispiele gezeigt haben, kommt der Frage nach der Stimmrechtsverteilung in den höchsten beschlussfassenden Gremien der Verbände durchaus eine bedeutende Rolle zu, denn neben der Festlegung der Mitgliedsbeiträge stehen Wahlen zu den Verbandsgremien, aber auch die Festlegung der Leitlinien der Verbandspolitik auf der Tagesordnung der Mitglieder- und Delegiertenversammlungen.

Die in Tabelle 5.4 dargestellten Häufigkeiten der satzungsmäßigen Stimmrechtsverteilung bringen einige Überraschungen mit sich. Die Annahme, ökonomische Macht der Einzelmitglieder würde sich auch in einer entsprechenden Absicherung dieser Machtposition innerhalb der Verbände niederschlagen, bewahrheitet sich nicht, vielmehr lässt sich eine davon abweichende Praxis feststellen.

Die mit großem Abstand häufigsten Nennungen (58,9%) entfallen auf die ausgesprochen egalitäre Kategorie „Eine Stimme pro Mitglied". Eine weitere Kategorie mit ebenfalls egalitärer Tendenz besteht mit dem Stimmrecht nach Anzahl der Mitglieder/Mitgliedsbetriebe,[11] diese kommt insbesondere bei Landesinnungsverbänden vor, die neben lokalen Innungen (als Körperschaften des

11 Hinter dieser Kategorie verbergen sich überwiegend Verbände mit Delegiertensystemen, bei denen die Delegierten auf Kreis- oder Bezirksebene gewählt werden. Besonders häufig finden sich solche Delegiertensysteme im Hotel- und Gaststättengewerbe.

Tab. 5.4: Regelung des Stimmrechts in Arbeitgeberverbänden

Stimmrechtsregelung	Prozent (Fallzahl)	Fallzahl
Keine (unvollständige) Regelung in der Satzung	3,1	11
Eine Stimme pro Mitglied	58,9	211
Stimmrecht nach Beitragssumme	7,5	27
... nach Umsatz	1,7	6
... nach Beschäftigtenzahl	5,6	20
... nach Anzahl der Mitglieder/Mitgliedsbetriebe	13,4	48
Gewichtetes Stimmrecht auf Fallbasis (nach besonderem Beschluss)	3,1	11
Sonstige	6,7	24
Gesamt	*100*[a]	*358*

a – Rundungsbedingt kann die Summe der in den Spalten ausgewiesenen Prozentzahlen von 100 abweichen.

Quelle: WSI-Datenbank Arbeitgeberverbände (2006)

öffentlichen Rechts) zumeist auch einzelne Handwerksbetriebe aufnehmen, sodass diese im strengen Sinne gleichzeitig Verbände erster Ordnung und Verbände von Verbänden sind. Auf der anderen Seite steht eine geringe Zahl von Verbänden, die eine Gewichtung nach Beitragssumme, Umsatz oder Beschäftigtenzahl vornehmen. Bei weiteren 3,1% der Verbände gilt „Stimmrecht nach Beschlusslage"; dies bedeutet, dass im Normalfall der Grundsatz des „Eine Stimme pro Mitglied" Anwendung findet, allerdings auf Antrag eines Teiles der Mitglieder auf einen Wahlmodus mit Gewichtung der Stimmen nach Größe oder Leistungsfähigkeit umgeschwenkt werden kann. Da diese Form der bedingten Stimmrechtszuweisung ein Letztentscheidungsrecht nach ökonomischem Potential einräumt und gegen den Willen der „Großen" das egalitäre Prinzip des „Eine Stimme pro Mitglied" nicht durchgefochten werden kann, wird diese Kategorie im Folgenden als Fall der Stimmrechtsgewichtung nach ökonomischen Potential behandelt.

Eine weitere Ausdifferenzierung der Stimmrechtsverfahren nach Verbandstyp (Tab. 5.5) belegt, dass Arbeitgeberverbände besonders dann häufig auf eine eher egalitäre Zuweisung von Stimmrechten zurückgreifen, wenn es sich bei den Mitgliedern um Unternehmen handelt (Verbände erster Ordnung); fast drei Viertel dieser Verbände gewähren eine Stimme pro Mitglied. Deutlich anders sieht dies bei den Verbänden von Verbänden aus, von denen lediglich jeder Fünfte ein gleiches Stimmrecht für alle einräumt; die am häufigsten genannte Kategorie ist bei diesem Verbandstypus mit fast 41% ein Stimmrecht nach Anzahl der Verbandsmitglieder bzw. Mitgliedsbetriebe. Offensichtlich sind Arbeitgeberverbände eher bereit, den innerverbandlichen Einfluss der Mitglieder egalitär zu gestalten, wenn es sich bei diesen um Unternehmen und nicht um Verbände handelt. Dies erscheint als besonders interessantes Phänomen, erlangt doch, bezogen auf die von Unternehmen getragenen Ursprungsinteressen, das Konzept der „Eine Stimme pro Mitglied" eine völlig unterschiedliche Bedeutung, wenn es auf der Ebene der Verbände zweiter Ordnung angewendet wird. Auf dieser Ebene der Verbände von Verbänden verkehrt sich sein egalitärer Gehalt in eine Bevorzugung der Mitgliedsunternehmen von Kleinverbänden und eine entsprechende Benachteiligung der den Großverbänden angeschlossenen Mitgliedsunternehmen. Anders formuliert: Mit dem steigenden Aggregationsniveau der zu vertretenden Interessen steigt auch das Bedürfnis der Verbände, das Stimmgewicht des einzelnen Ursprungsinteresses unverfälscht zum Zuge kommen zu lassen, indem die Anzahl der dort aggregierten Unternehmen in irgendeiner Form Berücksichtigung findet. Dies geschieht, indem entweder die Zahl der Mitgliedsbetriebe oder die von diesen geleisteten (abgeleiteten) Beiträge zum Maßstab für die Stimmrechtszuteilung erhoben werden.

Wie in Tabelle 5.5 dargestellt, gibt es im vorliegenden Datensatz eine Reihe von „hybriden" Arbeitgeberverbänden, die sich als Verbände erster und zweiter Ordnung einstufen lassen. Hierbei handelt es sich um Verbände, die sowohl Mitgliedschaften von Unternehmen (und/oder Individuen) als auch von anderen

Tab. 5.5: Stimmrechtsregelung nach Verbandstyp

	Verbände erster Ordnung		Verbände von Verbänden		Hybride Verbände (erster und zweiter Ordnung)	
	Prozent	Fallzahl	Prozent	Fallzahl	Prozent	Fallzahl
Keine (unvollständige) Regelung in Satzung	3,8	9	0	0	2,8	2
Eine Stimme pro Mitglied	74,0	174	20,4	10	36,5	27
Stimmrecht nach Beitragssumme	3,8	9	18,4	9	12,2	9
... nach Umsatz	0,4	1	6,1	3	2,7	2
... nach Beschäftigtenzahl	6,8	16	2,0	1	4,1	3
... nach Anzahl der Mitglieder/ Mitgliedsbetriebe	5,5	13	40,8	20	20,3	15
Gewichtetes Stimmrecht auf Fallbasis (nach besonderem Beschluss)	3,8	9	0	0	2,7	2
Sonstige	1,7	4	12,2	6	18,9	14
Gesamt	*100*[a]	*235*	*100*[a]	*49*	*100*[a]	*74*

a – Rundungsbedingt kann die Summe der in den Spalten ausgewiesenen Prozentzahlen von 100 abweichen.

Quelle: WSI-Datenbank Arbeitgeberverbände (2006)

Verbänden zulassen. Wie zu erwarten war, nimmt diese Gruppe in Bezug auf die Frage der Stimmrechtszuteilung eine Mittelposition ein, was sowohl für die Kategorie „Eine Stimme pro Mitglied“ als auch „Stimmrecht nach Anzahl der Mitglieder/Mitgliedsbetriebe“ zutrifft.

Eine vertiefende Auswertung nur für den Bereich der Verbände erster Ordnung bringt einige interessante Befunde zutage. Vergleicht man die Mitgliederzahlen der Verbände mit egalitärer Stimmrechtszuweisung (eine Stimme pro Mitglied) jenen, die eine Stimmrechtsgewichtung vornehmen (Stimmrecht nach Beitragssumme, Umsatz, Beschäftigtenzahl oder nach besonderem Beschluss), so zeigt sich ein deutlicher Größeneffekt. Bei insgesamt 144 in die Analyse einbezogenen Verbänden (nur Verbände erster Ordnung), für die aussagekräftige Angaben zu Mitgliederzahl und Stimmrechtsverteilung vorlagen, betrug die durchschnittliche Mitgliederzahl bei den Verbänden mit eher egalitärer Stimmrechtszuweisung 695 Mitglieder pro Verband (Median 140,0) und bei den Verbänden mit gewichtetem Stimmrecht 249 (Median 77,5). Auf der Seite der Verbände mit gewichtetem Stimmrecht finden sich eine Reihe nordrhein-westfälischer Regionalverbände (insbesondere aus der chemischen Industrie), die wegen ihres kleinen räumlichen Zuständigkeitsbereichs über nur wenige Mitglieder verfügen, aber auch bundesweite Schwergewichte wie die Entsorgungswirtschaft (185) oder der Wirtschaftsverband Erdöl- und Erdgasgewinnung (814). Es deutet sich an, dass in kleinen und mutmaßlich eher homogenen Verbänden ein größeres Bedürfnis nach einer strukturellen Absicherung der Machtposition der Mitgliedsunternehmen besteht als in vergleichsweise mitgliederstarken Arbeitgeberverbänden.

Ein Vergleich der unterschiedlichen Wirtschaftsbereiche ergibt für den Bereich der industriellen Fertigung eine überdurchschnittlich häufige Nutzung von Stimmrechtsgewichtung, während Arbeitgeberverbände im Bereich Dienstleistungen unterdurchschnittlich häufig eine solche Gewichtung in ihren Satzungen vorsehen. Für alle weiteren Wirtschaftsbereiche erlauben die Fallzahlen keine belastbaren Aussagen.

Soweit Sitzungsprotokolle der Verbände vorliegen, lässt sich feststellen, dass Fragen der Stimmrechtsgewichtung selbst nur äußerst selten Gegenstand von Auseinandersetzungen im Rahmen von Mitgliederversammlungen sind. Wenn es zu Anpassungen kommt, resultiert dies eher aus Problemen mit der Zielerfüllung einer geltenden Regelung als aus einer generellen Unzufriedenheit mit den Grundsätzen einer vormals getroffenen Vereinbarung über Stimmrechte. Dies mag an einem Beispiel verdeutlicht werden:

Der Industrieverband Nr. 653 praktizierte die egalitäre Stimmrechtsregel des „Eine Stimme pro Mitglied“, welche auch nicht grundsätzlich in Frage gestellt wurde. Probleme ergaben sich jedoch bei der Bestimmung der genauen Träger eines solchen Stimmrechts. Die Satzung gewährt eine Verbandsmitgliedschaft für die rechtlich selbstständige Einheit des Unternehmens, was nur konsequent erscheint, denn der Betrieb ist als bloße organisatorische Einheit nicht rechtsfähig und kann nicht Träger von Rechten und Pflichten aus dem vereinsrechtlichen Mitgliedschaftsverhältnis werden. Dieses System aus Mitgliedschaftsvoraussetzung und Stimmrecht funktionierte so lange gut im Sinne einer egalitären Interessengewichtung, wie sich die Unternehmenslandschaft als stabil erwies. Spätestens Mitte der 1980er Jahre sollte sich dies allerdings ändern. Mehr und mehr Mitglieder gingen aus steuerlichen, haftungsrechtlichen oder marktstrategischen Gründen dazu über, ihre Unternehmen aufzuspalten, um z.B. rechtlich selbstständige Gesellschaften für Produktion und Besitz zu gründen, ohne dass sich dadurch die betriebliche Struktur geändert hätte. Als Resultat einer solchen Restrukturierung führten mehrere rechtlich selbstständige Unternehmen einen gemeinschaftlichen Betrieb. Am Ende hätte sich nicht nur die Anzahl der Unternehmensmitgliedschaften vervielfacht, sondern ebenso die (auf eine betriebliche Einheit bezogenen) Beitragsverpflichtungen und Stimmrechte. Wollte man also am Grundsatz des „Eine Stimme pro Mitglied" festhalten, musste man etwas ändern, damit alles so blieb, wie es war. Durch die Verabschiedung einer entsprechenden Satzungsänderung, die ein einheitliches Stimmrecht der an einem Betrieb beteiligten Unternehmen vorsah, wurde diesem Bestreben letztlich entsprochen (Protokoll der Mitgliederversammlung vom 12.05.1987).

5.3.2 Stimmrechtsquoren

Wie sich im eben geschilderten Fall bereits andeutete, wird in manchen Fällen die wirkliche Bedeutung eines bestimmten Stimmrechtsregimes erst deutlich, wenn andere Satzungsvorschriften in die Betrachtung einbezogen werden; neben der Frage, wer nun eigentlich Träger von Mitgliedschaftsrechten sein kann, können das besondere Vorschriften über Mindestquoren sein. Solche Entscheidungsregeln können auf unterschiedliche Handlungstypen bezogen mehr oder minder restriktiv wirken (Coleman 1979: 26). So ist in der überwiegenden Mehrzahl der untersuchten Verbandssatzungen die einfache Mehrheit als das Standardquorum anzusehen, mit dem Entscheidungen der Mitgliederversammlung getroffen werden. Die Ausnahme von dieser Regel bilden Abstimmungen über Satzungsänderungen oder über die Auflösung des Verbandes, die nur mit qualifizierter Mehrheit (in der Regel zwei Drittel der Stimmen) getroffen werden können. Wohlweislich hat die überwiegende Mehrheit der Verbände darauf verzichtet, die Höhe des Mitgliedsbeitrages direkt in die Verbandssatzung aufzunehmen, um die mit einer möglichen Beitragsanhebung verbundenen Probleme bei der Sicherstellung ausreichender Mehrheiten zu verringern. Arbeitgeberverbände regeln daher allenfalls Fragen der Bemessungsgrundlagen direkt in der Satzung; der Beitragssatz ebenso wie Mindest- und Höchstbeiträge werden zumeist in besonderen Beitragsordnungen niedergelegt, welche dann mit einfacher Stimmenmehrheit verabschiedet oder angepasst werden.

Eine kleine Anzahl von Verbänden schützt sich vor dem Einfluss möglicherweise spontan zusammenkommender Mehrheiten, indem sie schon für einfache Beschlüsse der Mitgliederversammlung eine qualifizierte Mehrheit verlangen. Solche Vorschriften finden sich in Satzungen des Handels (198), der Baustoffindustrie (215), der Bekleidungsindustrie (244) und der Lebensmittelherstellung (260). Letztere fordert sogar für Beschlüsse ihrer Delegiertenversammlung eine Vier-Fünftel-Mehrheit der anwesenden Delegierten. Die konkrete Interpretation dieser Quoren ist ohne tiefergehende Einzelfallanalyse nicht möglich. Zwei Interpretationen erscheinen jedoch plausibel: So ist erstens vorstellbar, dass im Sinne der Wahrung der verbandlichen Handlungsfähigkeit die Unterstützung durch eine ausreichend große kritische Masse gewährleistet werden soll. Ähnlich wie Gewerkschaften bei der Urabstimmung eine qualifizierte Mehrheit zur Streikvoraussetzung machen, würde hier eine solche Mehrheit dazu dienen, eine möglichst große Einheitlichkeit und eine möglichst breite Unterstützung für das kollektive Handeln im Verband herzustellen. Letztlich dient die qualifizierte Mehrheit aus dieser Perspektive sowohl dem Schutz der Einzelinteressen vor quasi zufälliger Majorisierung als auch der Verbesserung der Fähigkeit zum kollektiven Handeln des Verbandes. Allerdings wäre zweitens auch das genaue Gegenteil denkbar: Die Messlatte für erfolgreiche Beschlüsse wird so hoch gehängt, dass autonome Initiativen aus dem Bereich der Verbandsmitgliedschaft systematisch erschwert, wenn nicht sogar unmöglich gemacht werden. So hätten es jene Beschlussvorlagen besonders schwer, die nicht bereits lange im Vorfeld durch die Führungsgremien vorbereitet und in ihrer zu erwartenden Gefolgschaft abgesichert wurden. Aus dieser zweiten Perspektive erscheint die qualifizierte Mehrheit als ein Mittel der Abschottung der Führung gegenüber dem Einfluss der Mitgliederbasis.[12] So offen an dieser Stelle die Bewertung auch sein mag, eines ist klar: Quoren dienen in der Regel nicht dazu, eine in der Satzung gewährte egalitäre Stimmrechtsverteilung auf dem Wege der Einführung qualifizierter Mehrheiten zu entwerten oder zu verwässern, denn lediglich in einem der vier genannten Fälle wird die Regel des „Eine Stimme pro Mitglied" praktiziert.

5.3.3 Stimmrechtsübertragung

Die Gewährung von Stimmrechten, so wird aus der Erfahrung einer Vielzahl von Organisationen vom Kaninchenzüchterverein bis zum Bundestag deutlich, ist

---

12 Groser weist darauf hin, dass hohe Abstimmungsquoren immer dann verzichtbar erscheinen, wenn es sich bei einem Verband eher um ein homogenes Kollektiv handelt (Groser 1979: 96f.).

nicht identisch mit deren Ausübung. Es ist das gute Recht der Inhaber von Stimmrechten, diese nicht zu nutzen bzw. verfallen zu lassen. So sind Mehrheiten bei Abstimmungen nicht allein ein Ausdruck der Präferenzen von Stimmrechtsträgern, sondern in gleichem Maße auch Ausdruck der Fähigkeit, diese für die Teilnahme an einer Abstimmung zu mobilisieren. Abstimmungen in Arbeitgeberverbänden finden meist unter Anwesenden statt; somit sind sie an die persönliche Teilnahme an einer Mitglieder- oder Delegiertenversammlungen geknüpft und entsprechend mit erheblichen Transaktionskosten verbunden. Das gilt in gleichem Maße für den Vertreter eines industriellen Großkonzerns wie für den selbstständigen Handwerksmeister des Kleinbetriebs mit wenigen Beschäftigten: Durch die Abwesenheit vom Betrieb entstehen Kosten, insbesondere Opportunitätskosten.

Die Schwierigkeiten zur Mitgliedermobilisierung erweisen sich gerade für jene Verbände als besonders groß, die die Feststellung der Beschlussfähigkeit einer Versammlung an die Anwesenheit einer Mindestzahl der Verbandsmitglieder geknüpft haben,[13] aber auch für solche Verbände, die die Absicherung ihrer Verbandspolitik durch positive Unterstützung durch die Mitglieder als wichtig erachten. Eine ausreichende Mitgliedermobilisierung hat sich in einer Vielzahl von Fällen als problematisch erwiesen. Mehrere unterschiedliche Lösungsstrategien finden Anwendung; zwei davon sind im Hinblick auf die hier interessierende Interessengewichtung als weitgehend neutral anzusehen. So sind erstens einige Verbände dazu übergegangen, Abstimmungen auch in schriftlicher oder fernmündlicher Form zuzulassen. In vielen Fällen sind solche Abstimmungen oder „Referenden" an eine Mindestbeteiligung oder qualifizierte Mehrheit geknüpft. Immerhin 23% der untersuchten Satzungen sehen solche Abstimmungen vor. Zweitens versuchen Verbände die Teilnahmedisziplin der Mitglieder an Mitglieder- oder Delegiertenversammlungen zu verbessern, indem sie sekundäre Teilnahmeanreize schaffen. Ein solcher „Zusatznutzen" kann in einem informativen bzw. geselligen Veranstaltungsteil bestehen oder auch in besonders attraktiven Veranstaltungsorten. Üblich ist es beispielsweise, Mitgliederversammlungen in einen öffentlichen und einen nichtöffentlichen Teil aufzuteilen und bekannte Politiker oder Fachexperten für einen Vortrag im Rahmen der öffentlichen Veranstaltung zu gewinnen. Mancher Verband organisiert darüber hin-

13 Eine verbreitete satzungstechnische Möglichkeit, diese Klippe zu umschiffen, besteht darin, eine zusätzliche Vorschrift einzuführen, die besagt, dass nach Feststellung der Nichtbeschlussfähigkeit einer Mitgliederversammlung mangels Anwesenheit die Versammlung abgebrochen wird, um sie nach Ablauf einer kurzen Frist erneut einzuberufen. Die zweite Einberufung erfolgt dann unter Verzicht auf eine Mindestanwesenheit. Natürlich steht es den Verbänden auch frei, ihre Satzung so zu gestalten, dass auf eine Mindestanwesenheit vollständig verzichtet wird und Versammlungen bereits mit der ordnungsgemäßen Einberufung beschlussfähig werden.

aus gesellige Abende, zu denen auch die Gattinnen der (in ihrer erdrückenden Mehrzahl männlichen) Verbandsmitglieder hinzugebeten werden. Zumindest in Sachen „Geselligkeit" und der damit einhergehenden Banalisierung von Verbandsmacht unterscheidet sich mancher Arbeitgeberverband nur unwesentlich von anderen Verbänden. So berichtet der Protokollant eines Industrieverbandes (180), der Festabend in der historischen Reithalle am Veranstaltungsort habe „in sehr gelöster Stimmung" stattgefunden, und auch die gute Unterhaltung durch die „Tanzband Venus" sei später lediglich durch die witterungsbedingte Absage des für den kommenden Tag geplanten Golfturniers überschattet worden (Protokoll der Mitgliederversammlung vom 07.07.2000).

Eine dritte Mobilisierungsstrategie beruht auf dem Stellvertreterprinzip und findet ihren Niederschlag in besonderen Satzungsvorschriften, welche die Übertragung des eigenen Stimmrechts auf andere Verbandsmitglieder regeln. Mehr als die Hälfte (52,8%) der untersuchten Verbandssatzungen lassen eine solche Stimmrechtsübertragung zu. In den verbleibenden rund 47% der Verbände, die eine solche Regelung nicht in der Satzung haben, ist nach deutschem Vereinsrecht eine Stimmrechtsübertragung nicht zulässig. Wie aus der Abbildung 5.1 deutlich wird, beschränkt eine Mehrzahl jener Verbände, die eine Stimmrechtsübertragung zulassen, die Anzahl der maximal zu vertretenden Stimmen.

Abb. 5.1: Stimmrechtsübertragung in Prozent

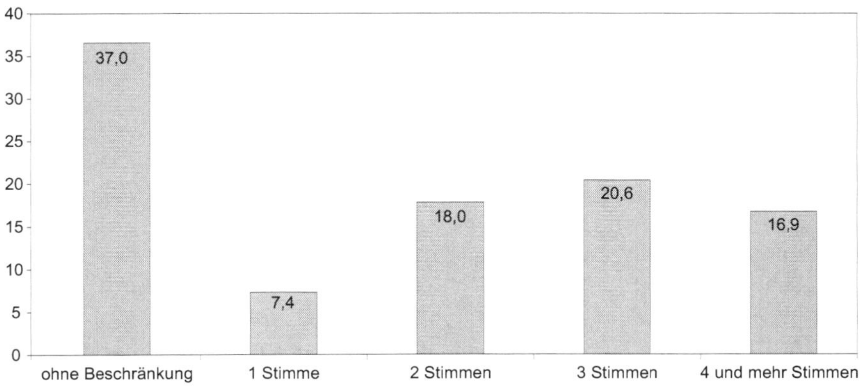

Quelle: WSI-Datenbank Arbeitgeberverbände (2006)

Lediglich 37% der hier untersuchten Satzungen mit der Möglichkeit der Stimmrechtsübertragung erwähnen keinerlei Beschränkung der Anzahl der zu übertragenden Stimmen, während genau 46% der Arbeitgeberverbände sicherstellen wollen, dass nicht mehr als drei Stimmen auf ein anderes, anwesendes Mitglied übertragen werden können.

Um diese Daten sinnvoll interpretieren zu können, muss zunächst danach gefragt werden, mit welcher Intention Arbeitgeberverbände vom Instrument der Stimmrechtsübertragung Gebrauch machen, und vor allem, welche Bedeutung ihm für die hier untersuchte Frage nach der Interessengewichtung zukommt. Dazu bieten sich vier alternative Erklärungen an.

Zunächst einmal könnte die Stimmrechtsübertragung zu verstehen sein als eine technische Reaktion zur Vermeidung der Beschlussunfähigkeit von Mitgliederversammlungen; mit der Übertragung soll demnach die Gefahr verringert werden, dass mangels Anwesenheit stimmberechtigter Mitglieder ein Mindestquorum zur Erlangung der Beschlussfähigkeit verfehlt wird. Einzuwenden wäre hier, dass zur Gewährleistung der Beschlussfähigkeit eine Satzungsänderung mit einer Einführung der Stimmrechtsübertragung nur als Mittel zweiter Wahl anzusehen ist – weitaus wirkungsvoller wäre sicherlich der generelle Verzicht auf ein Mindestquorum zur Erlangung der Beschlussfähigkeit.

Drei weitere Erklärungen stellen die Struktur dieser Mitgliedschaft, insbesondere das Verhältnis zwischen Groß- und Kleinunternehmen, in den Mittelpunkt. Demnach könnte eine Stimmrechtsübertragung erstens dazu dienen, die Stimmmacht in der Hand von einflussreichen Großunternehmen zu bündeln, und es diesen somit ermöglichen, die Grundsätze der Verbandspolitik entscheidend zu lenken. Dies wäre Großunternehmen möglich, so die Annahme, weil es ihnen durch ihre überlegenen Personalressourcen leichter fiele, die Anwesenheit auf Mitgliederversammlungen zuverlässig zu organisieren. Zweitens wäre die Vorherrschaft der Großunternehmen auch dann gewährleistet, wenn die Kleinunternehmen von vornherein auf eine Teilnahme verzichten; in diesem Sinne fungiert die Stimmrechtsübertragung als eine subsidiäre Vorschrift, die die Hemmschwelle für den Teilnahmeverzicht der Kleinunternehmen weiter absenkt. Schließlich könnte drittens in einer basisdemokratischen Variante die Stimmrechtsübertragung auch verstanden werden als ein Angebot an ebendiese ressourcenschwachen kleinen und mittelgroßen Unternehmen, ihr Stimmrecht auch in Abwesenheit zum Ausdruck zu bringen. Durch bewusste Delegation würde somit die Ausübung des Stimmrechts zu vergleichsweise geringen Opportunitätskosten ermöglicht.

Wichtige Hinweise zur Klärung liefert ein Konflikt, der zu Beginn der 1980er Jahre in einem Verband der Bauwirtschaft (602) ausgefochten wurde. Die Satzungslage in diesem Verband mittlerer Mitgliederzahl (250 Mitglieder) sah bis zur fraglichen Mitgliederversammlung die Ausübung des Prinzips „Eine Stimme pro Mitglied" vor, bei gleichzeitiger Gewährung von überdurchschnittlichen Übertragungsmöglichkeiten von maximal zehn Stimmen pro anwesendem Mitglied. Der Antrag, die Stimmrechtsübertragung per Satzungsänderung vollständig auszuschließen, wurde vom Vertreter eines der größten Mitgliedsunternehmen vorgetragen und von gut einem Dutzend weiterer Mitgliedsunternehmen unterstützt; alternative Anträge, die eine Begrenzung des Übertragungsrechts auf fünf bzw. eine Stimme vorschlugen, stammten aus dem Bereich der mittelgroßen Betriebe. Interessanter noch als der Ausgang des Konflikts – am Ende einigte man sich auf eine Kompromissformel des Vorstandes, der die Übertragung auf vier Stimmen pro Mitglied begrenzte – erschien die inhaltliche Begründung der jeweiligen Antragsteller. So zielte die Rede des Vertreters des Großunternehmens auf eine Aktivierung des Verbandes, welche insbesondere in Zeiten vieler drängender Probleme des Wirtschaftsbereichs zwingend geboten sei. Dies sei nur durch eine möglichst breite Beteiligung an der verbandlichen Willensbildung zu erreichen. Der Protokollant fuhr in seiner Zusammenfassung des Vortrages fort:

> „Die Willensbildung in der Mitgliederversammlung sei vergleichbar mit der eines Parlamentes. Die Erörterung des Pro und Kontra diene dazu, das Abstimmungsverhalten zu beeinflussen. Die Mitgliederversammlung soll ein echtes Diskussionsgremium werden, das wirtschaftspolitische und politische Aussagen machen könne. Stimmrechtsübertragungen ohne Votum seien undemokratisch." (Protokoll der Mitgliederversammlung vom 30.09.1981)

Zu einer demokratischen Beschlussfassung gehöre es darüber hinaus auch – so der Vertreter des Großunternehmens –, dass eine Meinung nicht allein im Vorfeld der Versammlung gebildet werde, sondern diese auch als Resultat einer Debatte müsse umgestoßen werden können. Im Grunde widersprachen die Vertreter der Klein- und Mittelbetriebe diesen Auffassungen nicht, hoben aber den besonderen Aufwand hervor, den lange Anreisewege für sie bedeuteten. Dies sei gerade in einem Flächenland nicht zu unterschätzen.

Aus dieser Sicht steht bei der Stimmrechtsübertragung nicht die Interessengewichtung über den Weg der Bündelung von Stimmmacht im Vordergrund, sondern eher eine ausgewogene Balance zwischen Interessenaktivierung auf der einen und Begrenzung des Aufwandes für die Verbandsarbeit auf der anderen Seite.

Die geringe Bedeutung, die der Interessengewichtung bei der Bewertung der Stimmübertragung zukommt, zeigt sich auch bei der Betrachtung der hier untersuchten Aspekte. Vergleicht man die beiden Merkmale der Stimmrechtszuweisung mit der Stimmrechtsübertragbarkeit, erweist sich, dass der Prozentsatz von Verbänden mit gewichtetem Stimmrecht in den Gruppen mit und ohne Stimmrechtsübertragung etwa gleich ist. Gewähren im Mittel 15,8% aller untersuchten Verbände erster Ordnung, für die beide Angaben vorlagen (n = 222), ein gewichtetes Stimmrecht, so beträgt dieser Anteil in der Gruppe von Verbänden ohne Stimmrechtsübertragung 15,8% und mit Stimmrechtsübertragung 15,7%. Wäre die Stimmrechtsübertragung als ein sekundäres Instrument zur verbandlichen Absicherung der ökonomischen Macht von Großunternehmen zu sehen, so müsste sich das in einer Aushebelung der egalitären Stimmrechtsverteilung ausdrücken. Dies ist nun jedoch nachweislich nicht der Fall.

Aber wenn schon nicht die machtbasierte Interessenlage des einzelnen Mitgliedes bzw. von Mitgliedergruppen eine entscheidende Rolle spielt, wie sieht es mit der Komplexität des Gesamtverbandes aus?

Es erscheint plausibel, die oben dargestellten Obergrenzen für die Stimmrechtsübertragung zunächst in Abhängigkeit von der Gesamtmitgliederzahl der Arbeitgeberverbände zu interpretieren. So erlaubt eine maximale Stimmrechtsvertretung von drei Stimmen in einem Verband von zehn Mitgliedern eine ungleich effektivere Stimmbündelung in der Hand eines teilnehmenden Mitgliederrepräsentanten als in einem Verband mit 1.000 und mehr Mitgliedern. In der Tabelle 5.6 werden daher die durchschnittlichen Mitgliederzahlen den einzelnen Systemen der Stimmrechtsübertragung gegenübergestellt.

Tab. 5.6: Stimmrechtsübertragung nach Verbandsgröße

	Mittelwert (Zahl der Mitgliedsunternehmen)	Fallzahl	Standardabweichung	Median
Übertragung ohne Beschränkung	348,6	39	819,7	110,0
1 Stimme	229,8	10	307,4	92,5
2 Stimmen	983,1	13	3310,6	56,0
3 Stimmen	338,6	22	528,9	134,0
4 und mehr Stimmen	343,7	26	431,7	183,5
Alle Verbände mit Stimmrechtsübertragung	409,6	110	1261,3	110,0
Alle Verbände ohne Stimmrechtsübertragung	2450,0	90	9853,2	300,5
Insgesamt	*1327,8*	*200*	*6732,5*	*160,0*

Quelle: WSI-Datenbank Arbeitgeberverbände (2006)

Insgesamt lagen für 200 von 358 untersuchten Verbänden aussagekräftige Angaben zur Anzahl der Verbandsmitglieder (Unternehmen) vor. Wie ein Blick auf die Standardabweichungen verrät, ist die Streubreite der Anzahl der Verbandsmitglieder (hier nur Unternehmensmitglieder) beachtlich, sodass sich Mittelwertunterschiede kaum sinnvoll interpretieren lassen. Der kleinste Verband in unserem Sample hat vier, der größte immerhin 70.000 Mitglieder. Der Vergleich der gegen den Einfluss von Extremwerten weniger anfälligen Medianwerte zeigt dennoch einige auffällige Unterschiede zwischen jenen Verbänden, die überhaupt eine Stimmrechtsübertragung zulassen, und jenen, die dies in ihrer Satzung nicht vorsehen. Wie Tabelle 5.6 zeigt, haben Verbände ohne Vorschrift zur Stimmrechtsübertragung einen Median von 300,5 Mitgliedsunternehmen, während dieser Wert im Falle der Verbände mit einer solchen Vorschrift 110 beträgt.

Greift man die oben aufgeführten Befunde auf, wonach Stimmrechtsübertragung primär als Aktivierungs- und nicht als Majorisierungsinstrument in der Hand der Großunternehmen zu verstehen ist, so lässt sich feststellen, dass größere Verbände eher auf Mitgliederaktivierung zurückgreifen als Verbände mit vergleichsweise geringer Mitgliederzahl.[14] Auf diesen Zusammenhang zwischen Verbandsgröße und Aktivierung wird im folgenden Abschnitt noch zurückzukommen sein.

5.3.4 Interessengewichtung und Vetopunkte

In der vorangegangenen Analyse konnte gezeigt werden, dass sich Arbeitgeberverbände in Bezug auf die Gewichtung der Stimmrechte recht deutlich unterscheiden, wobei sich allerdings eine deutliche Mehrheit dieser Organisationen für eine egalitäre Form der Stimmrechtsverteilung entschieden hat. Mehr noch als die beiden vorangegangenen Aspekte der Formalstruktur der Interessenbearbeitung (Zulassung und Isolierung) gewähren egalitäre Stimmrechte einen besonders effektiven Zugang zu den verbandlichen Vetopunkten. Für den Verband zentrale Weichenstellungen wie die Beschlussfassung in Bezug auf seine Politik, die Auswahl des ehrenamtlichen Personals und die damit verbundene Rekrutierung der Geschäftsführungen (Hauptamt) fallen ebenso in den Zuständigkeitsbereich der Abstimmung im Rahmen der Mitglieder- und Delegiertenversammlungen wie die für die Mitglieder so bedeutende Entscheidung über das Verhältnis zwischen geleisteten Beiträgen und beanspruchten Verbandsdienstleistungen. Es konnte gezeigt werden, dass Verbände über die Vergabe von einem Stimmrecht pro Mitglied die Ausgangsinteressen der einzelnen Mitglieder nicht einfach nur zusammenfassen. Schließlich würde die einfache Interessenaggregation zwangsläufig eine Bevorzugung der Interessen der ökonomisch potenten Mitglieder mit sich bringen; dies wiederum würde seine Legitimation nicht zuletzt aus dem Umstand beziehen, dass Großunternehmen auf der Grundlage leistungsabhängiger Beitragsstaffeln überproportional zur Aufbringung der für die Verbandsarbeit notwendigen Ressourcen beitragen. Eine Vergabe von Stimmrechten nach Maßgabe des Beitragsaufkommens ließe sich auch mit einer Erkenntnis der „resource dependency theory" begründen, wonach bestimmte Organisationsmitglieder aus ihrer Bereitschaft, für die Organisation kritische Ressourcen bereitzustellen, einen Anspruch auf die Ausübung von Einfluss und Kontrollmöglichkeiten herleiten (Pfeffer/Salancik 2003: 27). Über das Instrument der Interessengewichtung greift die Organisation des Arbeitgeberverbandes massiv in die

14 Eine Analyse des gleichen Zusammenhanges im Bereich der Verbände von Verbänden ergab keine interpretierbaren Unterschiede der Mitgliederzahlen (Verbände) im Bereich der Verbände mit und ohne Satzungsvorschrift zur Stimmrechtsübertragung.

Übersetzung von individuellen Interessen in kollektive Verbandsinteressen ein. Mit dem Verbandsbeitritt und der damit verbundenen Unterwerfung des Mitglieds unter die Vorschriften der jeweiligen Verbandssatzung werden die mächtigsten Mitglieder in drei Viertel der untersuchten Verbände erster Ordnung dazu gezwungen, einen Teil ihrer überlegenen ökonomischen Macht stillzulegen. Es konnte gezeigt werden, dass zumindest auf Satzungsebene keine wirkungsvollen subsidiären Vorschriften bestehen, die eine solche Egalisierung von Macht kompensieren würden. Selbstverständlich können und werden die ökonomisch potenten Mitgliedsunternehmen versuchen, diesen Verlust formeller Macht über informelle Kanäle der Beeinflussung der Verbandspolitik auszugleichen oder gar überzukompensieren. Sollte es im Konfliktfalle „hart auf hart" kommen, nützt ihnen dieses jedoch wenig, denn ausgestattet mit dem Rückenwind des deutschen Vereinsrechts können schwächere Mitglieder ihre Vetopunkte jederzeit aktivieren.[15]

Neben dem Befund, dass eine Mehrheit der untersuchten Verbände Interessen nicht einfach aggregiert, sondern gewichtet, fällt ein weiterer Aspekt ins Auge, welcher mit der Olson'schen Begründung für die Existenz kollektiven Handelns nur schwer in Einklang zu bringen ist.

Aus seiner utilitaristischen Perspektive heraus wird eine bestimmte Menge eines Kollektivgutes bereitgestellt, wenn dessen Herstellungskosten gemessen am Nutzen so gering sind, dass zumindest ein Gruppenmitglied noch profitieren würde, würde es das Kollektivgut ganz allein bereitstellen (Olson 1998: 21). Ob im Einzelfall diese radikale Bedingung für kollektives Handeln herzustellen ist – so sei hier noch einmal in Erinnerung gerufen –, hängt wesentlich von zwei Bedingungen ab: Gruppengröße und -heterogenität. Mit wachsender Gruppengröße sinkt die Wahrscheinlichkeit, dass ein einzelnes Mitglied noch gewinnt, selbst wenn es die Kosten allein schultert; mit wachsender Heterogenität[16] steigt die Wahrscheinlichkeit, weil unterstellt wird, dass „große" Mitglieder einen größeren Anteil am Gesamtvorteil für sich reklamieren können, den das Kollektivgut stiftet. Nun konnte aber in der vorangegangenen empirischen Analyse belegt werden, dass es insbesondere größere Verbände sind, die ihre Mitglieder einem egalitären Stimmrechtsregime unterwerfen. Wenn also – wie Olson unterstellt – die Heterogenität der vertretenen Mitgliederinteressen (neben der Bereitstellung von Clubgütern) eine der Voraussetzungen dafür ist, dass die Bereitstellung von

15 In einem solchen Szenario bliebe den „Großen und Starken" kaum mehr als die „Exit-Option", also der Austritt aus dem Arbeitgeberverband. Natürlich bietet auch ein solcher angedrohter Austritt ein nicht unerhebliches Drohpotential, da er im Zweifelsfalle durch Beitragsentzug die wirtschaftliche Basis des Verbandes gefährden kann.

16 Olson spricht von großer Heterogenität in Bezug auf die ungleiche „Größe" oder verschieden starke Interessen der Mitglieder (Olson 1998: 33).

Kollektivgütern in Großgruppen überhaupt erfolgen kann, so ist nur schwer verständlich, warum ausgerechnet in diesen Großgruppen die Gleichmacherei besonders ausgeprägt ist. Über das in Großorganisationen besonders verbreitete Stimmrechtsregime des „Eine Stimme pro Mitglied" werden große und starke Mitglieder der Möglichkeit beraubt, durch innerverbandliche Absicherung ihrer Stärke einen privilegierten Zugriff auf Entscheidungen darüber zu sichern, wie und vor allem welche Kollektivgüter bereitgestellt werden. Heterogene Ausgangsinteressen werden somit in ihrem Zugriff auf die Bereitstellung von Kollektivgütern homogenisiert. Dies schließt nun nicht pauschal aus, dass sich diese („Groß"-)Mitglieder weiterhin einen vergleichsweise bedeutenden Anteil am Gesamtvorteil sichern, der es weiterhin vorteilhaft erscheinen lässt, im Zweifelsfall die gesamten Kosten selbst zu tragen. Das Problem ist nur: Es liegt nun nicht mehr in ihrer eigenen Hand, diesen Zugriff sicherzustellen.

5.4 Aktivierung

Wie im vorangegangenen Abschnitt bereits angedeutet wurde, ist es für die innerverbandliche Bearbeitung von Interessen nicht nur von Bedeutung, inwieweit Interessen mit formaler Stimmmacht ausgestattet werden. Für die kollektive Interessenvertretung im wie auch durch den Verband spielt es ebenso eine Rolle, inwieweit die einzelnen Mitglieder auch als solche aktiv in Erscheinung treten. Insofern stellt eine große Zahl inaktiver Mitglieder, so genannter „Karteileichen", immer zugleich Chance und Risiko für jeden Verband dar. Eine Deaktivierung der Mitglieder kann zumindest aus der Perspektive der Verbandsführung positiv erscheinen, indem sie deren Handlungsspielraum erweitert und somit die Vertretung einer einheitlichen Verbandspolitik nach außen vom störenden Einfluss abweichender Interessen aus den Reihen der Mitglieder entlastet. Auf der anderen Seite ist eine Deaktivierung gleichermaßen auch als Risiko zu verstehen, denn passive Mitglieder dürften in der Regel nicht bereit sein, auf dem Wege von Eigenarbeit und Engagement zusätzliche Verbandsressourcen bereitzustellen und darüber hinaus die Ziele des Verbandes nach außen hin tatkräftig zu unterstützen. Eine Aktivierung oder Deaktivierung ist zunächst einmal abhängig vom jeweiligen Selbstverständnis der Verbandsführung und der Mitglieder. Wie die Debatte um Michels Oligarchiethese gezeigt hat (siehe Kap. 3), ist weder ein Grundbedürfnis der Mitglieder nach weitgehender Teilhabe noch ein zwingendes Kontrollbedürfnis der Führung quasi als anthropologische Konstante zu unterstellen. Blümle hat darauf hingewiesen, dass neben den quasi-oligarchisierten Verbänden eines „leistungsaktiven Typ mit beschränkter Mitgliederaktivität" ein „mitgliederaktiver Typ" sowie ein „Typ simultaner Leitungs- und Mitgliederaktivität" anzutreffen sind (Blümle 1965: 341). Das Niveau der Mitgliederaktivität bestimmt sich hierbei nicht allein durch subjektive und objektive Ursachen, welche beim Mitglied selbst oder in der Verbandsumwelt zu suchen sind, sondern auch dadurch, ob die Verbandsleitung bereit ist, die Mitgliederaktivität gezielt zu fördern (ebd.: 342).[17] Eine solche Förderung kann durch organisatorische Maßnahmen erfolgen (Adels 1969: 30); in diesem Sinne schließt Aktivierung (oder Deaktivierung) an Aspekte der Gewichtung an. Während die Gewichtung etwas darüber aussagt, inwieweit vertretungswillige Interessen zum Zuge kommen, verweist die Ebene der Aktivierung auf die Frage, inwieweit eine Vertretungswilligkeit strukturell hergestellt und unterstützt wird.

Eine aktive Teilhabe am Verbandsgeschehen wird strukturell dadurch gefördert, dass Teilhabegelegenheiten und -anlässe geschaffen werden. Eine Teilhabe kann, wie in Abschnitt 5.3 bereits ausgeführt, über den Verzicht auf Möglichkeiten der Stimmrechtsübertragung unterstützt werden, aber auch durch die Einrichtung von Ausschüssen und Beiräten. Solche Gremien bieten den Mitgliedern einen über den Kreis der gewählten und hauptamtlichen Verbandsfunktionäre hinausgehenden direkten Zugang zu relevanten Informationen und – sofern diese Gremien als Beschlussgremien konstituiert wurden – eine Option zur weiteren Mitgestaltung der Verbandspolitik.[18]

Dass eine solche Aktivierung, wenn sie denn erst einmal angestoßen wurde, durchaus eine gewisse Eigendynamik entfalten kann, soll am Beispiel des folgenden Falls verdeutlicht werden.

Ein Arbeitgeberverband aus dem Bereich der verarbeitenden Industrie (611) unterhält schon aus purer Notwendigkeit enge Beziehungen zu staatlichen Stellen und Ämtern, schließlich befindet sich ein beträchtlicher Teil der zu verarbeitenden Rohstoffe in Staatsbesitz bzw. wird durch die entsprechenden Ämter verwaltet. So gehörte es in den 1980er Jahren zur Praxis des Verbandes, einmal pro Jahr eine zweitägige Fahrt mit Vertretern der Verwaltung durchzuführen, in deren Verlauf wichtige Probleme der Branche erörtert wurden. Wer aber genau sollte an dieser Fahrt teilnehmen? Im Rahmen einer Mitgliederversammlung kam es hierüber zu einer offenen Auseinandersetzung. Aus den Reihen der Mitglieder wurde die Frage aufgeworfen, warum von Seiten des Verbandes lediglich Vertreter des Vorstandes und des Beirates an der Fahrt teilgenommen hätten und warum nicht alle Mitglieder im Vorfeld informiert worden seien. Ein Mitglied des Vorstandes nahm Stellung: Ein kleinerer Kreis von Teilnehmern sei sinnvoller, schließlich bestehe der Sinn und Zweck der Reise in der Herstellung eines engen Kontakts zu den Herren der Verwaltung. Im Übrigen habe die Fahrt

17 Ein Konzept zur Messung der Mitgliederaktivität findet sich in einem späteren Aufsatz Blümles (1980).

18 Nach Schmölders (1965: 110) sind Ausschüsse auch der Ort, an dem Meinungsverschiedenheiten am intensivsten ausgetragen werden.

einen eher privaten Charakter gehabt, denn schließlich seien die Kosten auch von den teilnehmenden Personen selbst übernommen worden. Diese Ausführungen sowie weitere Informationen zu der Fahrt im Allgemeinen und der Problematik des Borkenkäferbefalls im Besonderen vermochten die aufrührigen Mitglieder nicht zu besänftigen. Schließlich wurde aus den Reihen der Mitgliederversammlung der Antrag gestellt, zukünftig alle Verbandsmitglieder zur Teilnahme an der Fahrt einzuladen. Nur mit Müh und Not rettete sich der Vorstand über die Runden, indem er sich formal auf die abgelaufene Antragsfrist berief, welche eine Beschlussfassung zu diesem Thema im Rahmen der aktuellen Mitgliederversammlung nicht mehr zulasse (Protokoll der Mitgliederversammlung vom 29.09.1988).

Wie an diesem Beispiel deutlich wird, ist die Aktivierung auch deshalb von großem Interesse für die Verbandsmitglieder selbst, weil neben der Frage nach dem Niveau der verbandlichen Aktivitäten und nach deren Durchschlagskraft immer auch der Aspekt der Waffen- und Wettbewerbsgleichheit der Mitglieder auf der Tagesordnung steht. Wie schon im Kontext der Interessenisolierung ausgeführt wurde, achten die Verbandsmitglieder eifersüchtig darauf, im Zuge der verbandlichen Interessenpolitik nicht übervorteilt zu werden, sind doch Verbandsmitglieder immer auch (potentielle) Konkurrenten auf umkämpften Arbeits- und Produktmärkten. Demzufolge ist die regelbasierte Aktivierung immer auch als Strategie zu verstehen, Mitglieder im verbandlichen Ehrenamt zu kontrollieren und damit zu verhindern, dass sich diese für ihre eigenen Unternehmen eine privilegierte Wettbewerbsposition verschaffen. In diesem Sinne verknüpft der Begriff der „Aktivierung“ zwei zentrale Aspekte miteinander. Zum einen bedeutet er die strukturell hergestellte Mobilisierung von Mitgliedern aus dem Status der Inaktivität hin zu einer größeren Beteiligung am Verbandsleben; „Beteiligung“ in diesem Sinne ist nicht nur zu verstehen als Teilhabe an wichtigen Entscheidungen, sondern ebenso als Mobilisierung von zusätzlichen Ressourcen für die Verbandsarbeit. Zweitens beinhaltet eine strukturelle Aktivierung aber auch die Auferlegung von Regeln, die dafür sorgen sollen, dass die durch eine Aktivierung erfolgte Mobilisierung von Mitgliedern in geregelten Bahnen verläuft. Solche Regeln sollen letztlich dafür sorgen, dass das durch Interessenisolierung hergestellte, fragile Gleichgewicht zwischen zu repräsentierenden und bewusst ausgeklammerten Interessensphären nicht gefährdet wird.

5.4.1 Stehende Ausschüsse

Stehende Ausschüsse bieten die Gelegenheit, Mitglieder über die im jährlichen oder gar im zweijährlichen Rhythmus stattfindenden Mitgliederversammlungen hinaus aktiv in die Gestaltung der verbandlichen Politik einzubeziehen. Zwar ist nicht völlig auszuschließen, dass mancher Ausschuss lediglich der Schaffung einer Teilhabeillusion dient, ohne einen nennenswerten Einfluss auf die Grundlinien der Verbandspolitik ausüben zu können; insbesondere für bestehende Tarifausschüsse und -kommissionen kann jedoch unterstellt werden, dass eine aktive Teilhabe von den Mitgliedern eingefordert wird. Darüber hinaus ist angenommen worden, dass Ausschüsse zur besseren Verbreitung von Informationen führen und außerdem dafür sorgen, dass Mitglieder relevante Informationen früher bekommen (Scherzinger 1978: 23). Wie der Geschäftsführer eines Industrieverbandes erster Ordnung (36) im Interview verriet, geht die konkrete Besetzung eines Ausschusses sogar über reine Aktivierung hinaus, indem sie bewusst darauf setzt, Klein- und Mittelbetriebe aktiv in die Gestaltung der Tarifpolitik einzubeziehen.

> „Wir sehen auch zu, dass in diesem sozialpolitischen Ausschuss nicht nur die Großen sind, sondern auch tatsächlich die Kleinen und Mittleren zu Wort kommen, sodass die nicht hinterher sagen können, wir fühlen uns über den Tisch gezogen." (Interview 11.03.1999; S. 3)

In der nun folgenden Analyse wurden Satzungsvorschriften über stehende Ausschüsse ausgewertet. Hierbei wurden nur solche Gremien berücksichtigt, die auf einer Soll-Vorschrift beruhen. Schlichte Ermächtigungsvorschriften, wonach Vorstände oder Präsidien solche Ausschüsse einrichten können, wenn sie es wünschen (Kann-Vorschriften), wurden zwar erfasst, jedoch bei dieser Auswertung nicht weiter berücksichtigt; es wird hier darauf abgestellt, dass eine Aktivierung strukturell unterstützt und nicht in das Belieben der handelnden Verbandsfunktionäre gestellt wird. Wie in Tabelle 5.7 dargestellt, spielen Ausschüsse insbesondere bei Verbänden von Verbänden eine herausragende Rolle: Während bei den Verbänden erster Ordnung knapp 63% derartige Gremien vorsehen, trifft dies für 85,7% der Verbände von Verbänden zu.

Vergleicht man die Verbreitung von Ausschüssen über die einzelnen Größenklassen der Verbände hinweg, so ergeben sich weder für den Bereich der Verbände von Verbänden noch für die Verbände erster Ordnung interpretierbare Unterschiede. Die in der Tabelle gemachten Angaben sind insofern recht unspezifisch, als sie nicht zwischen unterschiedlichen Arten von Ausschüssen differenzieren. So geht die Satzungsvorschrift zur Einrichtung eines Rechnungsprüfungsausschusses mit dem gleichen Gewicht in die Analyse ein wie z.B. die Verbandspflicht zur Einrichtung einer Tarifkommission. Um in dieser Hinsicht Verzerrungen zu vermeiden, werden in der Tabelle 5.8 Angaben zu Tarifausschüssen/Tarifkommissionen und anderen Ausschüssen getrennt ausgewiesen. Für die Tarifausschüsse ergibt sich folgendes Bild: Am weitesten sind solche Gremien in hybriden Verbänden verbreitet, gefolgt von Verbänden erster Ordnung. Mit 51% finden Tarifkommissionen bei den Verbänden von Verbänden die geringste Verbreitung, was die noch bei der Analyse aller Ausschüsse (Tab.

5.8) festgestellte Reihenfolge auf den Kopf stellt. Die Ursache für diese (geringfügig) schwächere Verbreitung von Tarifkommissionen bei Verbänden höherer Ordnung dürfte in der besonderen Definition des „Arbeitgeberverbandes“ zu suchen sein. Wie in Kapitel 1 näher ausgeführt, werden im vorliegenden Datensatz Verbände dann als Arbeitgeberverbände definiert, wenn sie selbst Tarifpolitik betreiben und/oder die Tarifpolitik der Mitglieder koordinieren. Bei einer Reihe von Verbänden höherer Ordnung liegt gemäß der Satzung zwar eine Koordinierungsfunktion vor, das eigentliche Tarifgeschäft wird allerdings direkt von den Mitgliedsverbänden betrieben.

Tab. 5.7: Verbände mit mindestens einem festen Ausschuss

	Gesamtfallzahl	Prozent mit festem Ausschuss
Verbände von Verbänden	49	85,7
Verbände erster Ordnung	233	62,7
Hybride Verbände (erster und höherer Ordnung)	74	71,6
Gesamt	*356*	*67,7*

Quelle: WSI-Datenbank Arbeitgeberverbände (2006)

Tab. 5.8: Verbände mit festem Tarifausschuss oder anderem Ausschuss

	Prozent mit festem Tarifausschuss	Prozent mit anderem Ausschuss
Verbände von Verbänden	51,0	67,3
Verbände erster Ordnung	54,1	27,7
Hybride Verbände (erster und höherer Ordnung)	56,8	39,2
Gesamt	*54,2*	*35,5*

Quelle: WSI-Datenbank Arbeitgeberverbände (2006)

Da in einer Vielzahl der Fälle eine Tarifkommission zur Unterstützung der eigentlichen Tarifpolitik und zur Autorisierung der tariflichen Entscheidungen in direkter Auseinandersetzung mit den Gewerkschaften gebildet wird, liegt es auf der Hand, dass das Schwergewicht der Ausschussbildung eher auf den Verbänden erster Ordnung liegt. Wie die Daten deutlich belegen, kommen alle weiteren Ausschüsse besonders häufig bei den Verbänden von Verbänden vor; während nicht einmal ein Drittel der Verbände erster Ordnung solche Ausschüsse satzungsmäßig vorsieht, trifft dies für mehr als zwei Drittel der Verbände höherer

Ordnung zu. Bei aller gebotenen Vorsicht lassen sich die Daten dahingehend interpretieren, dass eine größere Distanz zwischen der verbandlichen Organisation und den Unternehmensinteressen als konstituierende Basiseinheit der Arbeitgeberverbände mit einer stärkeren Verankerung der Interessenaktivierung durch die Verbandssatzungen assoziiert werden kann.

Wie die folgende Analyse zeigt, ist die Frage, ob ein Verband Interessenaktivierung über das Instrument der Ausschüsse betreibt, nicht einfach auf die Anzahl der organisierten Mitglieder zurückzuführen. Es liegt die Annahme nahe, Arbeitgeberverbände würden Ausschüsse immer dann vorsehen, wenn die Mitgliederzahl einen unmittelbaren Kontakt zwischen Verbandsführung und Mitgliederbasis nicht mehr praktikabel erscheinen lässt. Um diese Hypothese zu testen, wurden für alle Verbandstypen die Angaben zur Mitgliederzahl zusammengeführt, unabhängig davon, ob es sich bei den Mitgliedern um Verbände oder Individuen handelt. Wie die Tabelle 5.9 ausweist, ist ein durchgängiger Größen- bzw. „Komplexitätseffekt" nicht festzustellen. Während Vorschriften zur Einrichtung eines Tarifausschusses mit einer vergleichsweise größeren Mitgliederzahl in Verbindung gebracht werden können, verhält es sich bei den anderen Ausschüssen genau entgegengesetzt. Der Median der Mitgliedszahlen (Verbände oder Unternehmen) liegt in der Gruppe der Arbeitgeberverbände mit einem solchen Ausschuss bei 60, ohne Ausschuss aber bei 116,5.

Tab. 5.9: Ausschüsse auf Grundlage einer Soll-Vorschrift in der Satzung: Mitgliederzahlen aller Verbände (Median)

	Tarifausschuss	weitere Ausschüsse
Mit Ausschuss	100,0	60,0
Ohne Ausschuss	80,0	116,5
Gesamt	*98,0*	*98,0*

Quelle: WSI-Datenbank Arbeitgeberverbände (2006)

5.4.2 Ausschüsse und Arbeitskreise in der Praxis

Die vorangegangene Analyse hat sich auf die Einrichtung solcher Ausschüsse konzentriert, die auf einer Soll-Vorschrift in der Verbandssatzung beruhen. Wie bereits angedeutet wurde, charakterisiert dies ein absolutes Minimum solcher Gremien; die Mehrzahl der Verbandssatzungen autorisiert die jeweiligen Führungsgremien, weitere Ausschüsse und Arbeitsgruppen einzurichten, falls dies gewünscht wird. Zu welchen Anlässen und Themen (außerhalb der Tarifpolitik) solche Gremien gegründet werden, geht aus Angaben hervor, die durch die Auswertung von Geschäftsberichten sowie Internetauftritten der Verbände gewonnen wurden. Die Ausschüsse können auf Grundlage einer Soll-Vorschrift der jeweiligen Verbandssatzung gebildet worden sein, es kann sich aber auch um „freiwillig" eingerichtete Gremien handeln. Insgesamt wurden für 59 Verbände Angaben über Ausschüsse erfasst. Im Durchschnitt richtete jeder Verband, für den solche Angaben vorlagen, 3,2 Ausschüsse ein. Wie die Tabelle 5.10 zeigt, sind Ausschüsse, die sich spezifischen Fragen und Problemen der Branche zuwenden, am weitesten verbreitet, gefolgt von Ausschüssen zur Berufsbildung.

Tab. 5.10: Themen der Ausschüsse und Arbeitskreise

Zuständigkeit des Ausschusses/ Arbeitskreises	Prozent Ausschuss	Prozent Arbeitskreis
Branchenfragen	40,7	49,2
Berufsbildung	35,6	15,3
Arbeit & Soziales	32,2	1,7
Betriebswirtschaft	20,3	6,8
Umwelt	16,9	15,3
Steuern	8,5	3,4
Arbeitsrecht	1,7	8,5
Sonstiges	76,3	74,6

Quelle: WSI-Datenbank Arbeitgeberverbände (2006)

Wie breit die Themenpalette der Ausschüsse ist, wird aus den häufigen Nennungen in der Kategorie „Sonstiges" deutlich. Mehr als drei Viertel aller Verbände, für die auswertbare Angaben vorlagen, verfügen über mindestens einen solchen Ausschuss. Innerhalb dieser Kategorie finden sich entsprechende Gremien für Öffentlichkeitsarbeit, Verbandsfinanzen, Technikanwendung, aber auch für Europapolitik und Marketing. Es überrascht, dass Fragen des Arbeitsrechts ausgesprochen selten im Rahmen eines besonderen Ausschusses aufgegriffen werden. Offensichtlich begnügen sich die allermeisten Verbände damit, arbeitsrechtliche Beratung und Prozessvertretung über ihr hauptamtliches Fachpersonal anzubieten; eine darüber hinausgehende Erörterung arbeitsrechtlicher Fachfragen, die jenseits des Einzelfalls Aktualität erlangen, scheint nur von wenigen Verbänden gewünscht zu werden. Der mit der rechtlichen Regelung des Arbeitsverhältnisses verbundene Interessengehalt soll, so ist zu vermuten, insofern von der verbandlichen Vertretungsdomäne isoliert werden, als er in die Sphäre des „interessenneutralen" hauptamtlichen Personals überführt wird.

In der Tabelle 5.10 werden ebenso die Themenbereiche der verbandlichen Arbeitskreise benannt. Angaben zu Arbeitskreisen konnten für ebenfalls 59 Verbände gewonnen werden, wobei es zwar beachtliche Schnittmengen, aber keine vollständige Übereinstimmung mit jenen Verbänden gibt, für die Informationen zu Ausschüssen ausgewertet werden konnten. Arbeitskreise beruhen zumeist nicht auf Autorisierungen in der Satzung, stellen aber neben den Ausschüssen ein gewichtiges Instrument zur Mitgliederaktivierung dar. Im Vergleich zu den Ausschüssen werden die Themenfelder Berufsbildung, Arbeit & Soziales und Betriebswirtschaft deutlich seltener, das Feld Arbeitsrecht (8,5%) hingegen etwas häufiger bearbeitet.

5.4.3 Interessenaktivierung und Vetopunkte

Allein durch eine Aktivierung der Mitglieder werden diese sicherlich nicht mit neuen Möglichkeiten ausgestattet, innerverbandliche Vetopunkte zu beanspruchen. Der partizipative Gehalt der Mitgliederaktivierung besteht darin, dass bereits existierende Möglichkeiten der strukturellen Beeinflussung von Verbandspolitik Anwendung finden. So wirkt sich die Aktivierung der Mitglieder positiv aus, indem diese besser informiert und auch involviert werden, d.h. über Verbandsausschüsse einen besseren Zugang zu Informationen über die Verbandspolitik erhalten bzw. in Entscheidungen einbezogen werden. Ausschüsse beziehen neben Mandatsträgern weitere Mitglieder direkt in die Verbandsarbeit ein; wie insbesondere am Beispiel der Tarifausschüsse und Tarifkommissionen deutlich wird, fungieren sie zum Teil sogar als Beschlussgremien, denen die autonome Regelungskompetenz für ein bestimmtes Themenfeld zugewiesen wird.

Bei der vorangestellten Analyse ist zunächst aufgefallen, dass sich Arbeitgeberverbände recht deutlich in ihrer Bereitschaft unterscheiden, stehende Ausschüsse einzurichten und somit ihren Mitgliedern neben den regelmäßigen Mitgliederversammlungen eine weitere Form der direkten Teilhabe an der Verbandspolitik zu ermöglichen. Die Auswertung belegt, dass Ausschüsse nicht einfach als ein Instrument zur Reduktion von Komplexität dienen, zumindest nicht, insoweit sich Komplexität in einer großen Anzahl von Mitgliedern ausdrückt. Wohl aber gibt es Hinweise darauf, dass außerhalb des Themenfeldes der Tarifpolitik Ausschüsse dann häufiger vorgesehen sind, wenn die Interessen von Unternehmen selbst nur mittelbar vertreten werden. So sehen die Satzungen von Verbänden höherer Ordnung wesentlich häufiger solche Ausschüsse vor als bei solchen Verbänden, die Unternehmen organisieren.

5.5 Schlichtung

Organisationen beeinflussen schließlich die Interessen ihrer Mitglieder, indem sie dazu beitragen, auftretende Interessengegensätze auszubalancieren bzw. aus Interessengegensätzen resultierende Konflikte zu bewältigen. Von Bedeutung sind an dieser Stelle nicht primär Interessengegensätze, die zwischen dem Verband als Tarifvertragspartei und den Gewerkschaften erwachsen, sondern solche zwischen Mitglied und Verband bzw. zwischen einzelnen Mitgliedern. Solche „Konflikte innerhalb einer Klasse“ resultieren zwar zum Teil aus Konfliktanlässen außerhalb der Organisation, treten aber in der Organisation selbst in Erscheinung und werden auch dort bearbeitet. Wie Walton/McKersie (1993: 282ff.) deutlich gezeigt haben, kann es sowohl innerhalb der Gewerkschaftsorganisation als auch bei Arbeitgebern zu einem „boundary conflict“ oder einem „factional conflict“ kommen, wobei ein „boundary conflict“ an der Schnittstelle zwischen der eigenen Organisation und dem Verhandlungsgegner entsteht, während ein „factional conflict“ das Ergebnis einander widersprechender Ziele und Auffassungen innerhalb der eigenen Organisation ist.

Im Resultat führt die innerverbandliche Interessenschlichtung entweder zu einer „Vorfahrtsregel“, bei der sich bestimmte Interessen auf dem Ausschlusswege gegenüber anderen durchsetzen, oder zu einer Verhandlungslösung auf dem Wege des innerorganisatorischen Bargaining. Schlichtung als Form der Interessenbearbeitung setzt somit erst an einem Punkt an, an dem die Mitgliederinteressen bereits vorgefiltert wurden, d.h. wirkliches Konfliktpotential im Vorfeld reduziert wurde. So sorgen insbesondere personale und regelbasierte Interessenisolierung dafür, dass bestimmte Konfliktfelder und -anlässe abgekapselt werden. Was dann noch an Konflikten übrigbleibt, wird in Form von „due process norms“ (Groser 1979: 143) einem konfliktregulierenden Verfahren anvertraut.

Zur produktiven Bearbeitung der Interessengegensätze bietet eine Reihe von Verbänden strukturelle Lösungen in Form besonderer Gremien und formalisierter Prozeduren zur Konfliktschlichtung an; solche Gremien firmieren als Schiedsgerichte, Ehrengerichte, Ehrenräte, Wettbewerbskommissionen, Verbandsgerichte oder Ältestenräte. Die genauen Kompetenzen und Durchgriffsmöglichkeiten dieser Gremien variieren in der Praxis sehr stark. Schiedsgerichte basieren oft auf besonderen Schiedsgerichtsordnungen, die Teil der Satzung sind, und orientieren sich in ihrer Technik der Rechtsfindung an der Zivilprozessordnung. Schiedsgerichtsverfahren finden für die seitens der Schiedsgerichtsordnung bestimmten Konfliktfelder und unter Ausschluss des Rechtsweges statt; damit bilden solche „Privat-Gerichte“ das Kernstück einer autonomen eigenen Verbandsgerichtsbarkeit, die unabhängig vom öffentlichen Gerichtswesen etabliert wurde. Insbesondere bei der Feststellung eines Fehlverhaltens eines Mitglieds gegenüber dem Verband sind einige Schiedsgerichte mit fein differenzierten Sanktionsmöglichkeiten ausgestattet. So verfügt beispielsweise das Verbandsgericht (Tarifgericht) eines Verbandes aus dem Handel (374) über die Möglichkeit, im Falle von Verstößen gegen tarifpolitische Koordinierungsbeschlüsse Geldbußen zu verhängen, den Verlust von Ehrenämtern zu beschließen, Rügen auszusprechen oder das Stimmrecht in verschiedenen Verbandsgremien zu suspendieren. Ähnlich verhält es sich bei einem Verband aus der Zeitungsbranche (774). Hier gehören Rügen, Verlust von Ehrenämtern und letztlich der Verbandsausschluss zu den

Sanktionsmöglichkeiten. Ein Verband aus dem Dienstleistungsbereich stützt sich im Wesentlichen auf Bußgelder, welche (Ende der 1990er Jahre) eine maximale Höhe von 50.000,– DM erreichen konnten. Teils ähnlich hohe Bußgelder finden sich in den Satzungen von Verbänden der Bauwirtschaft (586 und 270) und der Bekleidungsindustrie (300). Neben reinen Satzungsverstößen im engeren Sinne finden sich Zuständigkeiten der Schiedsgerichte für Fragen der Berufsausbildung und der daraus resultierenden Konflikte, der Abwerbung von Arbeitnehmern (113) sowie der Gewährung übertariflicher Löhne oder besserer Arbeitsbedingungen zugunsten einzelner Beschäftigter (737).

Trotz aller Unterschiede im Detail in Bezug auf die zu regelnden Konfliktgegenstände sowie die verfügbaren Sanktionen zeigt sich schon hier der doppelte Charakter von Schiedsgerichten. Zum einen sorgen solche Gerichte für eine Isolierung des Verbandes und der darin vertretenen Interessen gegenüber der Verbandsumwelt, insbesondere gegenüber der „öffentlichen" Gerichtsbarkeit. Durch die Unterwerfung unter den Gültigkeitsbereich einer Satzung und die damit verbundene Schiedsgerichtsordnung erkennen Mitglieder an, einen genau geregelten Gegenstandsbereich von Konflikten ausschließlich verbandsintern zu regeln; der Verbandsumwelt wird in dieser Sache Nichteinmischung verordnet. Zum anderen stellen Schiedsgerichte eine Versachlichung und Neutralisierung von innerverbandlichen Konflikten her. Versachlichung bedeutet, dass Konflikte in einem genau definierten Verfahren mit festen Regeln und Prozeduren bearbeitet werden. In der Mehrzahl der Fälle gibt es Regeln für die Präsentation von Fakten und Tatbeständen, die Anhörung von Beteiligten, die Zusammenstellung des Schiedsgremiums, die Beschlussfassung, die Dokumentation und schließlich die Anfechtung der gefassten Beschlüsse. Neutralisierung von innerverbandlichen Konflikten bedeutet, dass eine dritte, anscheinend neutrale Instanz neben die Mitglieder und die Verbandsführung (Haupt- und Ehrenamt) tritt, welche die Regelung des Konflikts vom Mitgliedschafts- und Repräsentationsverhältnis loslöst.

5.5.1 Verbreitung von Schiedsgerichten

Wie die Tabelle 5.11 zeigt, werden Schiedsgerichte besonders häufig von Verbänden erster Ordnung eingerichtet.

Knapp ein Drittel dieser Verbände sieht in der Satzung ein solches Schiedsgericht vor, während bei den Verbänden von Verbänden dieser Anteil lediglich 8,2% beträgt. Bei diesen Schiedsgerichten der Verbände von Verbänden dürfte es sich in einer nicht unerheblichen Anzahl um „Berufungsinstanzen" handeln, die zur Überprüfung der Entscheidung der Schiedsgerichte der Verbände erster Ordnung angerufen werden können.

Wie die Tabelle 5.12 belegt, halten sich Unterschiede der Verbreitung von Schiedsgerichten nach Verbandsgröße, hier verstanden als Anzahl der Mitgliedsunternehmen, in engen Grenzen.

Tab. 5.11: Verbreitung von Schiedsgerichten

	Gesamtfallzahl	Anteil mit Schiedsgericht in Prozent
Verbände erster Ordnung	235	32,8
Verbände von Verbänden	49	8,2
Hybride Verbände (erster und höherer Ordnung)	74	23,0
Gesamt	*358*	*27,4*

Quelle: WSI-Datenbank Arbeitgeberverbände (2006)

Tab. 5.12: Prozent der Verbände mit Schiedsgericht nach Anzahl der Mitgliedsunternehmen (n = 200)

Anzahl der Mitgliedsunternehmen	Prozent
1–49	33,3
50–99	33,3
100–499	37,3
500 und mehr	32,0
Gesamt	*34,5*[a]

a – Bezogen auf den gesamten Datensatz sehen 30,5% der Verbände erster Ordnung und hybride Verbände ein Schiedsgericht in ihrer Satzung vor. Die Differenz von vier Prozentpunkten im Vergleich zum hier dargestellten Durchschnittswert erklärt sich durch fehlende Werte (Missings) bei den Angaben zur Mitgliederzahl.

Quelle: WSI-Datenbank Arbeitgeberverbände (2006)

Dieses Ergebnis ist insofern bemerkenswert, als offensichtlich die Notwendigkeit zur Einrichtung eines Instruments zur Konfliktschlichtung innerhalb des Verbandes nicht einfach aus einer scheinbaren Anonymität des Großverbandes resultiert, welche die Konfliktaustragung auf der Ebene des persönlichen Kontaktes zwischen Mitgliedern oder zwischen Mitglied und Verbandsführung schon aus Gründen der Praktikabilität ausschließt. Wie aus der Betriebsratsforschung bekannt ist, sorgen genau solche Mechanismen in Großorganisationen dafür, dass Instrumente der formalisierten Konfliktaustragung wie z.B. die Einigungsstelle in größeren Organisationen (Betrieben) deutlich häufiger genutzt werden als in kleineren (Behrens 2006). Im Bereich der Arbeitgeberverbände müssen andere Faktoren ausschlaggebend sein, die die Verbreitung von Konfliktschlichtungsmechanismen erklären. Zunächst fallen folgende Regelmäßigkeiten auf: Verbände mit Schiedsgericht sind im Durchschnitt fünf Jahre älter als solche ohne geregelte Konfliktschlichtung,[19] kommen im primären Sektor (Bergbau, Landwirtschaft) deutlich seltener vor als im Bereich der industriellen Fertigung oder Dienstleistungen, sind jedoch häufiger dort anzutreffen, wo eine vergleichsweise hohe Statusdifferenzierung der Mitgliedschaft vorgenommen wird, d.h. eine größere Anzahl von unterschiedlichen Mitgliedschaftsformen wie z.B. Gastmitgliedschaften oder Fördermitgliedschaften angeboten wird.

5.5.2 Konfliktschlichtung und Vetopunkte

Prinzipiell lassen sich Schiedsgerichts- und verwandte Verfahren in zweierlei Hinsicht interpretieren: zum einen als formales Instrument in der Hand der Verbandsführung, welches zur Kontrolle und Disziplinierung der Mitglieder genutzt wird. Dies wäre dann anzunehmen, wenn ehren- und/oder hauptamtliche Verbandsfunktionäre den Verlauf und das Ergebnis der Verfahren maßgeblich lenken und beeinflussen können. Am Ende bliebe lediglich ein „Anschein von Neutralität", aber letztlich kein nennenswerter Einfluss des einzelnen Mitglieds auf die Verbandspolitik. Zum anderen können diese Verfahren – wie oben bereits ausgeführt – auch als Mittel der Versachlichung und Neutralisierung von Konflikten angesehen werden, wobei mit dem Schiedsgericht eine neutrale Instanz etabliert wird, welche quasi neben die Verbandsführung tritt. Sind Streitigkeiten erst einmal aus dem Stadium der Latenz herausgetreten, können sie somit einer dritten Instanz neben Mitglied und Führung zur Bearbeitung anvertraut werden.

Welche der beiden Interpretationen zutrifft, lässt sich letztlich nur empirisch klären.

Hinweise darauf, inwieweit Schiedsgerichtsverfahren Neutralität gewähren oder lediglich eine entsprechende Illusion schaffen, lassen sich aus Beispielen gewinnen, in denen Schiedsgerichtsordnungen Verfahrensregeln niederlegen; vollständige Schiedsgerichtsordnungen liegen für Verbände aus dem Bereich der Industrie (737, 739), der Dienstleistungen (520) und der Bauwirtschaft (173, 823) vor. Trotz etlicher Abweichungen im Detail ergibt sich eine Fülle von Gemeinsamkeiten bei den untersuchten Schiedsgerichtsordnungen. So werden in allen fünf Fällen Konflikte sowohl zwischen Mitglied und Verband als auch unter den Mitgliedern zur Entscheidung durch das Schiedsgericht zugelassen, und ebenso ist ihnen gemeinsam, dass in allen genannten Fällen das Gericht durch bindenden Spruch entscheidet, der auf einer Stimmmehrheit der Gerichtsmit-

19 Dieser Effekt ist auch dann stabil, wenn man die ostdeutschen Verbände ausklammert, welche in ihrer Mehrheit erst nach der Wende gegründet wurden.

glieder basiert. In vier von fünf Fällen ergeht der Spruch unter Ausschluss des Rechtsweges. Die Standardbesetzung eines Schiedsgerichtes beträgt drei Vertreter, wobei eine dieser Personen den Vorsitz wahrnimmt.[20] Für die Neutralität der Schiedsgerichte spricht, dass in allen untersuchten Fällen für die Person des oder der Vorsitzenden die Befähigung zum Richteramt verlangt wird, was letztlich dagegen spricht, dass diese Position aus den Reihen des Vorstandes oder der Geschäftsführung besetzt wird. In zwei Schiedsgerichtsordnungen wird prinzipiell ausgeschlossen, dass Vorstandsmitglieder dem Gericht als Vorsitzende oder Beisitzer angehören, in einem weiteren Fall erfolgt die Benennung der Beisitzer ausschließlich durch die Prozessparteien. In zwei Fällen werden die Beisitzer durch den Vorstand bestimmt. Alle Satzungen regeln recht ausführlich den Fall der Ablehnung von Schiedsgerichtsmitgliedern wegen des Verdachts der Befangenheit, teilweise wird hierbei auf die einschlägigen Vorschriften der Zivilprozessordnung zurückgegriffen.

Insbesondere durch die Neutralisierung der Position des/der Vorsitzenden (auch als Obmann bezeichnet) gewährleisten die untersuchten Schiedsgerichtsordnungen die Unabhängigkeit des Verfahrens gegenüber der gezielten Einflussnahme der Verbandsfunktionäre. In allen Ordnungen fungiert diese Person als steuerndes Zentrum des Verfahrens. Darüber hinaus entscheidet ihre Stimme im Fall von Patt-Situationen im Schiedsgericht.

Über die genannten Regelungen ist die Unabhängigkeit und Neutralität des Verfahrens gewährleistet. Als weiteres Element enthalten alle untersuchten Ordnungen eine Art Schutzmechanismus gegen die Überbeanspruchung der autonomen Verbandsgerichtsbarkeit. Dieser Mechanismus tritt in Form von Regeln zur Begleichung der Verfahrenskosten in Erscheinung. Solche Kosten beinhalten die Aufwendungen für die Honorare der beteiligten Schiedsrichter, insbesondere des Vorsitzenden, ebenso wie für die Anfertigung von Schriftstücken und für die Beweiserhebung (z.B. Ortstermine) und sind gewöhnlich von der unterlegenen Partei zu tragen.[21] Zum Teil müssen Kläger sogar einen Vorschuss auf die Gerichtskosten leisten, bevor das Verfahren überhaupt in Gang kommen kann. Dieses nicht unbeträchtliche Prozesskostenrisiko dürfte letztlich dazu führen, dass Schiedsgerichtsverfahren nicht leichtfertig in Anspruch genommen werden, und somit die Verfahrenshäufigkeit minimieren. Dennoch bleibt festzuhalten: Das Verfahren steht nicht nur dem Verband als Kollektiv, sondern auch den einzelnen Mitgliedern als Ultima Ratio der versachlichten Konfliktbearbeitung zur Verfügung.

---

20 In einem Fall kann das Schiedsgericht bei einem bestimmten Typus von Verfahren von drei auf fünf Personen aufgestockt werden. Hierbei besteht das Gericht aus einem Vorsitzenden, zwei permanenten Beisitzern sowie zwei durch die Prozessparteien vorgeschlagenen Beisitzern.

21 Für den Fall, dass ein Vergleich erzielt wird, sehen zwei Schiedsgerichtsordnungen eine Kostenteilung vor.

6 Unterschiedliche Muster der Interessenbearbeitung

6.1 Differenzierung der Interessenbearbeitung

Wie die vorangegangene Analyse gezeigt hat, unterscheiden sich Arbeitgeberverbände teils beträchtlich in Bezug auf die konkreten Formen und Strukturen, innerhalb derer sie die Interessen ihrer Mitglieder bearbeiten. Solche Strukturen der Interessenbearbeitung leisten weit mehr als eine reine Aggregation der Einzelinteressen der Verbandsmitglieder. Wie für den Bereich der Interessenzulassung gezeigt wurde, unterscheiden sich Verbände deutlich bei der Frage der Ausgestaltung ihrer räumlichen und fachlichen Zuständigkeitsgrenzen ebenso wie bei den Aufnahmekriterien, mit denen sie Mitgliedschaftsaspiranten beurteilen. Während die Variationsbreite bei den Aufnahmevoraussetzungen beachtlich ist, regelt eine überwiegende Mehrheit der untersuchten Verbände das Procedere des Aufnahmeverfahrens recht einheitlich. Über 95% legen das Erstentscheidungsrecht über die Aufnahme neuer Mitglieder in die Hand eines gewählten Gremiums bzw. eines gewählten Funktionsträgers. Eine ähnliche Zweiteilung ist für die Interessenisolierung festzustellen. Während eine regelbasierte Interessenisolierung unter Anwendung von Verschwiegenheitsklauseln recht stark zwischen den Verbänden variiert, findet eine personale Interessenisolierung in der überwiegenden Mehrheit aller untersuchten Verbände statt. So sehen 97% der Satzungen die Funktion einer Geschäftsführung vor; von diesen wiederum fordern mehr als 90% eine systematische Trennung zwischen Haupt- und Ehrenamt ein.

In Fragen der Interessengewichtung wiederum gehen die Verbände recht unterschiedliche Wege. Verbände unterscheiden sich verhältnismäßig deutlich bei der Frage, ob sie eine Gewichtung des Stimmrechts vornehmen bzw. ob sie eine Bündelung solcher Stimmrechte in der Hand eines anwesenden Mitgliedes zulassen. Ähnliches lässt sich für die Interessenaktivierung feststellen, denn Satzungsvorschriften, die einen Verband zur Einführung von Tarif- oder anderen Ausschüssen verpflichten, sind keine Selbstverständlichkeit, sondern unterliegen dem Gestaltungswillen des Verbandes. Schließlich konnte gezeigt werden, dass Interessenschlichtung durch Schiedsgerichte zwar überwiegend der vollständigen Kontrolle durch die Verbandsführung entzogen ist, es aber keineswegs eine ausgemachte Sache ist, ob diese den Mitgliedern überhaupt angeboten wird. Lediglich ein knappes Drittel der untersuchten Satzungen sieht dieses Instrument vor. Die Tabelle 6.1 fasst die Befunde in Bezug auf die zwischenverbandliche Ausdifferenzierung von Strukturen der Interessenbearbeitung zusammen.

Tab. 6.1: Spektrum der Differenzierung bei den Formalstrukturen der Interessenbearbeitung

Formalstrukturen der Interessenbearbeitung	Aspekt	hohe Differenzierung	geringe/keine Differenzierung
Zulassung	Zuständigkeit (räumlich, fachlich)	+	
	Aufnahmeentscheidung		+
	Eintrittsgeld	+	
Isolierung	personal		+
	regelbasiert	+	
Gewichtung	Stimmrecht	+	
	Stimmrechtsübertragung	+	
Aktivierung	Ausschüsse	+	
Schlichtung	Schiedsgericht	+	

So weit belegt die Analyse zunächst einmal, dass es keine universelle Formallogik der Interessenbearbeitung gibt, die Arbeitgeberverbänden quasi durch das Vereinsrecht oder gar durch eine Richtlinienentscheidung der fachübergreifenden Spitzenvereinigung nahegelegt würde. Hierzu ist die Variationsbreite und -tiefe viel zu ausgeprägt. Bis zu diesem Punkt muss allerdings offenbleiben, ob die beobachteten Differenzen zwischen den Verbänden, wie in der ersten Hypothese unterstellt, auf die autonome Gestaltungsmacht und politische Entscheidungen der Verbände selbst zurückzuführen sind oder ob sich in den unterschiedlichen Formalstrukturen der Interessenbearbeitung nicht lediglich äußere Sachzwänge manifestieren, die in Besonderheiten der vertretenen Branchen zu suchen sind. Außerhalb des Verbandes in der Verbandsumwelt angesiedelte Ursachen könnten z.B. sein: der spezifische (internationale) Wettbewerbsdruck, unterschiedliche Größe, Kapitalausstattung und Vernetzung der Unternehmen in einer Branche, stoffliche Besonderheiten des Produktionsprozesses und der zu bedienenden Märkte, Grad der Unterwerfung unter staatliche Regulierung und vieles mehr. Demnach wäre zu erwarten, dass Arbeitgeberverbände zwar auf der Ebene des Gesamtsamples deutliche Unterschiede in den Formen der Interessenbearbeitung aufweisen, diese Unterschiede allerdings auf der Ebene der einzelnen Branche – bzw. der Systeme miteinander in einem Spitzenverband verknüpften Arbeitgeberverbände – drastisch schrumpfen. Dieser Untersuchung von branchenspezifischen Mustern der Differenzierung wird sich die Analyse nun zuwenden.

Die bislang angewendete Branchenklassifikation entlang einer Grobklassifikation mit sieben Kategorien hat zwar den Vorteil, dass sie zumindest in den Kernbereichen ausreichend große Fallzahlen für die Analyse gewährleistet, ist jedoch gerade in den Hauptbereichen „industrielle Fertigung" und „Dienstleistungen" viel zu grob, als dass sie Branchenbesonderheiten zuverlässig abbilden könnte. Eine alternative Strategie könnte nun darin bestehen, eine gebräuchliche Branchenklassifikation wie NACE oder WZ anzuwenden. Ein solches Verfahren würde allerdings letztlich daran scheitern, dass sich Verbände mit breiter fachlicher Mitgliederdomäne (wie z.B. Gesamtmetall) kaum trennscharf einem Branchencluster zuordnen lassen; darüber hinaus verbietet schon die geringe Gesamtfallzahl in der untersuchten Grundgesamtheit eine derart tiefe Ausdifferenzierung. In der Folge wird daher ein Mittelweg zwischen den beiden genannten Strategien beschritten. Die Auswertung wird für die vergleichsweise homogenen Branchenstrukturen der Chemie, der Metallindustrie, des Handels und des Hotel- und Gaststättengewerbes vorgenommen. Mit Ausnahme des Handels handelt es sich hierbei um Branchencluster, die überwiegend einem einheitlichen Verbandssystem zuzurechnen sind und somit die Gewähr dafür bieten, dass die zur Mitgliedschaft zugelassenen Unternehmen aus dem gleichen Branchenbereich stammen, mithin vergleichbaren Umweltbedingungen unterliegen. Mit den resultierenden Fallzahlen zwischen 14 (Gastgewerbe) und 48 Arbeitgeberverbänden (Handel) lassen sich zwar keine wirklich aussagekräftigen Vergleiche der Prozentzahlen durchführen, jedoch sind Aussagen zur Grundtendenz der Differenzierung innerhalb der Branchencluster durchaus möglich.

Wie insbesondere für die Verbreitung von Stimmrechten, Ausschüssen und Schiedsgerichten nachgewiesen werden konnte, spielt die Frage nach der Verbandsdomäne, also die Frage, ob es sich um einen Verband erster oder höherer Ordnung handelt, eine gewichtige Rolle für die Interpretation der Daten. Um diesen Einfluss zu neutralisieren, werden in die folgende Auswertung ausschließlich Verbände erster Ordnung einbezogen, Verbände von Verbänden und hybride Verbände werden also ignoriert. Folglich verringern sich die Fallzahlen innerhalb der einzelnen Branchenbereiche auf das Spektrum von elf bis 29.

In der Tabelle 6.2 werden die Häufigkeiten der vorgestellten Variablen der Formalstrukturen der Interessenbearbeitung nach Branchen differenziert ausgewiesen. Nicht berücksichtigt werden jene Aspekte, für die entweder keine quantifizierbaren Angaben vorliegen (räumlicher und fachlicher Geltungsbereich) oder für die bereits im vorangegangenen Schritt eine nur geringe/keine Differenzierungsfähigkeit festgestellt wurde (Entscheidung über die Verbandsaufnahme, unabhängige Geschäftsführung).

Zunächst einmal weist die Tabelle einige recht deutliche Abweichungen der Branchenhäufigkeiten von den Gesamthäufigkeiten für die untersuchten Verbände auf, die allerdings wegen der nur geringen Fallzahlen zumeist nicht statistisch interpretierbar sind. So treten beispielsweise die beiden in die Analyse einbezogenen Industriebranchen (Chemie und Metall) durch eine überdurchschnittliche Verbreitung von Satzungsvorschriften zur Erhebung von Eintrittsgeldern und Stimmrechtsübertragung in Erscheinung, während sich die beiden Dienstleistungsbranchen (Gastgewerbe, Handel) als sehr zurückhaltend bei der Nutzung gewichteter Stimmrechte erweisen. Diese Aspekte sollen hier zunächst nicht weiterverfolgt werden.

Tab. 6.2: Formalstrukturen der Interessenbearbeitung nach Branche in Prozent (nur Verbände 1. Ordnung)

Formalstruktur	Variable	Gastgewerbe n = 11	Handel n = 29	Metall n = 12	Chemie n = 15	Gesamt n = 235
Zulassung	Eintrittsgeld	18	28	42	47	25
Isolierung	Verschwiegenheitsklausel	0	66	42	47	40
Gewichtung	gewichtetes Stimmrecht	0	7	25	47	16
	Stimmrechtsübertragung gestattet	9	38	83	73	55
Aktivierung	Tarifausschuss	46	62	42	53	54
Schlichtung	Schiedsgericht	18	21	33	7	33

Quelle: WSI-Datenbank Arbeitgeberverbände (2006)

Für die hier interessierende Strategic-choice-Hypothese (Hypothese 1) ist vielmehr der Grad der Differenzierung innerhalb der Verbandssysteme von Interesse. Mit dem Handel, der Metall- und der Chemieindustrie zeigen drei von vier untersuchten Branchen eine recht weitgehende Binnendifferenzierung der Formalstrukturen der Interessenbearbeitung. Lediglich das Gastgewerbe verhält sich bezogen auf die Interessenisolierung und -gewichtung insofern homogen, als alle Verbände vollständig auf die Einführung von gewichteten Stimmrechten und Verschwiegenheitsklauseln verzichtet haben. Sollten die Regeln, mit denen Arbeitgeberverbände die Interessen ihrer Mitglieder bearbeiten, in hohem Maße durch die Verbandsumwelt (oder über den Weg einer Verbandshierarchie durch den jeweiligen Spitzenverband) determiniert werden, so wäre innerhalb der Verbandssysteme eine weitgehend homogene Verbreitung der einzelnen Strukturen zu erwarten gewesen. Die im Gegenteil aber verhältnismäßig große Heterogenität innerhalb der Branchen spricht dafür, dass es gewollte politische Entscheidungen der Verbände selbst sind, die bestimmen, wie ein Verband die Interessen seiner Mitglieder behandelt. Insofern spricht einiges dafür anzunehmen, dass Arbeitgeberverbände nicht einfach Getriebene der jeweiligen (Markt-)Verhältnisse sind, sondern in beachtlichem Maße auch gestalterischen Einfluss nehmen.

6.2 Ausstattung mit Vetopunkten

Es wurde gezeigt, dass Arbeitgeberverbände die Interessen ihrer Mitglieder unterschiedlich bearbeiten. Nun soll Gegenstand der Analyse sein, in welcher Form dies geschieht. Gegen die verbreitete Annahme, Arbeitgeberverbände könnten nur dann effektiv sein, wenn sie ihre internen Entscheidungsprozesse sorgsam oligarchisieren, wurde eingangs (siehe Kap. 3) die Hypothese gestellt, dass solche Verbände ihre Mitglieder durchaus mit Vetopunkten zur Beeinflussung der Verbandspolitik ausstatten, welche sich allerdings in Umfang und Reichweite unterscheiden (Hypothese 2).

Bei der Betrachtung der Strukturen der Interessenbearbeitung wurden nicht nur deren Verbreitung und Wirksamkeit dargestellt; es wurde auch ihre jeweilige Bedeutung für die Gewährung von Vetopositionen für die Mitglieder erörtert. So kommt Mitgliedermacht im Falle der Interessenzulassung dann ins Spiel, wenn Mitglieder höchstpersönlich über die Aufnahme von neuen Unternehmen in den Verband entscheiden können. Dies trifft zwar – wie gezeigt wurde – lediglich für eine Minderheit der Verbände zu, dennoch sollen diese Fälle nicht unterschlagen werden.

Fragen der Interessenisolierung wirken sich nicht direkt auf die Vetoposition des Mitglieds aus, denn unabhängig davon, welche Form der Isolierung angewendet wird, besteht deren Bedeutung in der Abschottung und nicht in der aktiven Teilhabe. Bei der Vergabe von Stimmrechten (Interessengewichtung) konnte gezeigt werden, dass sie sehr wohl mit der Gewährung von Vetopunkten verknüpft ist, insbesondere wenn sie so ausgestaltet ist, dass sie Mitglieder unabhängig von ihrem wirtschaftlichen Potential oder ihrer Größe mit Stimmrechten ausstattet. Im Bereich der Interessenaktivierung wurde ein Zusammenhang zwischen der satzungsmäßigen Verpflichtung zur Einrichtung von Tarifausschüssen und der Involvierung der Mitglieder hergestellt. Schließlich wurde in Abschnitt 5.5 argumentiert, die Bereitstellung eines Schiedsgerichts eröffne den einzelnen Mitgliedern ein von der Verbandsführung unabhängiges Verfahren zur Schlichtung von Interessengegensätzen.

Wie die Tabelle 6.3 zeigt, garantiert die überwiegende Mehrzahl der untersuchten Arbeitgeberverbände den eigenen Mitgliedern mindestens einen Vetopunkt.[1] Lediglich 6,6% der untersuchten Satzungen räumen keinerlei Vetopunkte ein, d.h. zentralisieren die Aufnahmeentscheidungen beim Vorstand oder Geschäftsführer, verwehren den Mitgliedern das gleiche Stimmrecht und sorgen nicht für die Einrichtung eines Schiedsgerichtes oder Tarifausschusses. Es fällt ins Auge, dass es hier zu Häufungen im Bereich der nordrhein-westfälischen Regionalverbände aus dem Bereich der Industrie sowie bei bundesweiten Arbeitgeberverbänden des Bergbaus kommt; neun von 14 Fällen gänzlich ohne jeden Vetopunkt gehen auf das Konto dieser beiden Gruppen. Verbände mit drei Vetopunkten – als der Kategorie mit den häufigsten Nennungen – finden sich auffällig häufig in der Bauwirtschaft und sind in den Branchenclustern Hand-

1 Wie schon bei den vorangegangenen Analysen wurden aus den genannten Gründen auch hier nur Verbände erster Ordnung in die Analyse einbezogen.

werk, Bergbau, Landwirtschaft sowie bei den gemischten Verbänden überhaupt nicht vertreten.

Tab. 6.3: Anzahl der Vetopunkte pro Verband

Anzahl Vetopunkte	Fallzahl	Prozent
1	64	30,3
2	95	45,0
3	38	18,0
Keine	14	6,6
Gesamt	*211*	*100*[a]

Mittelwert: 1,74; Standardabweichung: 0,83

a – Rundungsbedingt kann die Summe der in den Spalten ausgewiesenen Prozentzahlen von 100 abweichen.

Quelle: WSI-Datenbank Arbeitgeberverbände (2006)

Im Durchschnitt räumen die untersuchten Verbände erster Ordnung ihren Mitgliedern 1,7 Vetopunkte ein, wobei, wie Tabelle 6.4 zu entnehmen ist, die unterschiedlichsten Kombinationen Verbreitung gefunden haben. Die Gewährung einer egalitären Stimmrechtsverteilung in Kombination mit einer Vorschrift zur Einrichtung einer Tarifkommission kommt hier am häufigsten vor, gefolgt von der Stimmrechtsverteilung als alleinigem Vetopunkt. Die Kombination von Stimmrecht, Tarifkommission und Schiedsgericht ist immerhin noch in 18% der Verbände zu finden, gefolgt von der Verbindung Stimmrecht und Schiedsgericht in gut elf Prozent der untersuchten Satzungen.

Größeneffekte, die auf die Anzahl der Mitgliedsunternehmen zurückgeführt werden könnten, sind statistisch nicht zu interpretieren und teils widersprüchlich. Die Korrelation (Pearsons r) zwischen der Anzahl der Vetopunkte und der Mitgliederzahl ist bei Verbänden erster Ordnung negativ, aber nicht signifikant. Gruppiert man die Verbände in vier Größenklassen, so weisen die beiden oberen Größenklassen (100 bis 499 sowie 500 Mitglieder und mehr) im Vergleich zu den „Kleinverbänden" leicht erhöhte Mittelwerte für die Anzahl der Vetopunkte auf, diese Unterschiede sind aber wiederum nicht statistisch interpretierbar.

Insgesamt verweisen die Ergebnisse darauf, dass sich Arbeitgeberverbände in Bezug auf ihre Grundausstattung mit Vetopunkten sehr deutlich unterscheiden. Nur eine absolute Minderheit der untersuchten Verbände verzichtet gänzlich auf Vetopunkte; darüber hinaus gehen die Zugriffsmöglichkeiten des Einzelmitgliedes unterschiedlich weit. So garantiert zwar knapp die Hälfte der untersuchten Verbände erster Ordnung eine recht wirkungsvolle Kombination aus tarifpolitischer Aktivierung und egalitärem Stimmrecht (Kombinationen S+TK und S+TK+SG), die andere Hälfte reicht hier jedoch nicht heran. Für die in

Hypothese 2 unterstellte Unterschiedlichkeit in der Ausstattung von Arbeitgeberverbänden mit Vetopunkten sprechen also nicht nur die abweichenden Gesamtzahlen der Vetopunkte, sondern auch die qualitativ recht unterschiedlichen Kombinationen. Letztere deuten auf differenzierte Strategien im Arbeitgeberlager, mit deren Hilfe Teilhaberechte des einzelnen Mitgliedes im Spiel gehalten werden.

Tab. 6.4: Kombinationen von Vetopunkten in Arbeitgeberverbänden

Kombination Veto-instrumente	Fallzahl	Prozent
S + TK	60	28,4
S	50	23,7
S + TK + SG	38	18,0
S + SG	24	11,4
TK	10	4,7
TK + SG	6	2,8
SG	4	1,9
A + S	4	1,9
A + TK	1	0,5
Keine	14	6,6
Gesamt	*211*	*100*[a]

a – Rundungsbedingt kann die Summe der in den Spalten ausgewiesenen Prozentzahlen von 100 abweichen.

S: Stimmrecht SG: Schiedsgericht
TK: Tarifkommission A: Aufnahme

Quelle: WSI-Datenbank Arbeitgeberverbände (2006)

6.3 Vetopunkte und Verbandspolitik

Gemäß der Hypothese von der „Quasi-Partizipation" (Kap. 3) wäre zu erwarten, dass Verbände nur dann die Interessen ihrer Mitglieder effektiv vertreten können, wenn sie deren Entscheidungsspielraum wirksam einschränken. Zugespitzt formuliert bedeutet diese Hypothese, dass eine effektive Vertretung von Interessen nur dann möglich ist, wenn diese als abstrakte Kategorie von den Interessenträgern losgelöst und in organisierter Form verselbstständigt werden. Partizipation würde demnach die Handlungsfähigkeit der Verbandsführung beeinträchtigen und damit den Spielraum zur Erzielung tragbarer Verhandlungsergebnisse mit anderen sozialen Akteuren so weit einschränken, dass letztlich der Erfolg des Verbandes selbst gefährdet wäre. Diese in der Hoch-Zeit der Korporatismusdebatte entwickelte These wurde eingangs angezweifelt, weil sie die Handlungsalternativen der Mitgliedsunternehmen unterschätzt und letztlich die Aufgaben der Verbände sehr eng auf die Tarifpolitik eingrenzt. In der Folge soll diese Engführung der Debatte aufgegeben und eine weitere Perspektive auf das verbandliche Dienstleistungsspektrum eingeführt werden. Was die Verbände ihren Mitgliedern gewähren, ist erneut unter Rückgriff auf die Verbandssatzungen zusammengetragen worden; dies soll an dieser Stelle kurz begründet werden.

Frühere Untersuchungen haben das Spektrum der Verbandsdienstleistungen über die Befragung von Verbandsfunktionären erhoben (Völkl 2002; Helfen 2006). Darüber hinaus wäre sicherlich auch eine Auswertung von Geschäftsberichten bzw. von Internetauftritten der Verbände denkbar. Für die Befragungsmethode spricht, dass auf diese Weise ein vergleichsweise breites Spektrum von Verbandsdienstleistungen zeitnah erhoben werden kann und somit auch neue Aufgabenspektren und verbandliche Innovationen berücksichtigt werden können. Dagegen ist davon auszugehen, dass Satzungsvorschriften in der Regel eher konservativ bei der Nennung von Verbandsdienstleistungen sind, lassen sich doch auf diesen Bestimmungen rechtserhebliche Ansprüche der Mitglieder gegenüber ihrem Verband begründen. Gerade der zuletzt genannte Aspekt spricht aber für die Satzungsauswertung. Ein Dienstleistungsangebot, welches in der Satzung niedergelegt wurde, ist authentisch und bringt eine ernsthafte Willenserklärung des Verbandes gegenüber dem Mitglied zum Ausdruck, auf die es sich berufen kann.

Insgesamt wurden zwölf unterschiedliche Verbandsdienstleistungen erhoben. Als besonders bedeutsam erscheinen neben dem Lobbying in diesem Zusammenhang die arbeitsrechtliche Beratung und Prozessvertretung, welche in der Regel durch das juristisch ausgebildete Fachpersonal der Verbände erbracht werden. Fälle, bei denen diese Dienstleistungen durch externe Fachanwälte und Anwaltskanzleien geleistet und somit quasi „zugekauft" werden, sind eher die Ausnahme und erstrecken sich auf den Bereich der Kleinstverbände mit wenigen Mitgliedern und geringen Verbandsressourcen. Größere Verbände legen zum Teil besonderen Wert auf die juristischen Schlüsselqualifikationen ihres Verbandspersonals, und es ist keine Seltenheit, dass sich Verbandsjuristen einen Namen als Lehrbuchautoren bzw. Autoren von Fachkommentaren gemacht haben. Für die Mitgliederwerbung und -bindung, insbesondere von kleinen und mittelgroßen Unternehmen, ist diese Dienstleistung von besonderer Bedeutung, weil sich diese Mitglieder kaum eigenes Fachpersonal leisten können und der externe Markt von Fachanwälten für Arbeitsrecht sehr unübersichtlich ist (Völkl 2002: 120f.).

Die Prozessvertretung geht über die Beratung im engeren Sinne hinaus. Sofern Verbände überhaupt eine arbeitsrechtliche Beratung als satzungsrechtliche Leistung anbieten, ist die Wahrscheinlichkeit sehr groß, dass diese mit einer Prozessvertretung verknüpft wird. Während nun allerdings die eigenen Beratungsleistungen durch den Verband selbst gesteuert werden können, kann sich die pauschale Gewährleistung der Prozessvertretung sehr leicht als Fass ohne Boden erweisen, solange diese Dienstleistung keinem Mitglied verweigert werden kann. So beschwerte sich der Geschäftsführer eines kleinen Regionalverbandes aus dem Handel (571) über die stark gestiegene Inanspruchnahme der kostenlosen Prozessführung, die letztlich einen Anstieg der Anzahl der Gerichtstermine um 60% gegenüber dem Vorjahr (auf insgesamt 259 Termine) mit sich gebracht habe (Protokoll der Mitgliederversammlung vom 01.06.1976). Eine Reihe von Verbänden hat der ungebremsten Inanspruchnahme von Prozessvertretung einen Riegel vorgeschoben, indem sie diese satzungsmäßig begrenzen; so beschränken manche Verbände die Übernahme der Prozessführung auf „grundsätzliche Angelegenheiten" (81, 121, 128, 132, 835) oder auf solche Fälle, die im „Gesamtinteresse des Verbandes" (36) liegen. Was genau „grundsätzlich" oder „im Gesamtinteresse liegend" ist, bestimmt der Vorstand. Eine weitere Strategie der Kostenbegrenzung besteht in der Erhebung einer „Arbeitsgerichtspauschale" (466), welche das klagende Mitglied an den Prozesskosten beteiligt.

Solche besonderen Vorschriften sollen offenbar verhindern, dass einzelne Mitglieder die verbandlichen Ressourcen über Gebühr in Anspruch nehmen, sodass die Begrenzung der Ansprüche letztlich dazu dient, eine kostenträchtige Anspruchsinflation gegenüber dem Verband von vornherein auszuschließen. Sie stellen somit ein Mittel dar, um eine Balance zwischen geleisteten Beiträgen und bezogenen Dienstleistungen herzustellen. Für diese Interpretation spricht, dass solche Fälle vorzugsweise im Bereich des Handwerks, in dem der Mitgliederkreis bezüglich seiner Größe eher homogen ist, gefunden werden können.

Neben der Rechtsberatung wurde auch die Beratung und Unterstützung in den Bereichen Betriebswirtschaft, Steuern und Personalmanagement erhoben, wobei die betriebswirtschaftlichen Angelegenheiten auch Fragen abdecken, die den Export/Import, Versicherungen und die Betriebsstatistik abdecken. Erfasst wurde auch die Beratung von Mitgliedern bei der Anwendung von Verbandstarifverträgen und beim Abschluss von Haustarifverträgen, wobei Letztere ausschließlich für Mitglieder ohne Tarifbindung Relevanz besitzen. Auf diesen Aspekt wird in Kapitel 7 näher eingegangen.

Weitere Variable erfassen Vergünstigungen für Mitglieder bei der Inanspruchnahme von externen Dienstleistungen bzw. Rabattvermittlung sowie von technisch-fachlicher Beratung, die Aspekte des Umweltschutzes, der Beschaffung von Rohstoffen, der Normung und der Energieversorgung einbezieht. Große Bedeutung kommt auch Bildungsfragen als Verbandsdienstleistung zu.[2] Bil-

2 In einer Befragung des Instituts für Verbandsmanagement gaben 68 Prozent der befragten Vertreter/innen von Wirtschaftsverbänden an, dass der Aus- und Weiterbildung eine

dung umfasst hier ein breites Spektrum, welches neben beruflicher Erstausbildung auch die Weiterbildung und Angelegenheiten des allgemeinbildenden Schulsystems einbezieht. Unter der Überschrift „Lobbying" wurden in einer weiteren Variable Fragen der Interessenvertretung gegenüber Regierungen, Ministerien, Behörden und anderen Verbänden erhoben. Die Dienstleistung „Öffentlichkeitsarbeit" schließt neben der Pressearbeit auch Image- und Nachwuchswerbung, Messen und Ausstellungen ein. Die Abbildung 6.1 zeigt zunächst das Dienstleistungsspektrum für alle in die Analyse einbezogenen Arbeitgeberverbände.

Abb. 6.1: Verbandsdienstleistungen laut Satzung in Prozent (n = 358)

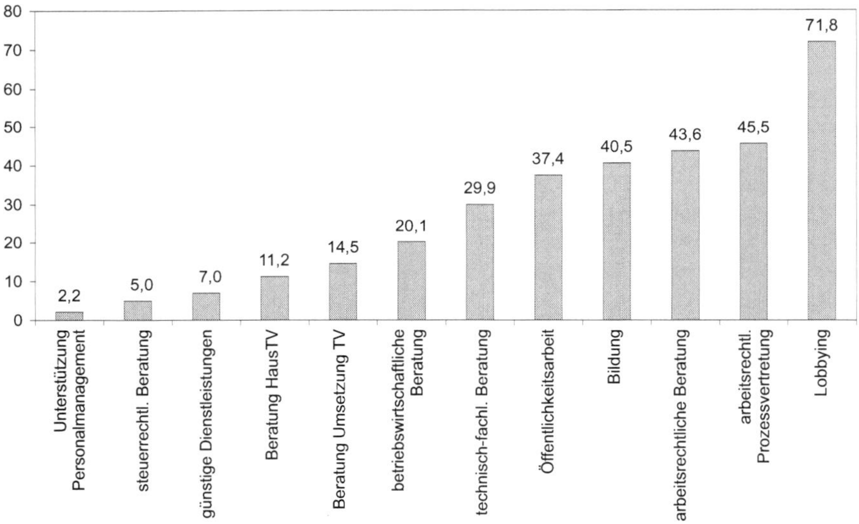

Quelle: WSI-Datenbank Arbeitgeberverbände (2006)

Die hier untersuchten Verbände garantieren offenkundig ihren Mitgliedern ein beachtliches Spektrum an unterschiedlichen Verbandsdienstleistungen. Es fällt zunächst auf, dass mit mehr als 72% der untersuchten Satzungen nicht etwa die arbeitsrechtliche Beratung und Prozessvertretung Spitzenreiter der genannten Verbandsdienstleistungen sind, sondern die Außenvertretung des Verbandes, die unter dem Titel „Lobbying" zusammengefasst wurde. Die Ursache für diese häufigen Nennungen könnte sein, dass der Auftrag zur Außenvertretung quasi

steigende Bedeutung für die Verbandsarbeit zukomme. Hinter Fragen der Bildung folgen auf den Plätzen zwei und drei „Öffentlichkeitsarbeit" und „Mitgliederbereich auf der eigenen Website" (Busch 2006).

als Generalklausel fungiert, welche – ohne dass daraus ein kostenträchtiger Anspruch der Mitglieder gegenüber dem Verband erwächst – den allgemeinen Anspruch zur politischen Einflussnahme manifestiert. In der Rangfolge folgen auf das Lobbying die arbeitsrechtliche Prozessvertretung und Beratung (46% bzw. 44%) sowie Fragen der Bildung und Weiterbildung (41%).

Es fällt weiterhin auf, dass mit der technisch-fachlichen Beratung (29,9%) und der betriebswirtschaftlichen Beratung (20,1%) genau jene Bereiche noch recht häufig genannt werden, die sehr weit in die wettbewerbsrelevante „Intimsphäre" der eigentlich vor der Konkurrenz zu schützenden „Betriebsgeheimnisse" hineinreichen. Wie sich bereits in Abschnitt 5.2 andeutete, zeigt sich auch hier, dass Verbände bei ihren Strategien zur Interessenisolierung unterschiedlich weit gehen.

Wie in Abbildung 6.2 dargestellt, differieren die Verbände deutlich in Bezug auf die Anzahl der durch die Satzung vorgesehenen Verbandsdienstleistungen. Im Durchschnitt bieten die untersuchten Verbände 3,3 der zwölf erhobenen Dienstleistungsarten an (Median 3,0).

Wie aus der Darstellung der Mittelwerte hervorgeht (Tab. 6.5), kann ein interessenvertretungsschädlicher Einfluss der Gewährung verbandlicher Vetopunkte nicht festgestellt werden.

Soweit es die begrenzte Datenlage zulässt, spricht einiges dafür anzunehmen, dass das genaue Gegenteil der Oligarchisierungsthese zutrifft. Mit wachsender Öffnung der Verbandsstrukturen für die sporadische Einflussnahme der Mitglieder erweitert sich auch die Palette der vom Verband angebotenen Dienstleistungen und mithin deren Komplexität. Nun sagt aber allein die manifeste Bereitschaft eines Verbandes, seine Mitglieder mit einem möglichst großen Spektrum

Abb. 6.2: Anzahl der Verbandsdienstleistungen in Verbänden erster Ordnung in Prozent (n = 235)

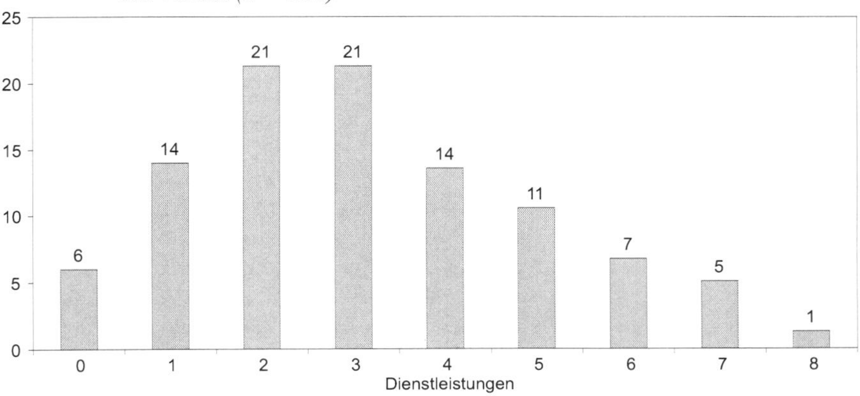

Quelle: WSI-Datenbank Arbeitgeberverbände (2006)

Tab. 6.5: Vetopunkte und Anzahl der Verbandsdienstleistungen

Anzahl Vetopunkte	Fallzahl	Mittelwert Verbandsdienstleistungen
0	14	2,29
1	64	3,14
2	95	3,08
3	38	3,89
Gesamt	*211*	*3,19*

Quelle: Berechnungen auf Basis der WSI-Datenbank Arbeitgeberverbände (2006)

kollektiv bereitgestellter Dienstleistungen zu versorgen, noch nichts über dessen eigentliche Stärke und Effektivität bei der Interessenvertretung aus. Schließlich ist es durchaus vorstellbar, dass sich Arbeitgeberverbände als Single-issue-Organisationen vollständig auf die Tarifpolitik konzentrieren und alle weiteren Bedürfnisse ihrer Mitglieder vollständig ignorieren, dieses „Kerngeschäft" aber besonders effektiv betreiben. Als Beispiel für einen solchen Single-issue-Verband könnte etwa der Tarifverband Privater Rundfunk (TPR) angesehen werden, welcher nicht zuletzt aus Mangel an Ressourcen neben der eigenen Tarifpolitik lediglich sporadisches politisches Lobbying im Bereich der Mediengesetzgebung verfolgt (Behrens 2004: 80ff.). Weder verfügt der Verband über eine hauptamtliche Geschäftsführung, noch bietet er arbeitsrechtliche Beratung und Prozessführung an. Die Tarifpolitik allein war zwar ausreichend zur Gründung des Verbandes, ohne Ausweitung des Dienstleistungsspektrums aber hat es der TPR weder vermocht, einschneidende Mitgliederverluste aufzuhalten, noch konnte er die eigene Verbandsstruktur stabilisieren. Wie das Beispiel andeutet, gehen reine Single-issue-Verbände ein hohes Risiko ein, indem sie auf die Möglichkeit verzichten, mit weiteren Dienstleistungen die Bindung der Mitglieder an den Verband zu festigen und letztlich die nachhaltige Ausstattung des Verbandes mit Ressourcen zu gewährleisten. Insofern ist ein breites Dienstleistungsspektrum ein Hinweis darauf, dass der Verband vielfältigere Optionen zur Mitgliederbindung nutzen kann. Letztlich, so die hier vertretene Position, gewinnt ein mit einem breiten Dienstleistungsspektrum ausgestatteter Verband Stärke durch seine Möglichkeiten, Risikostreuung zu betreiben. Es gibt zwar gute Argumente dafür, daran zu zweifeln, dass ohne das tarifpolitische Zugpferd Verbände in der Lage sind, dauerhaft stabile Interessenpolitik zu betreiben – die näheren Gründe dafür werden im folgenden Abschnitt untersucht. Umgekehrt spricht allerdings auch vieles dafür, dass der vollständige Verzicht auf Dienstleistungen, die die Tarifpolitik flankieren und ergänzen, letztlich das Risiko der verbandlichen Destabilisierung erhöht.

7 Die Umprogrammierung von Arbeitgeberverbänden durch freiwilligen Tarifverzicht

Die im Folgenden untersuchte Umprogrammierung von Arbeitgeberverbänden durch die Einführung von Mitgliedschaften ohne Tarifbindung (OT) stellt eine bedeutende Zäsur in der Nachkriegsgeschichte deutscher Arbeitgeberverbände dar. Wurden diese Verbände noch vor mehr als 100 Jahren als Gegenreaktion auf die kollektive Handlungsmacht der Gewerkschaften gegründet und gehörte schon wenig später die Tarifpolitik zum konstitutiven Kernbestand jedes Arbeitgeberverbands, wird dieser Kern nun in Frage gestellt. Mit der Möglichkeit zur Abwahl der Tarifbindung können sich OT-Mitglieder diesem Kerngeschäft entziehen, ein Wahlrecht, welches letztlich auch das Selbstverständnis der Verbände berührt. Die folgende Analyse ist notwendigerweise komplex, denn sie verschließt sich vorschnellen Unterstellungen von Kausalzusammenhängen, sondern sucht die hinter dieser Umprogrammierung stehenden Mechanismen auf mehreren Ebenen. In einem ersten Schritt wird der Entstehungsgeschichte von OT nachgegangen, mit dem Ziel, aus den Mustern der Diffusion erste Erkenntnisse über dahinterstehende Verursachungszusammenhänge zu erhalten. Die darauf folgenden zweiten und dritten Analyseschritte nehmen den von Christine Oliver entwickelten Strategic-response-Ansatz auf (siehe Kap. 3), indem sie die hinter der Umprogrammierung stehenden Ursachen in der aktiven Auseinandersetzung der Organisation „Arbeitgeberverband“ mit ihrer Umwelt suchen; hierbei werden zunächst die mit OT verknüpften strategischen Absichten diskutiert und am Beispiel der konkreten Organisation-Umwelt-Auseinandersetzungen in einzelnen Branchen analysiert. Wird auf dieser Ebene „Strategie“ noch als ein Konzept verstanden, welches sich sehr stark auf die Vorstellungen der handelnden Schlüsselakteure im Haupt- und Ehrenamt der Verbände bezieht, wendet sich die darauf folgende Analyse dem Einfluss von Formalstrukturen der Interessenbearbeitung auf die Entscheidung zur Einführung von OT zu. Während also bei der Strategieanalyse danach gefragt wird, was die handelnden Personen wollen, stellt die Formalstrukturanalyse darauf ab, welche Strategieelemente ihre jeweiligen Organisationen unterstützen.

7.1 Ursprünge der Mitgliedschaft ohne Tarifbindung

Was generell für die Entwicklung der deutschen Arbeitgeberverbände postuliert wurde, setzt sich im Bereich der Mitgliedschaft ohne Tarifbindung fort: Schilderungen und Untersuchungen aus dem Bereich der Metallindustrie genießen besondere Aufmerksamkeit, was neben der großen allgemeinen Bedeutung dieses Branchenclusters nicht zuletzt auf die offensive Vermarktung des OT-Konzepts durch den damaligen Gesamtmetall-Präsidenten Werner Stumpfe zurückzuführen ist – hierauf wird später noch einzugehen sein. Festzustellen bleibt aber auch, dass OT keineswegs im Bereich der Metallindustrie erfunden wurde, sondern – so argumentiert Völkl – zunächst in der eher mittelbetrieblich strukturierten „Peripherie" entwickelt wurde (Völkl 2002: 17). Erst Jahre nach seiner erstmaligen Einführung wurde OT auch durch Mitgliedsverbände von Gesamtmetall und seinen Landesverbänden aufgegriffen und trat von hier aus seinen Siegeszug durch die deutsche Arbeitgeberverbandslandschaft an. So führte der Verband der holz- und kunststoffverarbeitenden Industrie Rheinland-Pfalz die Möglichkeit zur Wahl einer OT-Mitgliedschaft bereits im Jahr 1990 ein und brüstete sich damit, auf diese Weise als erster Verband überhaupt ein solches Wahlrecht in der Satzung verankert zu haben (Koch 1999: 47). Nach Angaben des damaligen Hauptgeschäftsführers Gerhard Koch erfolgte die Einführung von OT als Reaktion auf die Durchsetzung der zweiten Stufe der Arbeitszeitverkürzung auf dann 37 Stunden/Woche, welche in den Augen der Verbandsführung einen großen Teil der vorwiegend mittelständischen Mitgliedsbetriebe überfordert hätte.

An dieser Schilderung zur Frage nach der ursprünglichen Entwicklung und Implementierung des OT-Konzepts sind durchaus Zweifel angebracht. Es gibt deutliche Hinweise, dass OT bereits lange vor der Auseinandersetzung um die Arbeitszeitverkürzung entwickelt wurde, wie die folgende Passage einer aus dem Jahr 1965 stammenden Satzung eines norddeutschen Industrieverbandes (764) belegt:

> „Mitglieder können bei Vorliegen besonderer Umstände auf ihren Antrag von der Betreuung in sozialpolitischen Angelegenheiten ausgenommen werden. Mit der Erteilung der Genehmigung durch den Vorstand entfallen für solche Mitglieder die Rechte und Pflichten, die sich aus dem Zwecke des Verbandes nach § 2 Ziff. 2 Abs. 2 der Satzung [Abschluss von Tarifverträgen sowie Überwachung ihrer Einhaltung, MB] ergeben."

Unabhängig nun von der Frage, ob die OT-Mitgliedschaft bereits 1965 in Norddeutschland oder erst 1990 in der Pfalz „erfunden" wurde – bei beiden Kandidaten für das Urheberrecht handelt es sich um Verbände, welche in der deutschen Arbeitgeberverbandslandschaft eine eher randständige Position innehaben. Auch war es keineswegs so, dass es bereits mit der erstmaligen Einführung einer solchen Wahloption zum Dammbruch in der Fläche gekommen wäre. Es sollte noch bis Ende der 1990er Jahre dauern, bis eine nennenswerte Zahl von Verbänden von der Einführung einer OT-Option Gebrauch machte. Dies lag zunächst einmal daran, dass die Positionen innerhalb des Arbeitgeberlagers zu der Frage, was von OT zu halten sei, weit auseinander lagen und sich selbst innerhalb einer Branche zum Teil recht deutlich unterschieden; auf diese inhaltliche Positionierung wird in den folgenden Abschnitten noch im Detail eingegangen. Ein weiterer Grund für die zunächst sehr schleppende Weiterverbreitung von OT unter den Arbeitgeberverbänden kann aber auch in der zunächst recht unübersichtlichen rechtlichen Bewertung der Zulässigkeit von OT gesehen werden. Während der genannte Geschäftsführer des Verbandes der holz- und kunststoffverarbeitenden Industrie Rheinland-Pfalz, Gerhard Koch, zunächst die Position vertrat, die Arbeitsgerichte würden seinem Konzept die rechtliche Anerkennung schon nicht verweigern, und die Gewerkschaften aufforderte, den Weg bis zum Bundesarbeitsgericht zu gehen (Koch 1999: 48), schien die rechtliche Bewertung lange Zeit noch offen zu sein. Erste Urteile unterer Instanzen (AG Ludwigshafen 1993, Az 1 Ca 3067/93, LAG Rheinland-Pfalz vom 17.02.1995 und LAG Hessen vom 06.10.1997) entschieden zwar zugunsten der OT-Befürworter, eine höchstrichterliche Klärung durch das Bundesarbeitsgericht (BAG) schien aber lange nicht in Sicht. Das BAG begnügte sich in seiner Entscheidung vom 23.10. 1996 (4 AZR 409/95, BAG AP Nr. 15 zu § 3 TVG Verbandszugehörigkeit) mit der Feststellung, bei OT handele es sich um eine Frage der Begrenzbarkeit der personellen Tarifzuständigkeit, das Verfahren selbst wurde allerdings ausgesetzt. Heute (Stand: Mai 2011) scheinen viele dieser Ungewissheiten im Sinne der Verfechter von OT geklärt zu sein. In seinem Urteil vom 23.02.2005 deutete der 4. Senat des BAG an, für die Annahme einer generellen Unwirksamkeit einer OT-Mitgliedschaft unabhängig von der konkreten Ausgestaltung in der Satzung gebe es keine rechtliche Grundlage; die Frage aber, ob nun OT-Mitgliedschaften zulässig seien, hat das Gericht zunächst nicht abschließend geklärt (Willhelm/ Dannhorn 2006: 471; Deinert 2006). Der darauf folgende Beschluss des 1. Senats vom 18.07.2006 führte eine Klärung bezüglich der rechtlichen Begründung von OT-Mitgliedschaften herbei, ließ aber die genauen Anforderungen an deren Zulässigkeit weiterhin offen (Bayreuther 2007: 325). Insbesondere die Frage, wie eine konkrete OT-Regelung auszugestalten sei, um im Zweifel vor deutschen Gerichten Bestand zu haben, war in der Zeit vor den genannten Urteilen weitgehend ungeklärt. Rechtsgutachten kamen für die unterschiedlichsten Konstellationen teils zu deutlich abweichenden Ergebnissen (siehe z.B. Besgen 1998; Danz 2000; Moll 2000; Melot de Beauregard 2002; Thüsing/Stelljes 2005; Dienert 2007). Erst im Jahre 2008 – also zwei Jahre nach dem Abschluss der Satzungsbeschaffung und -auswertung – nahm das BAG in seinem Urteil vom 04. 06.2008 (DB 2008: 2712–2716) eine weitere Klärung vor, wonach die Befugnisse von tariflich gebundenen und OT-Mitgliedern klar und eindeutig zu trennen sind und ein etwaiger Statuswechsel des Mitglieds – zumindest während laufender Tarifverhandlungen – transparent sein muss, um die Funktionsfähigkeit der Tarifautonomie nicht zu gefährden.[1]

Vor dem Hintergrund dieser lange Zeit vorherrschenden Rechtsunsicherheit erscheint es nachvollziehbar, dass selbst jene Verbände, die in OT eine sinnvolle Gestaltungsmöglichkeit beim Umgang mit Fragen der Tarifbindung sahen, nur sehr zögerlich von dieser Option Gebrauch machten.

Ausdruck dieser rechtlichen Unwägbarkeiten in den ersten Jahren von OT waren in der Konsequenz auch zahlreiche Auffang- und Ersatzregelungen, die immer dann greifen sollten, wenn deutsche Gerichte der ursprünglichen Verbandspolitik die Unterstützung versagten.

So sieht die Satzung eines ostdeutschen Industrieverbandes (669) eine automatische Kündigung der Mitgliedschaft von OT-Mitgliedern vor, sollten Gerichte die Unzulässigkeit von OT feststellen. In der entsprechenden Satzung heißt es:

> „Die Mitgliedschaft der nicht-tarifgebundenen Mitglieder endet mit sofortiger Wirkung, falls rechtsbeständig und endgültig festgestellt werden sollte, dass eine OT-Mitgliedschaft in Arbeitgeberverbänden nicht zulässig ist. Einer Kündigung bedarf es soweit nicht."

Weiterhin lassen sich auch Klauseln finden, die im Falle der gerichtlich festgestellten Unzulässigkeit von OT eine automatische Umwandlung der OT-Mitgliedschaft in eine Gast- oder Fördermitgliedschaft vorsehen; entsprechende Satzungsvorschriften finden sich bei einer Reihe weiterer Industrieverbände (94, 637, 679, 687 und 695).

All jene Auffangvorschriften sprechen nicht gerade für eine große Selbstsicherheit der Verbände. Zumindest in den Anfangsjahren von OT stand oftmals die Befürchtung im Raum, mit dem Entzug der rechtlichen Unterstützung könnte der Verband in massive Legitimitätsprobleme gegenüber Teilen seines Mitgliederkreises geraten. Aus der Perspektive der Verbandsführungen war ebendieses (bis heute weitgehend hypothetisch gebliebene) „Worst-case"-Szenario alles andere als behaglich. Sollte nämlich das BAG in der Sache anders urteilen, als es das bis heute getan hat, würde sich daraus, so war sich eine Mehrheit der Rechtsgelehrten einig, unmittelbar auch eine wirksame Tarifbindung der OT-

1 Weitere für OT-Mitgliedschaften relevante höchstrichterliche Urteile beziehen sich auf die Frage nach den für einen Austritt relevanten Fristen („Blitzaustritt"-Urteil vom 20. 02.2008, DB 2008: 1809–1812), auf die Verwaltung von Arbeitskampffonds der Arbeitgeber (BAG-Urteil vom 22.04.2009, 4 AZR 111/08), auf die Eintragung einer Satzungsänderung beim Vereinsregister als Wirksamkeitsvoraussetzung für die OT-Mitgliedschaft (BAG-Urteil vom 26.08.2009, 4 AZR 294/08) sowie auf Fragen der zeitlichen Erstreckung der OT-Mitgliedschaft (BAG-Urteil vom 15.12.2010, 4 AZR 256/09).

Mitglieder ergeben. In diese Richtung wurden zuletzt auch die Ausführungen des 4. Senats zu seiner Entscheidung vom 23.02.2005 interpretiert (Wilhelm/ Dannhorn 2006: 471f.).[2] Unabhängig von der verbandlichen Motivation für die Einführung von OT im konkreten Fall würde ein solches Szenario den Verband womöglich ins Abseits manövrieren. Man stelle sich z.B. vor, der Verband würde OT als Strategie begreifen, um jene tarifmüden Unternehmen an sich zu binden, die zwar an den Dienstleistungen des Verbandes interessiert sind, die bis dato mit der Gewerkschaft abgeschlossenen Tarifverträge allerdings eher für geschäftsschädigend halten. Es bedarf keiner besonderen Fantasie, um sich auszumalen, welchen Schaden die Glaubwürdigkeit des Verbandes nehmen würde, wenn OT-Mitglieder, die mit dem Versprechen der Tariflosigkeit in den Verband gelockt wurden, sich am Tag nach der Verkündung des Gerichtsbeschlusses nolens volens auf der Seite der tarifgebundenen Mitglieder wiederfänden.

7.2 Formen der Mitgliedschaft ohne Tarifbindung

Zwar hat sich die Mitgliedschaft ohne Tarifbindung nach den ersten Erfahrungen in der Peripherie der deutschen Arbeitgeberverbandslandschaft weiter verbreitet; in der Folge ist es allerdings nicht zu einer Vereinheitlichung der konkreten Formen von OT gekommen. So werden in der juristischen Fachliteratur weiterhin zwei Grundmodelle unterschieden. Beim Aufspaltungsmodell (oder auch Parallelverbandsmodell) handelt es sich um eine verbandsorganisatorische Trennung von tarifgebundenen und nicht-tarifgebundenen Mitgliedern in zwei rechtlich selbstständige Verbände. Im Gegensatz hierzu wird im so genannten Stufenmodell eine Differenzierung verschiedener Mitgliedschaftsformen innerhalb einer einheitlichen Verbandsstruktur vorgenommen. Während sich diese Differenzierung in der arbeitsrechtlichen Debatte weitgehend durchgesetzt hat (und dort auch als angemessen gilt),[3] ergeben sich bei genauerer Analyse weitere Unterschiede, die insbesondere für die Beurteilung von Fragen der Interessenbearbeitung von Bedeutung sind. So lassen sich zunächst beim Aufspaltungsmodell zwei Grundvarianten unterscheiden.

Eine erste Variante stellt die Gründung eines separaten OT-Verbandes dar. Hierbei werden die tarifunwilligen Mitglieder in einem besonderen Verband zusammengefasst, der mit Ausnahme der Bindung an einen Flächentarifvertrag alle weiteren Verbandsdienstleistungen anbietet. Auch hier ist die Bezeichnung „ohne Tarifbindung“ zuweilen irreführend, weil viele dieser Verbände ihren Mit-

---

2 Dabei vertraten Wilhelm/Dannhorn (ebd.) selbst ebenso wie Thüsing/Stelljes (2005: 527) eine davon abweichende Meinung.

3 Eine Ausnahme stellt die Arbeit von Danz (2000) dar, in der eine weitere Differenzierung der Fälle des Aufspaltungsmodells vorgenommen wird.

gliedern – sofern von diesen gewünscht – Beratung und Unterstützung beim Abschluss von Haustarifverträgen anbieten. In der Mehrzahl der Fälle stellen diese OT-Verbände „Klone“ der korrespondierenden Tarifverbände dar – sie weisen einen identischen fachlichen und räumlichen Zuständigkeitsbereich auf und werden durch das gleiche hauptamtliche Personal betreut, welches vom gleichen Büro aus operiert. Eine Ausnahme von dieser Regel stellen jene Verbände dar, die als „allgemeine“ (OT-)Arbeitgeberverbände ihren fachlichen Zuständigkeitsbereich über die eigentlichen Kernbranchen des Tarifverbandes hinaus ausgeweitet haben. Das OT-Verbandsmodell ist in der Metallindustrie am weitesten verbreitet, sodass mittlerweile alle Landesverbände von Gesamtmetall über eine solche Parallelstruktur verfügen (Haipeter/Schilling 2006); Beispiele für dieses Modell finden sich aber auch in der Säge- und Holzindustrie (Völkl 2002: 111).

Als zweite Variante des Aufspaltungsmodells tritt das Tarifgemeinschaftsmodell in Erscheinung. Der eigentliche Basisverband fungiert als OT-Verband. Nur jene Mitglieder, welche zusätzlich zu den regulären Verbandsdienstleistungen am Abschluss von Flächentarifverträgen interessiert sind, treten einer organisatorisch verselbstständigten Tarifgemeinschaft bei, deren Funktion sich auf Fragen der Tarifpolitik beschränkt. In diesem Baukastenprinzip stellen Dienstleistungen wie z.B. arbeitsrechtliche Beratung und Vertretung das „Kerngeschäft“ dar, zu dem nur bei Bedarf der Abschluss von Tarifverträgen quasi „hinzugewählt“ werden kann. Für ein Unternehmen ist es zwar möglich, auf die Mitgliedschaft in der Tarifgemeinschaft zu verzichten und lediglich Mitglied im Basisverband zu sein, umgekehrt ist allerdings eine Mitgliedschaft nur in der Tarifgemeinschaft nicht vorstellbar und wohl auch nicht erwünscht. Anders als im bereits vorgestellten OT-Parallelverbandsmodell umfasst die Mitgliedschaft im Basisverband alle Mitglieder unabhängig von ihrer Tarifbindung und nimmt somit auf dieser Ebene keine formale Trennung der Gesamtmitgliedschaft vor. Während sich also im Tarifgemeinschaftsmodell ausnahmslos alle Mitglieder des Basisverbandes auf der Mitgliederversammlung wiederfinden können, finden im OT-Parallelverbandsmodell solche beschlussfassenden Versammlungen getrennt für beide Mitgliederkreise statt. Beispiele für solche Tarifgemeinschaften finden sich in der Reisebüro-Branche und im Reedereigewerbe (siehe Völkl 2002: 81).

Im Fall des Stufenmodells sind zunächst alle Unternehmen Mitglieder eines einheitlichen Verbandes, die Differenzierung wird anhand eines unterschiedlichen Mitgliedsstatus vorgenommen, wobei je nach Mitgliedschaftstyp den einzelnen Mitgliedern unterschiedliche Rechte und Pflichten zugewiesen werden. Vom Grundsatz her ist eine solche Differenzierung im Bereich der Arbeitgeberverbände seit langem bekannt. So gehören Förder-, Ehren- und Gastmitgliedschaften schon seit langem zum Repertoire der Arbeitgeberverbandssatzungen, und zumindest im Falle der Gastmitgliedschaften hat diese Differenzierung bereits in der Vergangenheit zu gerichtlichen Auseinandersetzungen über deren

Zulässigkeit geführt. So hat sich das BAG beispielsweise in seiner Entscheidung vom 16.02.1962 und seinem Urteil vom 20.02.1986 mit Fragen der Gastmitgliedschaft in Arbeitgeberverbänden befasst. Es wurde festgestellt, dass eine Gastmitgliedschaft diesen Personenkreis dann wirksam von einer Tarifbindung nach § 3 Tarifvertragsgesetz ausschließt, wenn diesen Mitgliedern das Stimmrecht im Rahmen der Mitgliederversammlung sowie das Wahlrecht zu den Vereinsorganen verwehrt wird.

Wie die folgende Darstellung „Anzahl unterschiedlicher Mitgliedschaftsformen" (Tab. 7.1) belegt, gehen Verbände zum Teil recht weit, um die genauen Rechte und Pflichten unterschiedlicher Mitgliedergruppen auszudifferenzieren. Neben der ordentlichen Mitgliedschaft sind OT-, Ehren-, Förder-, Gast- und außerordentliche Mitgliedschaften weit verbreitet. Die konkreten Bezeichnungen der Mitgliedschaftsformen sind in einigen Fällen recht fantasievoll – es gibt die „passive Mitgliedschaft", „Wartemitgliedschaft", „Senioren-Gärtner-Mitgliedschaft", „Probemitgliedschaft", „körperschaftliche Mitgliedschaft", „stille Mitgliedschaft", „Korrespondenzmitgliedschaft", „Betreuungsmitgliedschaft", „Seniorenmitgliedschaft", „Subventionsmitgliedschaft", „Plus-Mitgliedschaft" und viele andere mehr. Die genaue Bedeutung der jeweiligen Formen erschließt sich oftmals erst über eine genauere Analyse der einschlägigen Satzungsvorschriften.

Tab. 7.1: Anzahl unterschiedlicher Mitgliedschaftsformen laut Satzung (n = 358)

	Anzahl Mitgliedschaftsformen						
	1	2	3	4	5	6	*Gesamt*
Prozent	24,9	30,3	27,1	10,9	5,6	1,1	*100*[a]

Mittelwert (alle): 2,5 Mittelwert (Verbände 1. Ordnung): 2,5
Mittelwert (Verbände von Verbänden): 2,2 Mittelwert (hybride Verbände): 2,5

a – Rundungsbedingt kann die Summe der in den Spalten ausgewiesenen Prozentzahlen von 100 abweichen.

Quelle: WSI-Datenbank Arbeitgeberverbände (2006)

Um Fälle von OT-Mitgliedschaften genau beschreiben zu können, wird in der Folge daher nicht auf die Bezeichnung als OT abgestellt; vielmehr wurde die genaue Ausgestaltung der konkreten Mitgliedschaftsform analysiert. Bei näherer Betrachtung erwies sich, dass sich in einigen Fällen „OT-Mitgliedschaften" hinter der Bezeichnung „Gastmitgliedschaft" verbargen – Gastmitglieder, die von der Bindung an die vom Verband abgeschlossenen Tarifverträge ausgenommen sind, aber (mit Ausnahme tarifpolitisch relevanter Entscheidungen) ansonsten das volle Stimm- und Wahlrecht besitzen, wurden also als OT-Mitglieder identifiziert. Zuweilen treten OT-Mitgliedschaften auch in Form der Unterscheidung zwischen gesonderten Abteilungen – „wirtschaftspolitische Abteilung" und „sozialpolitische Abteilung" – in Erscheinung. Auch hier wird auf die konkrete Ausgestaltung der Regelung abgestellt.

Gemein ist den OT-Regelungen im Stufenmodell, dass sie diesen Mitgliederkreis von der Tarifbindung ausnehmen und die Rechte dieser Mitglieder einschränken, indem sie sie von der Mitentscheidung und Beschlussfassung in tarifpolitischen Fragen ausschließen, ihnen aber in allen anderen Fragen das volle Stimmrecht zubilligen. Im Unterschied zu beiden Varianten des Aufspaltungsmodells mutet also das Stufenmodell dem eigenen Verband ein größeres Maß an Komplexität der zu vertretenden Interessen zu und steigert in diesem Sinne die innerverbandliche Heterogenität. In diesem Modell ist es gewollt, dass Unternehmen innerhalb eines einheitlichen Verbandsgebildes miteinander auskommen müssen, obwohl ihnen unterschiedliche Bündel von Rechten und Pflichten zugeordnet werden.

Jenseits der drei genannten Gemeinsamkeiten, welche das OT-Stufenmodell konstituieren (fehlende Tarifbindung, volles Stimmrecht, Beschränkung der Mitentscheidung in Tariffragen), ergeben sich darüber hinaus erhebliche Unterschiede bei der konkreten Ausgestaltung von OT-Regelungen. Solche Abweichungen ergeben sich insbesondere bei der Beantwortung der folgenden drei Leitfragen: Für welchen Kreis von Unternehmen wird die Möglichkeit einer OT-Mitgliedschaft überhaupt angeboten? Wird die Gewährung einer OT-Mitgliedschaft verbandsseitig an die Erfüllung besonderer Bedingungen geknüpft? Wie ist der Übergang in die und von der OT-Mitgliedschaft ausgestaltet?

7.2.1 Ausgestaltung des Stufenmodells: Antragsberechtigter Kreis

Die erste Leitfrage zielt auf den Kreis der Mitglieder (oder potentiellen Mitglieder), für die eine OT-Mitgliedschaft überhaupt in Frage kommt. Hierbei sind drei Konstellationen denkbar: Erstens kann die Gewährung einer OT-Mitgliedschaft nur Verbandsaußenseitern gestattet werden; Beispiel für eine solche Regelung ist ein ostdeutscher Industrieverband (654), welcher den OT-Status ausschließlich im Falle der Aufnahme neuer Verbandsmitglieder gewährt. In § 3 II der entsprechenden Satzung heißt es: „OT-Mitglied kann nicht sein, wer ordentliches Mitglied ist." Auf diese Weise wird es dem bestehenden Mitgliederkreis systematisch erschwert, einen Statuswechsel herbeizuführen. Wollte ein Verbandsmitglied den OT-Status erwerben, müsste es zunächst unter Wahrung der regulären Kündigungsfrist (im konkreten Fall sechs Monate) die ordentliche Mitgliedschaft beenden, um später dem Verband als OT-Mitglied neu beizutreten.

Eine zweite Konstellation sieht vor, dass zwar der Wechsel von einer ordentlichen (tarifgebundenen) in eine OT-Mitgliedschaft möglich ist, der ursprüngliche

Verbandseintritt jedoch in der Regel nur über die ordentliche Mitgliedschaft erfolgen kann. So sieht die Satzung eines westdeutschen Industrieverbandes (739) vor:

> „Der Verbandsbeitritt als ordentliches Mitglied erfolgt grundsätzlich als Mitgliedschaft mit Tarifbindung. Ist die Tarifbindung auch unter Berücksichtigung des gemeinsamen Verbandsinteresses an gleichen Arbeits- und Wirtschaftsbedingungen in der Branche für das Mitglied unzumutbar, kann im Ausnahmefall auch ein Beitritt als ordentliches Mitglied ohne Tarifbindung erfolgen. Hierüber entscheidet der engere Vorstand im Einzelfall."

Schließlich sieht eine dritte Konstellation, der in der Praxis die weitaus meisten Fälle zuzuordnen sind, vor, dass der Erwerb einer OT-Mitgliedschaft sowohl auf dem Wege der Umwandlung einer bestehenden ordentlichen Mitgliedschaft als auch über den Verbandsbeitritt erfolgen kann.

7.2.2 Ausgestaltung des Stufenmodells: Wechselkriterien

Die zweite Leitfrage thematisiert weitere Bedingungen für den Wechsel in die OT-Mitgliedschaft bzw. für den Beitritt in eine solche tarifbindungsfreie Verbandsmitgliedschaft. Zu unterscheiden sind hier im Wesentlichen Verbände, bei denen lediglich der Zugang einer einseitigen Gestaltungserklärung eines Mitglieds (gegebenenfalls auch die Einhaltung einer Frist) verlangt wird, und solche, bei denen weitere qualifizierende Bedingungen gegeben sein müssen oder sogar die positive Entscheidung eines Verbandsorgans verlangt wird. Auch wenn die Verbände, bei denen der Wechsel in die OT-Mitgliedschaft durch einfache Erklärung des Mitglieds erfolgt, die Mehrheit bilden, gibt es dennoch weitere Arbeitgeberverbände, die zusätzliche Bedingungen definieren. So will eine Reihe von Verbänden die OT-Mitgliedschaft auf Einzelfälle begrenzt wissen, welche dann auch einer kritischen Prüfung durch ein beschließendes Verbandsorgan unterzogen werden; durch diese soll dann festgestellt werden, ob im Einzelfall die Tarifbindung „auch unter Berücksichtigung des gemeinsamen Verbandsinteresses an gleichen Arbeits- und Wirtschaftsbedingungen in der Branche für das Mitglied unzumutbar" ist (zitiert aus der Satzung eines Industrieverbandes [736]). Eine weitere Variante eines eher restriktiven Umgangs mit OT stellen jene Verbände dar, die ihren Mitgliedern nur einen befristeten Verzicht auf die Bindung an die vom Verband abgeschlossenen Tarife gestatten wollen. Solche Ausgestaltungen des Stufenmodells haben eher den Charakter von Härtefallregelungen, bei denen nach dem voraussichtlichen Ende der außerordentlichen Umstände, die zur Unzumutbarkeit der Tarifbindung führten, der Normalfall – sprich die ordentliche, tarifgebundene Mitgliedschaft – wiederherzustellen ist. Es finden sich zumeist Fristen von zwei bis drei Jahren.

7.2.3 Ausgestaltung des Stufenmodells: Übergangsregeln

Schließlich unterscheiden sich – dritte Leitfrage – OT-Regelungen in der Ausgestaltung des Übergangs zwischen den Mitgliedschaftsformen. Von herausragender Bedeutung sind hierbei Vorschriften über die Fristen beim Übergang von einer tarifgebundenen in eine tariflose Mitgliedschaft; solche Fristen definieren den Zeitrahmen zwischen der Abgabe einer Gestaltungserklärung und dem Wirksamwerden des Wechsels in eine neue Mitgliedschaftsform. Es muss hervorgehoben werden, dass dieser Wechsel nicht immer deckungsgleich ist mit dem Erlangen der gewünschten vollständigen Befreiung von der Bindung an den jeweiligen Verbandstarif. So hat das Bundesarbeitsgericht mit seinem Urteil vom 18.07.2006 sichergestellt, dass Verbandsmitglieder während der Geltungsdauer eines Tarifvertrages auch nach dem Wechsel in die OT-Mitgliedschaft weiterhin gemäß § 3 Abs. 3 TVG an diesen gebunden sind (Nachbindung). Auch finden für OT-Mitglieder nach dem Ablauf eines Tarifvertrages die Vorschriften des § 4 Abs. 5 TVG (Nachwirkung) Anwendung (Bayreuther 2007). Demnach gelten nach Ablauf des Verbandstarifs zwar später abgeschlossene Tarifverträge und gegebenenfalls darin enthaltene Lohnerhöhungen für das OT-Mitglied nicht mehr, es ist aber weiterhin an die Konditionen der alten Vereinbarung gebunden, und zwar unbefristet. Abweichungen vom nachwirkenden Tarifvertrag sind dagegen möglich, wenn Neueinstellungen vorgenommen werden oder einzelvertragliche Vereinbarungen die Tarifbestimmungen ablösen. Darüber hinaus ist mit dem Zeitablauf ein nachwirkender Lohn- oder Gehaltstarifvertrag für die Beschäftigten immer weniger „wert“, da ja die Lohnhöhe auf dem Ursprungsniveau eingefroren bleibt; zwischenzeitlich eingetretene Preissteigerungen werden nicht ausgeglichen. Reallohnverluste sind somit bei der Nachwirkung für die Beschäftigten vorprogrammiert.

Berücksichtigt man diese komplexe Mechanik zwischen dem Wechsel des Mitgliedschaftsstatus und den verschiedenen Formen der Tarifbindung, wird deutlich, dass es aus Sicht der Mitgliedsunternehmen sehr wohl auf einen Tag mehr oder weniger ankommen kann. So erlaubt der vollständige Verzicht auf Wechselfristen den Verbandsmitgliedern eine weitestmögliche Flexibilität bei der Ausgestaltung der Bindung an den Verbandstarif, während hier insbesondere längere Fristen eher restriktiv wirken. Anhand des nun folgenden Szenarios, das sich auf die Rechtslage des Jahres 2004 bezieht, also des Jahres, in dem die Beschaffung der Satzungen abgeschlossen wurde (siehe Kap. 4), soll dieses Ineinandergreifen erläutert werden:

Ein Arbeitgeberverband führt Tarifverhandlungen mit der zuständigen Gewerkschaft Y. In schwierigen Verhandlungen konnte ein vorläufiges Verhandlungsergebnis erzielt werden, das neben anderem eine beachtliche Lohnsteigerung enthält. Beide Parteien haben sich eine Erklärungsfrist von 48 Stunden vorbehalten, während derer die jeweiligen Verhandlungskommissionen das erzielte Ergebnis mit ihrer „Basis" diskutieren und die zuständigen Gremien beider Verbände um Zustimmung ersuchen. Mitgliedsunternehmen U möchte die vereinbarte Lohnerhöhung auf keinen Fall tragen und sucht nach Wegen, dies zu verhindern. Ein Verbandsaustritt kommt für U schon deswegen nicht in Betracht, weil dieser erst nach Ablauf einer längeren Kündigungsfrist wirksam wird (in der Regel beträgt diese Frist sechs Monate zum Ende des Kalenderjahres) und U neben der Tarifbindung auch den Anspruch auf andere Verbandsdienstleistungen verlieren würde. Sähe die jeweilige Satzung des Arbeitgeberverbandes die Möglichkeit eines frist- und bedingungslosen Wechsels in die Mitgliedschaft ohne Tarifbindung vor, könnte U noch vor Ablauf der Erklärungsfrist einen entsprechenden Wechsel des Mitgliedschaftsstatus wirksam werden lassen, mit dem Ergebnis, dass der neue Tarifvertrag auf U keine Anwendung fände. Anders verhält sich die Angelegenheit in jenen Fällen, in denen die Verbandssatzung die Einhaltung einer Frist voraussetzt – dann ist die kurzfristige „Flucht" aus dem Geltungsbereich eines neuen Tarifvertrages ausgeschlossen.

Eine Reihe von Satzungen sieht derartige Fristen vor. In etlichen Fällen wird zum Statuswechsel die gleiche Frist wie für den Verbandsaustritt gesetzt, es finden aber auch verkürzte Fristen Anwendung. Ob nun ein Verband auf die Wechselfrist vollständig verzichtet oder nicht, spielt eine herausragende Rolle bei der Frage, inwieweit er sich dem kurzfristigen Kalkül (und auch Stimmungen) der einzelnen Mitglieder aussetzt oder diese sogar als Machtressource in den Tarifverhandlungen in Stellung zu bringen vermag. Auf die weitreichenden Auswirkungen dieser Vorgänge auf die Verbandsstrategie und das Verbandsselbstverständnis wird später noch näher einzugehen sein. An dieser Stelle soll nur Folgendes angedeutet werden: Während im ersten Teil dieser Arbeit Interessenisolierung als eine Form der Interessenbearbeitung verstanden wurde, durch die bestimmte Interessensphären der Mitglieder von der verbandlichen Bearbeitung ausgenommen werden, findet über das Mittel der Fristsetzung eine Isolierung des Handlungsspielraums der Verbandsführung (sowie der Verhandlungskommissionen) gegenüber den Interessen von zumindest Teilen des Mitgliederkreises statt. Dies ist an sich ein weder ehrenrühriger noch außergewöhnlicher Vorgang; ähnliche Prozesse wurden bereits in den 1960er Jahren von Walton/McKersie beschrieben und tiefergehend analysiert (Walton/McKersie 1993 [1965]). Interessant am konkreten Fall der Kündigungsfristen ist allerdings, dass – um in der Terminologie von Walton/McKersie zu verbleiben – Satzungsregelungen einen beachtlichen Spielraum aufweisen, um das Zusammenspiel von „distributive bargaining", „integrative bargaining" und „attitudinal structuring" im eigenen Interesse auszugestalten. In diesem Sinne sind Verhandlungskommissionen nicht nur Getriebene der vertretenen Mitgliederinteressen – ihr eigener Verband entscheidet vielmehr strukturell darüber mit, inwieweit die Verhandlungsführung in der konkreten Verhandlungssituation mit diesen Interessen überhaupt konfrontiert wird.

7.3 Verbreitung von Mitgliedschaften ohne Tarifbindung

Belastbare Angaben zur Verbreitung von OT-Mitgliedschaften liegen bislang nur für wenige Arbeitgeberverbände vor. Zwei Fragen sind hierbei von Belang: zunächst einmal die, wie viele Mitgliedsunternehmen der Arbeitgeberverbände einen solchen Statuswechsel vollzogen haben und wie viele Beschäftigte dieser Unternehmen dadurch erfasst werden. Des Weiteren sind Angaben darüber von Interesse, welche Verbände ihren Mitgliedern überhaupt die Möglichkeit zum Wechsel in eine (vermeintlich) tarifbindungsfreie Mitgliedschaft ermöglichen und welche konkreten Ausgestaltungsformen von OT jeweils Anwendung finden.

7.3.1 Nutzung durch Unternehmen

Frei verfügbare Daten über die Nutzung von OT liegen hauptsächlich für den Bereich der Metallindustrie (siehe dazu weiter unten), aber auch für einige andere Verbände vor. Für die Textilindustrie gab der Geschäftsführer von Gesamttextil, Krollmann, den OT-Anteil mit einem Drittel (der insgesamt 1.500 Mitgliedsunternehmen) an (Handelsblatt vom 29.09.2004). Weitere Angaben liegen darüber hinaus für einige mittelständische Branchen vor. So werden mittlerweile 50% der Mitglieder des Verbandes der holz- und kunststoffverarbeitenden Industrie Rheinland-Pfalz („OT-Pionier“) in der tarifbindungsfreien Mitgliedschaft geführt, während der OT-Anteil der Mitgliedsunternehmen in den jeweiligen Landesverbänden in Bayern bei 37,5% und in Baden-Württemberg bei 14% liegt (Völkl 2002: 116). Hingegen verzichtet lediglich ein Prozent der Mitgliedsunternehmen im Verband der Säge- und Holzindustrie Baden-Württemberg auf die Bindung an einen Verbandstarif (ebd.: 163).

Für die Metallindustrie weisen Haipeter/Schilling (2006: 56) für vier von ihnen untersuchte Mitgliedsverbände von Gesamtmetall einen Organisationsgrad der Unternehmen aus, der zwischen fünf Prozent (Thüringen) und 30,1% (Bayern) schwankt. Wie die Tabelle 7.2 ausweist, liegt der Beschäftigtenorganisationsgrad deutlich niedriger, was darauf hindeutet, dass sich Großunternehmen eher von einer OT-Mitgliedschaft fernhalten.

Folgt man den von Gesamtmetall selbst veröffentlichten Daten, so ergibt sich für einige ausgewählte Parallelverbände folgendes Bild (vgl. Tab. 7.3):

Zwischen 28% (Saarland) und 75% (Bayern) von allen in den jeweiligen Verbänden der Metallindustrie (T und OT) organisierten Unternehmen haben

Tab. 7.2: Organisationsgrade von OT-Verbänden der Metallindustrie (in Prozent Ende 2004)

	NRW	Bayern	Nord	Thüringen
Unternehmensorganisationsgrad	22,7	30,1	24 (Schätzung)	5
Beschäftigtenorganisationsgrad	10	k.A.	11 (Schätzung)	6

Quelle: Haipeter/Schilling 2006: 56

Tab. 7.3: Mitglieder in Landesverbänden von Gesamtmetall (T und OT Ende 2009)

	Tarifträgerverbände		ohne Tarifbindung		OT-Anteile in Prozent der Gesamtmitgliedschaft	
Bundesland	Firmen	Beschäftigte	Firmen	Beschäftigte	Unternehmen	Beschäftigte
NRW	1.422	348.525	665	52.906	31,9	13,2
Hessen	266	94.267	235	24.587	46,9	20,7
Saarland	69	34.873	27	3.013	28,1	8,0
Bayern	321	398.030	962	151.798	75,0	27,6

Quelle: Gesamtmetall

sich für eine Mitgliedschaft im OT-Verband entschieden. Vergleicht man diese Angaben mit den genannten Anteilen der Beschäftigten, die in den Organisationsbereich des zuständigen OT-Verbandes fallen, so bestätigt sich der bereits zuvor genannte Befund: Der Anteil der im OT-Bereich erfassten Beschäftigten liegt teils recht deutlich unter dem Anteil der Unternehmen, was darauf schließen lässt, dass OT vorwiegend eine Angelegenheit für Klein- und Mittelbetriebe ist. Ein zuverlässiger Vergleich der OT-Nutzung zwischen den einzelnen Mitgliedsverbänden müsste also die Unternehmensgrößenstruktur berücksichtigen; entsprechende Daten werden leider von Gesamtmetall nicht dokumentiert. Trotz dieser Unschärfe fällt ins Auge, dass sowohl beim Anteil der Unternehmen als auch bei den von diesen beschäftigten Arbeitnehmer/inne/n die bayerische Metallindustrie einen eklatant höheren OT-Anteil aufweist als NRW-Metall. Da auch die Metallindustrie in Nordrhein-Westfalen einen großen Anteil an Klein- und Mittelbetrieben aufweist, drängt sich der Verdacht auf, dass der unterschiedliche Nutzungsgrad von OT letztendlich auf die damit verbundene Orientierung der Verbände selbst zurückzuführen sein dürfte. Wenn nun die Nutzung von OT von politischen Entscheidungen des Verbandes abhängig ist, so sollte dies auch für die Frage zutreffen, ob ein Arbeitgeberverband seinen Mitgliedern überhaupt eine solche Option anbietet. Hierauf wird nun näher eingegangen.

7.3.2 Gewährung der OT-Option durch die Verbände

Das soeben bemühte Beispiel von Gesamtmetall und seinen Mitgliedsverbänden ist insofern außergewöhnlich, als es sich ausschließlich um Fälle des Aufspaltungsmodells handelt. Zwar ist OT in der Metallindustrie durchgängig nach diesem Modell organisiert, bezogen auf alle hier erfassten Arbeitgeberverbände ist jedoch das Aufspaltungsmodell in der absoluten Minderzahl. Neben den reinen OT-Verbänden von Gesamtmetall findet sich eine Reihe von Fällen, die nach dem Tarifgemeinschaftsmodell organisiert wurden. Die Mehrzahl der verbleibenden OT-Fälle wird nach dem Stufenmodell organisiert; hier erhalten Mitgliedsunternehmen ein (beschränktes) Wahlrecht, nach dem sie entweder eine Mitgliedschaft mit Tarifbindung oder ohne Tarifbindung eingehen.

Die folgenden Ausführungen über die Verbreitung von OT in der deutschen Arbeitgeberverbandslandschaft basieren auf einer reinen Satzungsauswertung. Dies hat Vor-, aber auch Nachteile. Zu den Vorteilen zählt die Eindeutigkeit von Satzungsvorschriften – entsprechende OT-Regeln in der Satzung verweisen auf eine eindeutige Willensbekundung einer satzungsverändernden Mehrheit des höchsten beschlussfassenden Verbandsgremiums. Zu den Nachteilen gehört, dass Fälle des Stufenmodells und auch des Aufspaltungsmodells nach der Tarifgemeinschaftsvariante zuverlässig und lückenlos erfasst werden, Fälle des OT-Parallelverbandes allerdings nur lückenhaft. Der Grund für diese Blindstelle ist in einem der Grundcharakteristika des OT-Parallelverbandes zu sehen: Jeweils getrennte, rechtsfähige Verbände für tarifgebundene und -ungebundene Mitglieder verfügen auch über eigenständige Satzungen. Folglich ist z.B. Südwestmetall (der Landesverband von Gesamtmetall für das Land Baden-Württemberg) nicht als OT-Verband erfasst, weil die OT-Mitglieder in dem selbstständigen Verband „Unternehmensverband Südwest e.V." zusammengefasst werden. Da nicht alle Parallelverbände (insbesondere dann, wenn sie keine eigenständige Mitgliedschaft in der BDA unterhalten) in der Datenbank enthalten sind, kann es zu einer leichten Unterschätzung der Verbreitung von OT kommen.

Tabelle 7.4 zeigt die Verbreitung von OT nach den Branchen, in welchen die untersuchten Verbände tätig sind. In die Betrachtung wurden lediglich Verbände erster Ordnung sowie hybride Verbände einbezogen, weil nur für diese ein Wahlrecht der Mitgliedsunternehmen sinnvoll bestehen kann. Es gibt einige wenige Fälle (nach dem Aufspaltungsmodell), bei denen auch eine übergeordnete Verbandsstruktur nur für OT-Verbände gebildet wurde; diese Fälle werden hier allerdings nicht näher verfolgt, da sie überhaupt nur in einer Minderheit der Verbände sinnvoll sind. Insgesamt acht Fälle ließen sich nicht mit der erforderlichen Eindeutigkeit klassifizieren und wurden daher in die weitere Analyse nicht einbezogen.

Tab. 7.4: Anteil der Verbände mit OT-Mitgliedschaft nach Branche sowie für Ost- und Westdeutschland

Bereich	Gesamtfallzahl	Davon: Anteil in Prozent
Handwerk	16	6
Industrie	124	41
Dienstleistungen	106	45
Bergbau	4	25
Bau	31	10
Landwirtschaft	20	0
Gemischt	10	10
Ostdeutschland (ohne Berlin)	39	41
Westdeutschland	272	33
Gesamt	*311*	*34*

Quelle: WSI-Datenbank Arbeitgeberverbände (2006)

Wie die Tabelle zeigt, hat sich mehr als ein Drittel der untersuchten Verbände dazu entschlossen, ihren Mitgliedern die Möglichkeit einer OT-Mitgliedschaft anzubieten. Wegen zu geringer Fallzahlen lassen sich nicht alle ausgewiesenen Branchenbereiche sinnvoll interpretieren. Eines fällt dennoch ins Auge: Die beiden Kernbereiche der industriellen Fertigung und der Dienstleistungserstellung bieten deutlich überdurchschnittlich häufig OT-Mitgliedschaften an, während sich alle weiteren Bereiche wie z.B. das Handwerk, die Bauwirtschaft und insbesondere auch der Bereich Landwirtschaft/Landschaftsbau deutlich zurückhaltender zeigen. Auf mögliche Gründe für diese Differenzen wird in den kommenden Abschnitten noch einzugehen sein.

7.4 Strategische Intentionen der Mitgliedschaft ohne Tarifbindung

Wie aus den Angaben über die Verbreitung hervorgeht, kann keineswegs von einer einheitlichen Praxis der Verbände beim Umgang mit der tarifbindungsfreien Mitgliedschaft gesprochen werden. Zum einen deuten die Daten aus der Holz- und Kunststoffindustrie, aber auch aus der Metallindustrie darauf hin, dass Verbände, die überhaupt eine OT-Option anbieten, dies mit deutlich unterschiedlichem Nachdruck tun. So scheinen innerhalb eines einheitlichen Verbandssystems einige Arbeitgeberverbände das OT-Modell so erfolgreich zu propagieren, dass eine stattliche Anzahl von Mitgliedsunternehmen diese Option wahrnimmt, während in der gleichen Branche eines anderen Bundeslandes vergleichsweise geringe OT-Anteile zu verbuchen sind. Zum anderen scheidet sich die Verbandslandschaft aber auch an der Frage, ob eine solche Option der tarifbindungsfreien Mitgliedschaft den Mitgliedern überhaupt angeboten wird. Bezogen auf die Strategiefindung haben die Verbände selbst in ihrer Rolle als Kollektivakteur zwei grundlegende Entscheidungen zu treffen. Zunächst einmal geht es für sie darum, ob sie überhaupt per Satzungsänderung oder über die Gründung eines Parallelverbandes (bzw. einer Tarifgemeinschaft) den Weg für eine Mitgliedschaft ohne Tarifbindung freimachen. Haben sich nun Verbände für eine solche gespaltene Mitgliedschaft entschieden, stellt sich darüber hinaus die Frage, wie offensiv die Option „ohne Tarifbindung" verfolgt werden soll. Grundsätzlich kann dies auf zwei Wegen erfolgen: So kann bereits das formale OT-Modell so ausgestaltet sein, dass es den Wechsel in eine tarifbindungsfreie Mitgliedschaft erleichtert oder aber erschwert. Beispielsweise machen lange Kündigungsfristen oder gar Zustimmungserfordernisse einen Wechsel eher unattraktiv für das einzelne Unternehmen, während eine Ausgestaltung des Modells unter völligem Verzicht auf Fristen und weitere Voraussetzungen einen Wechsel erleichtert.

Wie die vorangegangene Analyse bereits angedeutet hat, ergibt sich für Arbeitgeberverbände durchaus ein Handlungsspielraum für strategisches Handeln. Folgt man dem Analyseraster von Olivers Strategic-response-Ansatz, so kann eine Organisation mit Herausforderungen ihrer institutionellen Umwelt umgehen, indem sie sich konform verhält oder widersetzt, wobei „widersetzen" im Sinne der Resource-dependence-Perspektive, an welche Oliver anknüpft, auch einschließen kann, dass die Organisationsumwelt durch die Organisation verändert oder kontrolliert wird (Oliver 1991: 150).[4] Konformes Verhalten („acquiesce"), in Form von Gefolgschaft, Gehorsam oder Mimese, stellt stets eine zentrale Option strategischen Verhaltens dar, wird aber durch vier weitere Strategievarianten ergänzt, welche sich in unterschiedlicher Weise diesem Konformitätsdruck widersetzen. So zeichnet sich erstens die Strategievariante „compromise" dadurch aus, dass Organisationen die Erwartungen ihrer Bezugsgruppen ausbalancieren oder aber in Verhandlungen eintreten. Organisationen können sich, zweitens, dem externen Druck auch entziehen („avoid"), indem sie ihre eigenen Ziele, Aktivitäten oder Vertretungsdomänen verändern bzw. sich generell von der institutionellen Umwelt loslösen. Drittens können sich Organisationen offen widersetzen („defy"), indem sie Regeln und Erfordernisse nicht akzeptieren oder den institutionellen Druck an seinem Ursprung herausfordern. Manipulation als die vierte Strategie versetzt Organisationen selbst in die Lage, Entscheidungskriterien und Werte zu verändern sowie institutionelle Bezugsgruppen und Prozesse zu dominieren (Oliver 1991: 152ff.).

---

4 Diese Grundidee, wonach Organisationen die Umwelt, innerhalb derer sie operieren wollen, bewusst auswählen, findet sich prominent auch in den Arbeiten Childs (siehe Child 1972: 4, 1997: 53ff.).

Unter Rückgriff auf die einschlägige Literatur zur Bedeutung und Genese von OT-Mitgliedschaften wird nun das strategische Terrain sondiert und der Frage nachgegangen, welches die strategischen Begründungszusammenhänge für die Einführung von Mitgliedschaften ohne Tarifbindung waren bzw. immer noch sind.

7.4.1 Organisationssicherungsstrategie

Die Mehrzahl der Erklärungsansätze lässt sich wohl unter dem Stichwort der „Organisationssicherungsstrategie" (Völkl 2002: 88; Haipeter 2010: 212) zusammenfassen. Hierunter ist eine defensiv ausgelegte Strategie zu verstehen, die im Wesentlichen die für den Verband negativen Effekte der „Verbandsflucht" abzufedern sucht. Bevor Mitglieder dem Arbeitgeberverband gänzlich den Rücken kehren – eine Entwicklung, die insbesondere seit Beginn der 1990er Jahre mit Sorge verfolgt wurde (Langer 1994; Schroeder/Ruppert 1996) –, sollte mit der Einführung von OT-Mitgliedschaften zumindest die Organisationsentwicklung stabilisiert werden (Zimmer 2002: 150, 213; Schnabel 2005: 14f.). Ob dies nun primär mit dem Ziel verfolgt wurde, die absolute Mitgliederzahl und somit die finanziellen und materiellen Ressourcen der Verbände zu sichern (Köpf 2002: 90; Weitbrecht 2010: 323), den Organisationsgrad als Ausdruck der relativen Organisationsstärke der Arbeitgeberverbände zu stabilisieren (Artus 2001: 122; Bispinck 2006: 44) oder aber die politische Einheit der Verbände wiederherzustellen (Kinderman 2005: 454), blieb in der Debatte zumeist offen.

Einigkeit scheint darüber zu bestehen, dass die durch OT betriebene „Entkoppelung von Tarifflucht und Verbandsflucht" (Haipeter/Schilling 2006: 54) letztlich ihre Ursache in der Unzufriedenheit im Unternehmenslager mit den von ihren Verbänden abgeschlossenen Flächentarifverträgen hat. Eine verbreitete Kritik vieler austrittswilliger Verbandsmitglieder am Flächentarifvertrag richtet sich insbesondere gegen die absolute Höhe der vereinbarten Vergütungen, aber auch gegen die unzureichende Flexibilität der Tarifbestimmungen, die es nicht erlaubten, besondere Marktverhältnisse und unterschiedliche Produktionserfordernisse zu berücksichtigen. Letztlich wurde dieser Begründungszusammenhang auch vielfach mit einer Heterogenisierungsthese verknüpft, wonach sich die Interessenlagen der Mitgliedsunternehmen immer weiter ausdifferenzieren und somit die lange Zeit recht passabel funktionierenden „One-size-fits-all"-Regeln des Flächentarifvertrages nunmehr in lästige Restriktion verwandeln (Völkl 2002: 77f.; Schnabel 2005: 14f.).

Allerdings trägt ein Tarifvertrag bekanntlich immer mindestens zwei Unterschriften, sodass sich Arbeitgeberverbände, welche OT als Organisationssicherungsstrategie eingesetzt haben, durchaus dem Vorwurf ausgesetzt sehen, die vorgenommene Ausdifferenzierung sei letztlich nichts anderes als Ausdruck der eigenen Unfähigkeit, eine Flexibilisierung der Tarifbestimmungen auf dem Verhandlungswege durchzusetzen (z.B. Schroeder/Silvia 2003: 264; 2007: 1454; Schroeder 1995: 57). Ob nun eine solche „Flexibilisierungslücke" tatsächlich besteht und wenn ja, wer diese zu vertreten hat, soll hier zunächst offen gelassen werden. Für den hier diskutierten Begründungszusammenhang ist von Bedeutung, dass OT als ein reaktives Instrument in der Hand der Arbeitgeber verstanden wird, welches letztlich als „Strategie zweiter Wahl" dazu dienen soll, zumindest die organisationspolitischen Folgen der angenommenen Dysfunktionalität des Tarifsystems zu bewältigen . Demnach macht zwar OT die Tarifpolitik nicht besser, erlaubt es aber dem Arbeitgeberverband, in einem solchen System zu überleben. Bewertet man eine solche Strategie mit Rückgriff auf das vorgestellte Analyseraster Olivers, so müsste man eine derartige Organisationssicherungsstrategie wohl als konforme Anpassungsstrategie begreifen, welche den Herausforderungen der Tarifpolitik und der daraus resultierenden Unzufriedenheit der Mitglieder kaum etwas entgegenzusetzen hat. Der Verband betreibt also eine Strategie der passiven Entsprechung von institutionellen Herausforderungen, die er selbst nicht gestalten kann oder will.

7.4.2 Legalisierungsstrategie

Die von Schroeder angedeutete Schwäche bei der Durchsetzung der eigenen Tarifforderungen findet ihre Zuspitzung in der These, die Einführung von OT-Mitgliedschaften sei letztendlich zu verstehen als der Versuch, dem zuvor herrschenden offenen rechtswidrigen Tarifbruch den Wind aus den Segeln zu nehmen. Ein solcher Hinweis findet sich bei Rosdücher (1997: 174), der allerdings eine solche Legalisierungsthese nicht selbst vertritt, sondern lediglich anführt. Die Einführung der tarifbindungsfreien Mitgliedschaft im Verband ist in dieser Argumentation als ein Angebot an jene Mitgliedsunternehmen zu verstehen, die sich vor der Einführung dieser Alternative gezwungen sahen, Tarifbestimmungen (z.B. durch abweichende Vereinbarungen mit den Betriebsräten) zu unterlaufen. Zwar hätten diese Mitglieder den Verband einfach verlassen können und hätten – unter den Einschränkungen der Regeln zur Nachwirkung von Tarifverträgen mit Zeitverlauf – einen größeren autonomen Gestaltungsspielraum gewonnen, der Preis in diesem Modell wäre aber der Verlust verbandlicher Beratung und Betreuung gewesen. Die OT-Mitgliedschaft bildet aus dieser Perspektive eine rechtskonforme Möglichkeit, die Tarifbindung abzustreifen und sich gleichzeitig die Unterstützung durch verbandliche Dienstleistungen zu sichern; in diesem Sinne kann OT auch verstanden werden als kollektive Strategie zur Verringerung der Prozessrisiken (und mit Blick auf die Gewerkschaften auch Protestrisiken) einzelner Unternehmen. Letztlich verbirgt sich hinter diesen Legalisierungsversuchen eine – wenn auch eher passive – Strategie der Kompromissbildung („compromise"), welche dem Ziel dient, unterschiedliche Erwartungen der Bezugsgruppen (Unternehmen, Gewerkschaften, Staat) ins rechte Verhältnis zu setzen.

Dass nun eine solche Strategie zur geordneten Abwahl der Tarifvertragsbindung letztlich auch eigenständige Anreize zur Tarifflucht schafft, welche über eine reine Legalisierung „wilder Tarifflucht" weit hinausreichen, kann nicht ausgeschlossen werden. Somit ist der Übergang zu einer weiteren Variante durchaus fließend.

7.4.3 Tarifpolitisches Druckmittel

In einer Reihe von Arbeiten findet sich der Hinweis darauf, allein schon die Drohung mit dem Wechsel in eine tarifbindungsfreie Mitgliedschaft könnte ein wertvolles Druckmittel in der Hand von Arbeitgeberverbänden sein, welches insbesondere im Kontext von Tarifauseinandersetzungen die Konzessionsbereitschaft der Gewerkschaften maßgeblich erhöhen könnte (vgl. Haipeter/Schilling 2006: 61; Bispinck 2006: 44; Schnabel 2005: 14; Schroeder/Silvia 2003: 264; Schroeder 2002: 74; Schroeder 2000: 252; kritisch: Lesch 2010: 245). Wie bereits in Abschnitt 7.2 ausgeführt wurde, kann innerhalb der Dramaturgie einer Tarifbewegung der glaubhafte Hinweis, beim Beharren des Tarifgegners auf unangemessenen Forderungen könne sich ein beachtlicher Teil der Mitglieder gezwungen sehen, quasi über Nacht dem Geltungsbereich eines neuen Tarifvertrages zu entfliehen, durchaus Wirkung zeigen. In einer solchen Situation verschafft die Ungewissheit der Gewerkschaft über das mögliche Verhalten der Arbeitgeberverbandsmitglieder dem Arbeitgeberverband als Kollektivakteur einen Machtvorteil. Während die Verpflichtungsfähigkeit der Tarifvertragsparteien gegenüber ihren Mitgliedern noch bei Weitbrecht (1969) zu Recht als Grundbedingung für die äußere Legitimierung der Tarifautonomie eingeführt wurde, wird nun die gewollte und politisch gesteuerte Preisgabe eben dieser Verpflichtungsfähigkeit zu einer Machtressource in der Hand von Arbeitgeberverbänden. Zieht man wiederum Olivers Strategic-response-Konzept heran, so drängt sich die Parallelität zur offenen Manipulationsstrategie förmlich auf. Auf dem Wege der Umprogrammierung der eigenen Organisation wird der Versuch unternommen, deren zentrale Bezugsgruppe zu dominieren. Allerdings wird eine solche Manipulation wohl kaum ohne Risiken zu haben sein: Ob eine solche Delegitimierung der Tarifautonomie und seiner Akteure umzusetzen ist, ohne gleichzeitig das Gesamtsystem zu destabilisieren, wird noch zu diskutieren sein (siehe Kap. 8).

7.4.4 Exit-Strategie

Schließlich wurde in der wissenschaftlichen Debatte auch die Möglichkeit erwogen, OT könne Teil einer bewussten Exit-Strategie sein, wonach die Abwählbarkeit der Tarifbindung in einer Reihe von Branchen letztlich als der gesteuerte Einstieg in die Abschaffung des Verbandstarifvertrages zu interpretieren sei. So findet sich bei Völkl (2002: 107) der Hinweis auf den Verband der Pfälzischen Sägewerke, der sich entschlossen hat, keine Tarifverhandlungen mehr durchzuführen, und stattdessen lediglich tarifpolitische Verbandsempfehlungen ausspricht.[5] Eine solche Strategie des Exits aus dem Verbandstarifvertrag wäre in der Tat auch als gradueller Prozess denkbar, bei dem der Anteil der OT-Mitglieder so weit ansteigt, dass letztendlich die verbleibende Minderheit der tarifgebundenen Mitglieder kaum mehr in der Lage ist, einheitliche Standards innerhalb der Branche durchzusetzen. Eine solche Aushöhlungsstrategie wäre sicherlich nicht konfliktfrei, würde aber die Verbandsführung selbst aus der Schusslinie nehmen. Die Entscheidung über den tarifpolitischen Systemwechsel würde in die Hände der einzelnen Mitglieder selbst gelegt, die durch ihre kumulierten Einzelentscheidungen letztlich Fakten schaffen würden, denen sich dann auch der Verband als Kollektivakteur nicht mehr entziehen könnte. Ist der Exit auf diese Weise erst einmal vollzogen, müssen den Arbeitgeberverband Herausforderungen der gewohnten institutionellen Umwelt kaum mehr interessieren. Als Resultat dieser „Avoid"-Strategie hat also eine Lockerung der Verbindungen zur institutionellen Umwelt stattgefunden.

Nun werden die hier aufgeführten Strategieansätze in der Literatur nicht so verstanden, dass sie sich notwendigerweise gegenseitig ausschließen. So wird in einer Mehrzahl von Arbeiten die Organisationssicherungsstrategie in einem Atemzug mit der Strategie des tariflichen Druckmittels genannt; es wird vielfach davon ausgegangen, dass Verbände mit der Einführung von OT nach innen gewendet die eigene Organisation stabilisieren und gleichzeitig nach außen die eigene tarifliche Durchsetzungsmacht stärken wollen. Auch schließt eine bewusste Strategie der Ablösung des Flächentarifvertrages nicht notwendigerweise eine Strategie der Organisationssicherung aus, besteht doch aus Sicht der Verbände der besondere Charme von OT gerade darin, die Bindung an einen Flächentarifvertrag abstreifen zu können und gleichzeitig den Verband in seiner Funktion als Dienstleistungs- und Interessenvertretungsorgan zu erhalten. Insofern ist die im Kontext von OT gelegentlich verwendete Formel, hierbei handele es sich um einen „Suizid aus Angst vor dem Tod",[6] irreführend. Wenn man nämlich mit Durkheim für die Definition des Selbstmordes voraussetzt, dass dieser vom Opfer selbst begangen wurde und das dieses das Ergebnis seines Verhaltens (Handeln oder Unterlassen) im Voraus kannte (Durkheim 1983 [1897]:

5 Silvia/Schroeder (2007: 1455) deuten an, ein solches Exit könnte sich als (nicht intendierte) Konsequenz einer OT-Strategie ergeben.

6 Zum Beispiel IG-Metall-Bezirksleiter Neugebauer, zitiert im Handelsblatt vom 29.09. 2004.

27), so fällt sofort ins Auge, dass es im konkreten Fall an der zweiten Grundbedingung mangelt.

Schließlich lässt sich auch eine Legalisierungsstrategie in Kombination mit der Strategie der Organisationssicherung denken, denn fortdauernder und offener Rechtsbruch einzelner Mitglieder ist ein wenig geeignetes Mittel, den Zusammenhalt innerhalb eines Verbandes zu fördern. Im Umkehrschluss dürfte die Legalisierung von Tarifabweichungen nicht nur die betroffenen Mitglieder vor dem Austritt bewahren (mithin dem Verband helfen, Mitglieder und deren Beiträge zu erhalten), sondern auch dazu beitragen, Konflikte innerhalb des eigenen Mitgliederkreises durch die Schaffung geregelter Bedingungen für den Statuswechsel zu verringern. Nur schwer begründbar scheint allerdings eine Kombination von Legalisierungs- und Exit-Strategie, denn warum sollte ein Verband zunächst dem Tarifbruch den Weg in die Legalität bereiten, wenn es doch eigentlich darum gehen sollte, zumindest in der eigenen Branche und Region den Verbandstarifvertrag zu beseitigen?

Die genannten Erklärungsansätze aus der hier herangezogenen Literatur unternehmen den Versuch einer Verdichtung und Interpretation der jeweils zu Grunde liegenden Empirie. In einigen der genannten Arbeiten kommen aber die Einschätzungen über reine Plausibilitätserwägungen nicht hinaus. Welches nun genau die Motivationen der Protagonisten von OT sind – oder ob es solche überhaupt gibt –, lässt sich letztendlich nur anhand von Konflikten und Debatten innerhalb der Verbände selbst bestimmen. Dieses Unterfangen soll in der Folge am Beispiel einiger Verbände versucht werden, wenn auch die Materiallage zur Konzentration auf einige wenige Verbände zwingt. So basiert die folgende Rekonstruktion zum einen auf öffentlichen Äußerungen bzw. frei verfügbaren konzeptionellen Ausarbeitungen einiger Verbandsvertreter und zum anderen auf vom Verfasser durchgeführten Interviews sowie auf internen Verbandsdokumenten, die für eine kleine Zahl von Arbeitgeberverbänden vorlagen.

7.5 Die Einführung von Mitgliedschaften ohne Tarifbindung auf Branchenebene

7.5.1 Holz- und Kunststoffverarbeitung

Der Geschäftsführer des Verbandes der holz- und kunststoffverarbeitenden Industrie Rheinland-Pfalz e.V., Gerhard Koch, führte die frühe Einführung der Mitgliedschaft ohne Tarifbindung in seinem Verband auf die von der Gewerkschaft erzwungene Durchsetzung der zweiten Stufe der Arbeitszeitverkürzung auf 37 Stunden/Woche zurück (Koch 1999: 48). Durch das Angebot einer OT-Mitgliedschaft, so Koch in einem Artikel in der „Personalwirtschaft", habe in dieser Situation dem überwiegend mittelständisch geprägten Mitgliederkreis eine Möglichkeit zur Umgehung der Arbeitszeitverkürzung offeriert werden können. In der Folge diskutiert Koch die Vor- und Nachteile einer OT-Mitgliedschaft für das einzelne Mitglied. So wird positiv vermerkt, dass OT-Mitglieder (sofern sie nicht der Nachwirkung eines Tarifvertrages unterliegen) weitgehend freie Hand bei der Arbeitszeitgestaltung haben (bis zu 48 Stunden an sechs Tagen), Arbeitszeitkonten flexibel einführen können, auf Schichtzulagen verzichten, den Jahresurlaub auf 20 Tage begrenzen, ergebnisbezogene Entgeltbestandteile einführen sowie das Urlaubsgeld ganz abschaffen können. Zwar sei der Rückgriff auf betriebsspezifische und individualrechtlich vereinbarte Regeln für viele Betriebe wie ein Sprung ins kalte Wasser – Koch relativiert diesen Nachteil aber, indem er auf „Rahmenregeln zum Beschäftigungsverhältnis“ verweist, die sein Verband zur Verfügung stellen könne: Diese

> „enthalten zu allen notwendigen Regelungsschwerpunkten Regelungsanleitungen, zeigen die gesetzlichen Grenzen ebenso auf wie die tarifvertraglichen Schranken und bieten Wahlmöglichkeiten für die betriebsbezogene Gestaltung an.“ (Ebd.: 50)

Die positive argumentative Flankierung der OT-Mitgliedschaft wird ergänzt durch den Hinweis, auch der notfalls drohende Abschluss eines Haustarifvertrages habe in den vergangenen neun Jahren seit Einführung der neuen Wahloption nicht dazu geführt, dass einem Mitgliedsunternehmen Konditionen aufgezwungen worden seien, die schlechter als jene im Verbandstarifvertrag gewesen seien. Im Übrigen seien OT-Mitglieder bislang noch nicht bestreikt worden.

> „Selbst wenn alle Stricke reißen, droht schlimmstenfalls der Flächentarifvertrag, der dann sofort gilt, wenn der Unternehmer die Mitgliedschaft mit Tarifbindung erwirbt.“ (Ebd.: 52)

Obwohl formal als sachliche Erörterung der Vor- und Nachteile einer OT-Mitgliedschaft gestaltet, deutet Kochs Argumentation eher auf eine offensive Strategie zum Ausstieg aus der Flächentarifbindung hin. OT wird hier nicht etwa als eine Option für den Not- oder Ausnahmefall präsentiert, sondern als vom Verband unterstützte Variante, für die eine Vielzahl zugkräftiger Argumente spricht.

Im Unterschied zum Schwesterverband in Rheinland-Pfalz verhält sich der Verband der Holzindustrie und Kunststoffverarbeitung Baden-Württemberg e.V. deutlich defensiver. In einer Entscheidungshilfe für Mitglieder („Tarifbindung – ja oder nein? Rechtliche und praktische Hinweise“) erwähnt der Verband zwar eine Reihe von Vorteilen, die Mitglieder aus der OT-Mitgliedschaft ziehen könnten, spricht aber auch deutliche Warnungen aus. So spricht der von Geschäftsführer Jürgen Bock eingeleitete Text Regelungsdefizite an, die sich aus dem Vorbehalt von § 77 III BetrVG ergeben, und weist offen darauf hin, dass von einer Reihe gesetzlicher Regelungen nur durch Tarifvertrag abgewichen werden kann. Großen Raum nimmt auch die Frage nach der betrieblichen Konfliktaustragung ein:

> „Das Wichtigste: Tarifverhandlungen mit ihrem gesamten Spannungsfeld von den Forderungen über die Verhandlungen bis zur Kompromissfindung verlagern sich in den Betrieb. Die Intensität hängt mit dem Organisationsgrad der Belegschaft zusammen. Hoher Zeitaufwand, eine erhebliche Bindung von Arbeitskraft und (oft) Negativeinflüsse auf den Betriebsfrieden sind damit verbunden." (Verband der Holzindustrie und Kunststoffverarbeitung Baden-Württemberg e.V. 2002: 4)

An anderer Stelle heißt es weiter:

> „Der Konflikt wird dann nicht mehr beim Verband, sondern gleichsam auf dem ‚eigenen Werkshof' ausgetragen. Auge in Auge mit der eigenen Belegschaft. Ein Streik trifft das Unternehmen (anders als beim Streik um einen Verbandstarif) unausweichlich." (Ebd.: 6)

Im Text seines Kollegen aus Rheinland-Pfalz finden sich derartige Warnungen nicht, wohl aber einige Hinweise auf die strategische Zielsetzung der Einführung von tarifbindungsfreien Mitgliedschaften. Geschäftsführer Koch führt OT unumwunden als Druckmittel ein, mit dem die „Tariflandschaft" selbst verändert oder „weiterentwickelt" werden könne. Bereits heute habe OT einiges dazu beigetragen, diesem Ziel näher zu kommen; die neue Mitgliedschaftsform habe

> „letztlich die heftige Diskussion um den Flächentarifvertrag maßgeblich mit ausgelöst und der Forderung nach Öffnungsklauseln, Optionslösungen, Tarifkorridoren und betrieblichen Wahlmöglichkeiten in dem Maße Nachdruck verliehen, wie sich Verbände quer durch alle Branchen für ihre Einführung entschlossen haben." (Koch 1999: 52)

Koch geht zwar nicht so weit, OT als eine ausgewiesene Exit-Strategie zu propagieren, wohl aber grenzt er sich von den – in seinen Augen – zu zögerlichen Reformbemühungen der „Verbände" ab. So kritisiert er, die Gewerkschaften sähen OT lediglich als „Existenzgefährdung", während die Arbeitgeberverbände „gebetsmühlenhaft die Notwendigkeit eines reformierten Flächentarifvertrages" beschwörten (ebd.). Dieser Versuch, OT als tarifpolitisches Reforminstrument in Szene zu setzen, nimmt anscheinend ein hohes Risiko in Kauf, nämlich das des vollständigen Scheiterns des Verbandstarifvertrages. Diese Strategie wird aber nach innen gewandt verknüpft mit einer ausgewiesenen Organisationssicherungsstrategie; beinahe beschwörend warnt Koch davor, dem Verband generell den Rücken zu kehren und die gewünschten Beratungs- und Betreuungsdienstleistungen über den Markt zu beziehen:

> „Kein Steuerberater, Anwalt oder Betriebsberater verfügt regional über die Branchenbeziehungen, die Kenntnisse über die arbeitsrechtlichen, sozial- und tarifpolitischen Bedingungen, wie der Verband." (Ebd.)

7.5.2 Mitgliedschaft ohne Tarifbindung im Groß- und Außenhandel

Der Fall der rheinland-pfälzischen Holz- und Kunststoffindustrie erlangte für strategische Überlegungen innerhalb der Arbeitgeberverbände Bedeutung nicht nur, weil es eines der ersten Experimente mit diesem Instrument überhaupt war; vielmehr setzten der Verband und sein Schlüsselrepräsentant – mit einer gehörigen Portion Selbstbewusstsein im Gepäck – einiges daran, eine rechtliche Klärung des Sachverhalts in ihrem Sinne herbeizuführen. Wie der folgende Fall aus dem Groß- und Außenhandel belegt, stand die Erzwingung tarifpolitischer Grundsatzreformen nicht überall im Vordergrund der Debatte. Konkret ging es um die Einführung von OT (Stufenmodell) in einem Landesverband aus dem Bereich des Handels im Jahre 1999. Zwar waren zum Zeitpunkt der Einführung einige der abgeschlossenen Tarifverträge für allgemeinverbindlich erklärt worden und galten damit auch dann, wenn keine (wie immer auch ausgestaltete) Verbandsmitgliedschaft bestand. Dennoch sah es der Verband als notwendig an, für die verbleibenden, nicht allgemeinverbindlichen Regelungen eine Abwahlmöglichkeit zu schaffen. In seinen einleitenden Worten zur Debatte wies der Verbandspräsident zunächst den Eindruck zurück, die Einführung von OT könnte irgendetwas mit Mängeln der eigenen Tarifarbeit zu tun haben, schließlich sei diese in den vergangenen Jahren überaus erfolgreich gewesen (Protokoll der Mitgliederversammlung vom 22.10.1999). Letztlich präsentierte der Präsident eine Begründung, die Elemente einer offensiv ausgelegten Mitgliederwerbestrategie mit denen einer Legalisierungsstrategie verband. So wird er mit den Worten zitiert:

> „Gespräche mit Unternehmen aus dem Gewerbe verbindenden Dienstleistungsbereich haben ergeben, dass viele potentielle Mitglieder nur deshalb einen Beitritt zu [Verband 470, MB] verweigern, weil ihre innerbetriebliche Personal- bzw. Vergütungsstruktur zu stark vom [...]-Tarif abweicht. Die Möglichkeit einer Freistellung von der Tarifbindung würde viele Firmen zu einer Neubewertung der Beitrittsoption veranlassen.“ (Ebd.: 2)

Der Tarif als Hemmschuh für die Mitgliederwerbung sei insbesondere deshalb ein Problem, weil benachbarte Verbände des Einzelhandels sowie der Metallindustrie bei OT bereits Fakten geschaffen hätten und insofern die Befürchtung bestehe, der eigene Verband könne ins Hintertreffen geraten. Dieses Konkurrenzargument wurde insbesondere für den „intermediären Bereich“ (zwischen Handel und Industrie) angeführt – hier bestehe die Möglichkeit der „Interessenkollision“.

Weiterhin verwies der Präsident auf das Urteil des Bundesarbeitsgerichtes vom 20.4.1999. In diesem Urteil erlaubte es das BAG der Gewerkschaft, erstmals kollektiv gegen solche Betriebe vorzugehen, die rechtswidrig vom Tarif abweichende Regelungen mit ihren Betriebsräten vereinbarten. Während vor diesem Urteil die betroffenen Beschäftigten (oft mit Unterstützung ihrer Gewerkschaft) ihr Recht individuell vor den Arbeitsgerichten einklagen mussten, was sie in verstärktem Maße dem Druck von Arbeitgebern und wohl auch Betriebsräten aussetzte, drohte nun die Gewährung eines kollektiven Klagerechts für die Gewerkschaften das rechtswidrige Unterlaufen von Tarifverträgen zu erschweren. Um die Gefahr für die Unternehmen zu verringern, für tarifrechtswidriges Verhalten vor Gericht belangt zu werden, bot der Präsident nun OT als Alternative an. Das Versammlungsprotokoll zitiert ihn wie folgt: „Da der Klageweg bei nicht bestehender Tarifbindung ausgeschlossen ist, ergäbe sich ein zusätzlicher konkreter Ansatz für die Einführung einer OT-Mitgliedschaft."

Dieser Begründung durch den Präsidenten folgte, wie das Protokoll vermerkt, eine „lebhaft geführte Diskussion". Wer allerdings erwartet hätte, das Interesse der Mitglieder hätte sich auf die Auswirkungen von OT auf die Ausrichtung der verbandlichen Tarifpolitik gerichtet, muss sich enttäuscht sehen. Lebhaft diskutiert wurden formale Fragen des Übergangs in OT (und zurück) ebenso wie rechtliche Aspekte der Nachwirkung von Tarifverträgen. Von besonderem Interesse war auch, inwieweit die Einführung von OT den steuerrechtlichen Status des Verbandes verändern könnte. Letztlich entschied sich die Mitgliederversammlung, den Vorstand mit der Überprüfung der „steuerrechtlichen Erfordernisse" zu beauftragen, und stimmte dem Antrag auf Satzungsänderung zur Einführung von OT einstimmig ohne Enthaltungen zu.

Wie unterschiedlich selbst innerhalb eines Branchenbereichs die strategischen Orientierungen sein können, belegt der Fall eines Schwesterverbandes aus einem anderen Bundesland [91]. Im Jahre 2003 strich man für den eigentlichen Arbeitgeberverband die Tarifpartnereigenschaft schlichtweg aus der Satzung und verwies weiterhin tarifwillige Mitgliedsunternehmen auf die Mitgliedschaft in einer neu einzurichtenden „Tariffachgruppe"; mit der Mitteilung über die erfolgte Satzungsänderung ging den Verbandsmitgliedern zugleich ein Aufnahmeantrag für die „Fachgruppe" zu. Im beigefügten Anschreiben führte der Verbandsgeschäftsführer aus:

> „Immer mehr Firmen waren mit einer Tarifbindung nicht mehr einverstanden, da sie flexibel auf die vielfältigen Anforderungen der Kunden und des Marktes reagieren müssen [...]. Andere Unternehmen aus Branchen, die relativ gleiche Arbeitsbedingungen und damit Kostenbedingungen für die Mitglieder wünschen und die Bindung an einen Tarifvertrag als angenehm und wichtig empfinden, wollen an der Tarifbindung festhalten."

Letztlich wird durch eine solche Ad-hoc-Einführung eines Tarifgemeinschaftsmodells die vollständige Spaltung des Verbandes durchgeführt. Mitglieder müssen sich hier nicht etwa erklären, wenn sie die Tarifbindung abwählen wollen, sondern müssen im Gegenteil initiativ werden, wenn sie weiterhin an einem Verbandstarifvertrag interessiert sind.

7.5.3 Papier-, Druck- und Baustoffindustrie

Auch in anderen Verbänden sind die Begründungszusammenhänge für die Einführung von OT vielfältig. Bei der entsprechenden Satzungsänderung eines Landesverbandes der Papierindustrie (582) war dem Antrag zwar offensichtlich eine intensive Diskussion im Vorstand vorausgegangen, welche letztlich zu einem Bekenntnis zum Flächentarifvertrag führte (Protokoll vom 12.05.1998: 1). Stellungnahmen der Mitglieder gingen aber nicht ein, und weitere Nachfragen zielten auf Fragen der Nachwirkung von Tarifverträgen und auf die Möglichkeit für OT-Mitglieder, im Fall von Arbeitskampfmaßnahmen Unterstützung zu erhalten (ebd.: 2).

Der Geschäftsführer eines Verbandes der Druckindustrie (736) hingegen bezog sich 2001 in seiner Begründung für die geplante Einführung von OT explizit auf einen tarifpolitischen Begründungszusammenhang. Das Protokoll zitiert:

> „Es [das Modell der Mitgliedschaft ohne Tarifbindung, MB] gibt der Gewerkschaft ein Signal, dass die Zeit für eine Reform des Flächentarifvertrages bzw. nach Öffnung und zu mehr betrieblicher Gestaltungsfreiheit gekommen ist." (Protokoll der Mitgliederversammlung vom 07.12.2001)

Ein Verband aus der Baustoffindustrie hingegen (234) hebt bei seiner Begründung für die angestrebte Einführung der tarifbindungsfreien Mitgliedschaft ausschließlich auf Fragen der Mitgliedergewinnung ab. So fasst das Protokoll (Mitgliederversammlung vom 13.11.2003: 5) wie folgt zusammen:

> „Verbandspolitisch ist diese neue Mitgliedschaftsform vor allem deswegen wichtig, damit für die Zukunft kein Werk die Mitgliedschaft im Bundesverband mit dem Argument ablehnen kann, es sei gegen seinen Willen an die Tarifverträge gebunden."

Wie die bislang diskutierten Fälle gezeigt haben, kann – soweit es hier gelungen ist, den Mantel der Verschwiegenheit ein wenig zu lüften – wohl kaum davon die Rede sein, dass sich im Arbeitgeberlager eine einheitliche Strategie zum Umgang mit Mitgliedschaften ohne Tarifbindung herauskristallisiert hätte. Begründungszusammenhänge, die sich unter dem Stichwort „Organisationssicherungsstrategie" fassen lassen, sind weit verbreitet, variieren in ihren konkreten Zielsetzungen allerdings so stark, dass hier kaum von einem kohärenten Ansatz gesprochen werden kann. Unter „Organisationssicherung" kann, das zeigen die bislang dokumentierten Fälle, zunächst eine Bewegung zur aktiven Werbung neuer Mitglieder verstanden werden, die sich, wenn überhaupt, nur in zweiter Linie auf die Unzufriedenheit des Mitgliederbestandes mit der verbandlichen Tarifpolitik richtet. Wie etwa der Verband aus der Baustoffindustrie (234) und aus dem Handel (470) zeigen, wird die Einführung von OT nicht etwa mit Kritik an den eigenen Tarifverträgen assoziiert, sondern mit der Notwendigkeit, mit einer allgemeinen Entwicklung Schritt zu halten, will man bei der Konkurrenz um neue Mitglieder nicht den Kürzeren ziehen. Ein anderes Extrem stellen jene Fälle dar, bei denen die Sicherung der eigenen Organisation notfalls auch gegen den Tarifvertrag erreicht werden soll; OT wird hier als Machtmittel zur Veränderung der Tarifpolitik instrumentalisiert, eine Strategie, welche im Extremfall sogar die vollständige Ablösung verbandstarifvertraglicher Regelungen billigend in Kauf nimmt. Keiner der hier analysierten Verbände formuliert dies als bewusste Exit-Strategie. Wie aber das Beispiel des Verbandes der holz- und kunststoffverarbeitenden Industrie Rheinland-Pfalz zeigt, wird im Zweifel der Abkehr vom Verbandstarifvertrag der Vorzug gegeben, sollte sich dessen „Weiterentwicklung" als nicht durchsetzbar erweisen. Hinweise auf die Legalisierung von rechtswidrigen Tarifpraktiken finden sich unter den genannten Beweggründen ebenso wie zahlreiche Verweise auf die strategische Positionierung der Verbände im Kontext einer sich verändernden arbeitsrechtlichen Rechtsprechung. Es fällt auf, dass Verbände diese Rechtsprechung sehr genau und sorgfältig verfolgen – den sich durch die bislang vorliegenden Gerichtsentscheidungen erweiternden (nur in wenigen Fällen auch reduzierenden) Gestaltungsspielräumen kommt bei der Entscheidungsfindung ein großer Stellenwert zu.[7]

Soweit die hier dargelegten Befunde Rückschlüsse erlauben, spricht einiges dafür, dass OT-Strategien nicht nur innerhalb einer einheitlichen Branche variieren, sondern auch auf die Bedeutung des jeweiligen tarifpolitischen, aber auch arbeitsrechtlichen Kontextes verweisen, innerhalb dessen sich Verbände in bestimmten Zeiträumen bewegen. Nun liegt es nahe, die Frage, ob Verbände überhaupt OT-Mitgliedschaften einführen und wenn ja, mit welcher strategischen Zielsetzung, mit dem jeweiligen tarifpolitischen Handlungsdruck in Verbindung zu bringen. So unterscheiden sich die in dieser Studie untersuchten Arbeitgeberverbände sicherlich im Hinblick auf die Struktur der Unternehmen, die sie organisieren, und deren ökonomische Situation, aber auch in der Frage, wie viel Druck die jeweilige Gewerkschaft zu entfalten vermag, die auf der anderen Seite des Verhandlungstisches Platz genommen hat. Um einen ersten Eindruck des tarifpolitischen Handlungsdrucks zu erhalten, stellt die Tabelle 7.5 die erzielten Tarifergebnisse der jeweiligen Branchen im Kontext der Einführung von OT-Mitgliedschaften dar. Neben den prozentualen Tarifsteigerungen für die einzel-

7 Die spannende Frage, ob diese Orientierung eine andere wäre, würde sich die hauptamtliche Funktionärsschicht der deutschen Arbeitgeberverbände nicht bevorzugt aus den Reihen der Juristinnen und Juristen rekrutieren, kann hier leider nicht weiterverfolgt werden.

Tab. 7.5: Einführung von OT und Abweichungen von der durchschnittlichen Tarifsteigerung[a]

	Nahrung und Genuss	Groß- und Außenhandel Bayern	Groß- und Außenhandel NRW	Holz & Säge NRW	Metall und Elektro (West)b
1990	–0,4	0,8	0,8	0,6	1,5
1991	–0,6	1,0	0,6	0,6	0,8
1992	0,6	–0,3	0,0	0,8	–0,6
1993	0,7	0,0	0,2	0,2	–0,2
1994	0,9	0,1	0,2	0,1	–0,1
1995	–0,6	–0,1	–0,1	–0,1	1,5
1996	0,3	0,2	–0,1	1,1	0,4
1997	0,4	0,2	0,4	0,5	0,2
1998	0,0	0,2	0,2	–0,4	0,1
1999	–0,3	–0,2	0,0	–1,4	1,2
2000	0,4	0,4	0,5	0,2	0,1
2001	0,6	0,3	0,6	0,2	–0,4
2002	0,1	1,0	0,1	0,2	1,0
2003	0,3	–0,2	0,0	–0,2	0,0
2004	0,0	0,1	–0,2	–0,3	0,4
2005	0,2	0,6	–0,1	0,3	0,3
2006	0,0	–1,0	–1,2		1,1

	Metall und Elektro (Ost)	Einzelhandel Niedersachsen	Papier Bayern (Arbeiter)	Papier Saar (Arbeiter)	Papier Berlin/Brandenburg (Arbeiter)
1990		–0,3	–0,4	–0,4	
1991		–0,3	0,7	0,7	
1992		0,4	0,2	0,2	
1993		0,3	–0,4	–0,4	
1994		1,3	–0,6	–0,6	
1995		–0,5	0,7	0,7	
1996		0,5	–1,0	–1,0	
1997	3,8	0,2	0,5	0,5	
1998	–0,7	–0,1	–0,9	–0,9	–1,7
1999	0,3	–0,2	0,9	0,9	0,3
2000	0,6	0,6	0,2	0,2	0,3
2001	–0,6	0,5	0,6	0,6	0,4
2002	0,6	0,1	0,9	0,9	0,6
2003	–0,5	–0,2	–0,4	–0,4	–1,1
2004	–0,2	–0,1	0,4	0,4	–0,2
2005	0,3	–0,9	–0,7	–0,7	–0,7
2006	1,2	–0,4	0,3	0,3	0,4

Legende zu Tabelle 7.5:

a – grau unterlegt: Jahr der Einführung von OT-Mitgliedschaften

b – Im Bereich der Metall- und Elektroindustrie sind mehrere Jahre als Zeitpunkt der OT-Einführung hervorgehoben, da die Gründung von Parallelverbänden durch die Mitgliedsverbände von Gesamtmetall zeitlich versetzt erfolgte.

Quelle: WSI-Tarifarchiv, WSI-Datenbank Arbeitgeberverbände (2006)

nen Organisationsbereiche werden auch die Differenzen zu den Abschlüssen der Gesamtwirtschaft (getrennt für Ost- und Westdeutschland, um Verzerrungen durch die vereinigungsbedingten Teilkonjunkturen zu verringern) im jeweiligen Kalenderjahr dokumentiert. Da verlässliche Angaben, die sich auf den Zeitpunkt der Einführung von OT beziehen, nur für eine geringe Zahl von Verbänden vorliegen, konnten insgesamt nur zehn Arbeitgeberverbände in die Analyse einbezogen werden.

Die im Folgenden beschriebenen Zusammenhänge liefern wichtige Hinweise auf den von der jeweiligen Branchentarifpolitik ausgehenden Handlungsdruck, sollten aber keinesfalls überbewertet werden. Dies hat im Wesentlichen zwei Gründe: Zum einen repräsentieren die analysierten Tarifabschlüsse nicht in allen Fällen den vollständigen Organisationsbereich der jeweiligen Arbeitgeberverbände (wohl aber zentrale Teilbranchen). Zum anderen muss ein solch einfacher, bivariater Vergleich notwendigerweise auf die Kontrolle so wichtiger Parameter wie besondere Branchenkonjunkturen oder Veränderungen der durchschnittlichen Unternehmensgröße sowie der rechtlichen Rahmenbedingungen (z.B. schwindende Bedeutung der Allgemeinverbindlichkeit von Tarifverträgen) verzichten.

Wie bereits die eingangs angeführten Fallstudien andeuteten, erweist sich auch bei der folgenden Analyse die Wirkungsweise des tarifpolitischen Handlungskontextes als keineswegs stromlinienförmig. Verfolgt man die Differenzen der jährlichen Tarifsteigerungen zu jenen für die Gesamtwirtschaft der jeweiligen Kalenderjahre, so lassen sich für vier der zehn hier untersuchten Verbände/Verbändebündel Hinweise auf einen tarifpolitisch begründeten Einführungszusammenhang finden. So waren die tariflich vereinbarten Steigerungen der Löhne und Gehälter in den Jahren vor der Einführung von OT im Groß- und Außenhandel NRW, im Einzelhandel Niedersachsen und der bayerischen Papier, Pappe und Kunststoff verarbeitenden Industrie deutlich überdurchschnittlich.

Gleiches gilt für die ostdeutschen Mitgliedsverbände von Gesamtmetall, die sich bereits in der ersten Hälfte der 1990er Jahre dazu entschlossen haben, OT-Parallelverbände zu gründen – das fiel in eine Zeit, in der die Anpassung an das westdeutsche Tarifniveau auf Hochtouren lief und zum Teil Steigerungen der Tarifeinkommen im zweistelligen Prozentbereich vereinbart wurden.

Auf der anderen Seite finden sich im Bereich der Ernährungs- und Genussindustrie, des bayerischen Groß- und Außenhandels, der Holz- und Sägeindustrie NRW und der saarländischen Papierindustrie eben auch solche Verbände, in denen der tarifpolitische Druck als eher moderat angesehen werden kann; letzterer Verband sticht hierbei durch ein besonders diskontinuierliches Muster hervor, bei dem die Abweichungen von den Werten für die Gesamtwirtschaft von Jahr zu Jahr teils deutlichen Schwankungen unterliegen.

Zuletzt soll noch die westdeutsche Metall- und Elektroindustrie erwähnt werden, ein Bereich, für den die Gründungsjahre von insgesamt fünf OT-Parallelverbänden bekannt sind. Die Gründung streut insgesamt über einen solch großen Zeitraum (1993 bis 2004), dass Zusammenhänge mit bestimmten Tarifentwicklungen nicht auszumachen sind.

Letztlich deutet diese Analyse ebenso wie die vorangegangene Darstellung der Debatten um die OT-Einführung in ausgewählten Verbänden darauf hin, dass es wohl kaum eine einheitliche Ratio für die Einführung dieser neuen Mitgliedschaftsform gibt. Es zeigen sich unterschiedliche Muster der Einführung ebenso wie Hinweise darauf, dass der weitere Einführungskontext, der neben den tarifpolitischen Entwicklungen auch verbandliche Strukturen und politische Interpretationen durch die Verbandsführungen und die Mitgliedern einschließt, eine bedeutende Rolle spielt.

Auf diesen Kontext, aber auch auf die verbandsinternen Auseinandersetzungen um unterschiedliche Deutungen von (tarifpolitischen) Ereignissen und damit verknüpfte strategische Orientierungen soll nun am Beispiel der Metallindustrie und des Einzelhandels näher eingegangen werden.

7.5.4 Einführung der Mitgliedschaft ohne Tarifbindung in der Metallindustrie

Recht offensiv geführt wurde die Debatte im Bereich der Metallindustrie, wo insbesondere innerhalb des Spitzenverbandes Gesamtmetall die Erörterungen über die Einführung von OT-Mitgliedschaften durch die jeweiligen Mitgliedsverbände zuweilen mit einer erstaunlichen Offenheit ausgetragen wurden. Maßgeblicher Grund für diese Offenheit dürfte wohl sein, dass der damalige Gesamtmetall-Präsident Werner Stumpfe schon frühzeitig zum Verfechter der OT-Mitgliedschaft wurde und sie insbesondere gegen Ende seiner Amtszeit recht freimütig propagierte. In zwei öffentlichen bzw. später öffentlich gemachten Reden, die eine auf der Jahresmitgliederversammlung des Verbandes der Metall- und Elektroindustrie Rheinland-Rheinhessen (04.04.2000 in Bingen), die andere im Rahmen eines Arbeitsrechts-Symposions (25.05.2000 in Passau), präsentierte Stumpfe seine Version der Einführung von OT-Mitgliedschaften. Er sah den Anlass für dieses Vorgehen in den massiven Mitgliederverlusten der Mitgliedsverbände von Gesamtmetall, die Mitte der 1990er Jahre stattfanden und welche er letztlich auf die mangelnde (tarifliche) Reformbereitschaft der IG Metall zurückführte. Als auslösendes Moment nennt Stumpfe beim Symposion die Asien-Krise der Jahre 1997/98 und ihre Auswirkungen auf die Firmen der Metallindustrie:

> „Für eine starke Minderheit unserer Firmen brach mehr als ein Viertel des Umsatzes weg. Eine ebenso starke Minderheit spürte dagegen gar nichts von der Asien-Krise, sie profitierte vielmehr kräftig vom Boom in den Vereinigten Staaten." (Stumpfe 2000a: 1)

Stumpfes Kausalkette lautet also wie folgt: Verschärfter wirtschaftlicher Druck (Globalisierung) fördert die Heterogenisierung der Interessen von Unternehmen der Metallindustrie. Die Lösung erster Wahl wäre eigentlich die Flexibilisierung des Flächentarifvertrages mit dem Zweck, den unterschiedlichen Interessenlagen der Unternehmen Rechnung zu tragen. Da dies – so Stumpfe – wegen der fortgesetzten Verweigerung der Gewerkschaft nicht durchsetzbar schien, verbleiben Strategien zweiter Wahl. Als solche nennt er zunächst die – ohne dass der Name im Vortrag genannt wird – vom früheren Gesamtmetall-Hauptgeschäftsführer Dieter Kirchner in den Raum geworfene Option der Selbstauflösung von Gesamtmetall, die er in Bausch und Bogen verwirft:

> „Dieser Vorschlag konnte nicht prämiert werden, weil er damals an vitalen Bedürfnissen vieler Verbandsmitglieder achtlos vorbei ging – und auch heute genauso vorbei gehen würde. Wir brauchen den Flächentarifvertrag und den klassischen Arbeitgeberverband, weil viele Mitgliedsfirmen beides haben *wollen.*" (Stumpfe 2000a: 3, Hervorhebung im Original)

Dass Kirchners Vorschlag zur Verbandsauflösung in dieser Form nicht mit aller Konsequenz verfochten wurde, mithin also gar kein Totalausstieg aus dem Flächentarifvertrag intendiert war, ist ein Detail, das wir an dieser Stelle getrost als Nadelstich unter Arbeitgeberfunktionären verbuchen dürfen.[8]

Nach diesem Ausschlussverfahren bleibt also noch OT als weitere „zweitbeste" Strategie übrig. Demnach sollen OT-Verbände „die Tarifträgerverbände nicht ersetzen, sondern um eine neue Variante ergänzen" (ebd.: 2). Letztlich präsentiert Stumpfe also OT als defensiv angelegte Strategie zur Organisationssicherung, die jenen Verbänden einen neuen „Kristallisationspunkt" (ebd.) bieten soll, die wegen der Defizite des Flächentarifvertrages die Verbände verlassen

---

8 Nach Äußerungen führender Verbandsfunktionäre war Kirchners Vorschlag zunächst nicht innerhalb des eigenen Verbandes abgesprochen, was ihm wohl einige Zeit später harsche Kritik aus den eigenen Reihen einbrachte. Interessant erscheint in diesem Zusammenhang allerdings, dass es nicht die eigenen Verbandsfunktionäre waren, die sich zunächst über diese Äußerung beschwerten, sondern die Gewerkschaft. Diese Rolle wurde von Walter Riester, damals zweiter Vorsitzender der IG Metall, wahrgenommen („Wie können Sie so etwas sagen?").

oder diesen gar nicht erst beitreten. In der Spitze schätzt Stumpfe dieses Potential der Überwechsler auf 50% der organisierten Betriebe und ein Drittel der Beschäftigten.

Auch die Rolle von OT als Druckmittel gegenüber der Gewerkschaft ist in Stumpfes Vorträgen angelegt, wenn auch in einer Form, die sich nicht mit dem oben beschriebenen Argument des „tarifpolitischen Druckmittels" deckt. So ist es laut Stumpfe nicht das Ziel von OT, „Landgewinne" am Verhandlungstisch zu erzielen; vielmehr sollen Strukturen verändert werden. Auch hier spart der Redner nicht mit Offenheit. In seiner Bingener Rede betont er:

> „Ich wollte alle Innovationen in unserem verbandsorganisatorischen Gefüge von Anfang an für die Auseinandersetzung mit der IG Metall *instrumentalisieren.* Ich wollte auf dem Umweg über die Öffentlichkeit der IG Metall vor Augen führen, dass sich ihre sozialpolitische Arena Jahr für Jahr verkleinern wird, wenn sie *partout nicht* Vernunft annimmt." (Stumpfe 2000b: 8, Hervorhebungen im Original)

Einen möglichen Ausstieg aus dem Flächentarifvertrag erwähnt Stumpfe nicht, jedoch ist eine mögliche massive Schwächung des Verbandstarifvertrages hier bereits in Form einer Schuldzuweisung angelegt. Aus Stumpfes Sicht haben Gesamtmetall und seine Mitgliedsverbände letztlich die Verantwortung für den Fortbestand des Flächentarifsystems in die Hände der Gewerkschaft gelegt. Diese habe es mit ihrer Politik selbst in der Hand, ob das System als Modell für eine Mehrheit der Unternehmen fortbestehe oder nicht.

Dass diese Strategie- und Positionsbestimmung innerhalb des Verbandes keineswegs unumstritten war, lässt eine Passage der Symposions-Rede erkennen – schließlich, so führt Stumpfe hier aus, sei der Jubel innerhalb der eigenen Organisation doch recht verhalten ausgefallen (Stumpfe 2000a: 2).

Eine Reihe weiterer Verbandsvertreter, die im Rahmen dieses Projektes befragt wurden, stützen im Wesentlichen Stumpfes Einschätzung, OT sei letztlich als ein Versuch zu werten, eine Antwort auf die Unzufriedenheit der eigenen Mitglieder mit der verbandlichen Tarifpolitik zu finden. Bereits hier hören allerdings die Gemeinsamkeiten der Bewertung auf. Während Stumpfe noch die Asienkrise der Jahre 1997/98 als auslösendes Moment oder quasi als Initialzündung der Debatte um OT in der Metallindustrie zu identifizieren suchte und damit letztlich den Grundimpuls für die Einführung von OT in der Sphäre des Weltmarktes verortete, gelangen andere Verbandsfunktionäre zu abweichenden Einschätzungen. Nach deren Lesart liegt eine der Wurzeln für die Unzufriedenheit mit der Tarifpolitik in einer fehlgeleiteten Politik des Verbandes selbst und geht insbesondere auf die Jahre 1994 und 1995 zurück.

Wegen ihrer großen Bedeutung für den Begründungskontext von OT seien die Ereignisse der Jahre 1994/95 hier kurz rekapituliert. Die Tarifrunde 1994 stand in den alten Bundesländern unter dem Eindruck der tiefsten Rezession der

Nachkriegszeit. Als im Herbst 1993 die Diskussionen um die gewerkschaftlichen Tarifforderungen begannen, befand sich die konjunkturelle Entwicklung auf einem absoluten Tiefpunkt, und auch die Prognosen für das Jahr 1994 sahen – wenn überhaupt – allenfalls eine schwache konjunkturelle Erholung voraus. Die Metallarbeitgeber forderten „erstmals in der tarifpolitischen Nachkriegsgeschichte", wie es im Tarifbericht des WSI heißt (WSI 1994), keine Steigerung, sondern eine drastische Reduzierung tariflicher Leistungen. Auf der Streichliste von Gesamtmetall stand das tarifliche Urlaubsgeld, und weitere Kostenentlastungen durch Änderungen der Urlaubsrahmen- und Arbeitszeitbestimmungen wurden offensiv eingefordert. Nach 30 erfolglosen regionalen Verhandlungsrunden und einer bereits erfolgten Urabstimmung für das Tarifgebiet Niedersachsen kam es in Hannover sprichwörtlich in letzter Minute zur Einigung. Einer tabellenwirksamen Erhöhung der Löhne und Gehälter von zwei Prozent (bei fünf Nullmonaten) standen eine Kürzung der Jahressonderzahlung und Verschlechterungen bei der Berücksichtigung von Mehrarbeitsvergütungen und -zuschlägen gegenüber. Zwar konnte gleichzeitig eine Vereinbarung zur Beschäftigungssicherung abgeschlossen werden, die den Betriebsparteien eine Verkürzung der Wochenarbeitszeit bei gleichzeitigem Ausschluss betriebsbedingter Kündigungen ermöglichte, insgesamt aber wurde dieser Abschluss als ein Erfolg Gesamtmetalls bewertet und seiner offensiven Strategie der vorangegangenen Kündigung von Tarifverträgen. Aus den Reihen von Gesamtmetall hieß es, letztlich habe – so ein Novum in der deutschen Tarifgeschichte der Metallindustrie – der 1994er Abschluss den Firmen nicht eine Mark zusätzliche Personalkosten gebracht (Frankfurter Rundschau vom 15.04.1994). Gerichtet auf die folgende Tarifrunde 1995, äußerte Gesamtmetall-Präsident Hans-Joachim Gottschol, der als ausgewiesener Vertreter klein- und mittelbetrieblicher Unternehmen Stumpfe (zunächst) im Amt des Präsidenten abgelöst hatte, den Wunsch nach weiteren „Korrekturen" der vorangegangenen Tarifpolitik.[9] So forderte Gottschol in einem Pressegespräch (ebd.), die Betriebe seiner Branche müssten in den folgenden Jahren zwischen zehn und 15% der Personalkosten einsparen, denn schließlich sei die Lage der Metall- und Elektroindustrie trotz des beginnenden Aufschwungs weiterhin schlecht. Neben einer Senkung der Weihnachtsgratifikation standen bei den Arbeitgebern auch Korrekturen bei der bereits vereinbarten Arbeitszeitverkürzung auf 35 Stunden, welche am 1.10.1995 in Kraft treten sollte, auf dem Wunschzettel. Letztlich war die IG Metall nicht bereit, die ihr zugewiesene Rolle des Garanten von Lohnzurückhaltung zu übernehmen, und ging mit der

9 Thelen (2000: 144) beschreibt das politische Programm Gottschols mit Bezug auf ebenjenen Paukenschlag, der sein erstes Jahr im Amt begleitete: „Gottschol came in like a lion, initiating a major conflict with IG Metall in the East in 1993 over the pace at which wages there would be raised to match levels in the West."

Forderung von sechs Prozent Tariferhöhung in die Verhandlungen. Es lag in der Luft: Hier sollte etwas nachgeholt oder gar gutgemacht werden. Die Metallarbeitgeber hingegen zeigten keine Konzessionsbereitschaft und weigerten sich lange Zeit, überhaupt ein Angebot auf den Tisch zu legen; man war schließlich angetreten, um Kostenentlastungen zu erzielen, und nicht etwa, um Tarifsteigerungen hinzunehmen. Nach erfolgreicher Urabstimmung rief die IG Metall zum Streik im Tarifgebiet Bayern auf, eine Wahl des Kampfplatzes, die ihre symbolische Bedeutung allein schon daher bezog, dass man im Jahre 1954 genau hier die wohl bitterste Niederlage der eigenen Nachkriegsgeschichte erlitten hatte (siehe Bergmann et al. 1975: 217ff.). Nicht nur monetär, auch organisationspolitisch verlangte die Gewerkschaft nach Satisfaktion.

Zwar waren die Metallarbeitgeber zunächst zum Widerstand entschlossen, was sich nicht zuletzt in dem Beschluss manifestierte, vom Mittel der Aussperrung Gebrauch zu machen, letztlich aber brach der Widerstand erstaunlich schnell in sich zusammen (zu den Gründen dieser Schwäche siehe Thelen 2000: 147ff., 2001: 84f.). Am Ende stimmte Gesamtmetall nach nur kurzer Auseinandersetzung einem Tarifabschluss zu, der neben einer – von den Arbeitgebern gewünschten – langen Vertragslaufzeit von 24 Monaten eine Tarifsteigerung mit sich brachte, deren Volumen vom WSI-Tarifarchiv für das Jahr 1995 auf beachtliche 5,1% taxiert wurde.

Diese Verbindung beider Tarifrunden wurde zumindest im Bereich der Arbeitgeberverbände selbst nachträglich als problemtreibend empfunden.

Der Tarifvertrag 1994 war „auf den letzten Drücker" zustande gekommen, nur 22 Stunden vor Streikbeginn:

> „Da hat die IG Metall fürchterlich bluten müssen. Das ist alles Geschichte, aber die spielt heute rein. Peters hat damals zähneknirschend einen Streik abgeblasen für Null. Nicht einen Streik abgeblasen und 5% gekriegt oder 4 oder 3, sondern Null. In Wirklichkeit war es Minus. Das war auch ... 1995 war die Rache für 1994. Gott sei Dank war die in München." (Interview 12.03.1999, S. 19)

Offensichtlich war nach dem Ende des nur kurzen deutschen Einigungsbooms nicht nur die deutsche Wirtschaft auf einer Berg- und Talfahrt – genauso waren es die tarifpolitischen Erwartungen vieler deutscher Arbeitgeber und ihrer Funktionäre. Die aus der Sicht der Metallarbeitgeber äußerst erfolgreiche Tarifrunde von 1994 und ihre Interpretation durch die Verbandsführung weckte die Erwartung, dies sei der Ausgangspunkt für einen fundamentalen Kurswechsel in der Tarifpolitik. So lobte Gottschol die IG Metall für den Abschluss von Hannover und brachte seinen Wunsch zum Ausdruck, diese Linie werde sich als ein entscheidender „Trend für die Zukunft" erweisen (Frankfurter Rundschau vom 15. 04.1994). Ob diese Einschätzung nun auf einer massiven Fehleinschätzung der gewerkschaftlichen Tarifpolitik oder aber auf einer eklatanten Überschätzung der eigenen Durchsetzungsmacht beruhte, kann hier dahingestellt bleiben. Von Bedeutung ist in beiden Fällen das Resultat, nämlich die Inflationierung der eigenen Erwartungen an die kommenden Tarifrunden. Die Enttäuschung im eigenen Lager musste umso größer sein, als mit dem eingetretenen „tarifpolitischen Nachholeffekt" im Jahre 1995 die Diskrepanz zwischen den geschürten Erwartungen und dem erzielten Tarifergebnis ein beträchtliches Ausmaß annahm.

Dass diese „Enttäuschung" nicht einfach inszeniert, sondern aufrichtig war, zeigte sich an den Entwicklungen, die aus dem Bayern-Abschluss resultierten. Es folgten zunächst – teils öffentlich ausgetragene – Auseinandersetzungen um die Zuweisung der Schuld an dem miserablen Tarifergebnis. Von Seiten des BDI und dessen damaligem Präsidenten Hans-Olaf Henkel wurde der Abschluss als „deprimierend" bezeichnet (Handelsblatt vom 09.03.1995), und in den Reihen der Wirtschaftsverbände VDMA und ZVEI wurde laut über die Möglichkeit einer eigenen Branchentarifpolitik nachgedacht (Schroeder 1995: 54). Die bayerischen Metallarbeitgeber mussten sich letztlich harsche Kritik an ihrer mangelnden Kampfwilligkeit gefallen lassen (Handelsblatt vom 28.06.1995), und als weithin sichtbar gewordener Ausdruck verbandlicher Desintegrationstendenzen drohte Hauptgeschäftsführer Kirchner in einem Interview mit der Selbstauflösung der Verbände, sollte es nochmals zu starren „Tariflösungen wie in diesem Jahr" kommen (Focus vom 24.07.1995). Die aus dem Bayern-Abschluss resultierenden verbandlichen Erschütterungen waren noch einige Zeit zu spüren: Hauptgeschäftsführer Dieter Kirchner, mit 27 Amtsjahren einer der erfahrensten und wohl auch profiliertesten Hauptamtlichen in den Reihen deutscher Arbeitgeberverbände, nahm seinen Hut, um letztlich von Stumpfe ersetzt zu werden, ebenso wie Gottschol, der wenig später sein Amt im Zuge der Zusammenlegung von Haupt- und Ehrenamt an Stumpfe abgab. Die bereits voranschreitenden Mitgliederverluste von Gesamtmetall eskalierten zwar nicht, dennoch sind in der Mitgliederstatistik Indizien für eine sich abschwächende Mitgliederbindung zu finden. Betrug am Ende des Jahres 1994, also im Jahr des Hannover-Abschlusses, der Mitgliederverlust gegenüber dem Vorjahr noch 3,8% (der Unternehmen), stieg dieser Anteil 1995 auf 4,9% und 1996 auf 5,1% an. Diese Zahlen deuten keinen Erdrutsch an, wohl aber eine erhebliche Problemverschärfung.

In der Wahrnehmung eines der beteiligten Akteure markiert das Jahr 1995 den Beginn einer Zuspitzung der innerverbandlichen Unzufriedenheit mit dem Flächentarifvertrag:

> „... 1994 haben wir eine Nullrunde gefahren, das war mal ein Erfolg, aber dann 1995 – Bayern – Niederlagen gegen eine sich immer mehr in die Konflikt- und Durchsetzungsrolle gedrängte oder hineinbestärkt fühlende IG Metall erlitten. Das jetzt eine Veränderung – und das ist der Punkt – [...] innerhalb Metalls entstand: permanente Frustration, Niederlagen hinnehmen, dann aber auch – und das ist das Zweite, ganz Wichtige – im Zuge der Globalisierung, das Erkennen der

> Mitglieder, dass man Verbände gar nicht braucht, dass man ins Ausland geht und verlagert." (Interview 22.06.1999, S. 6)

Die Unzufriedenheit von Mitgliedern mit der eigenen Tarifpolitik fällt nicht vom Himmel, so konnte hier gezeigt werden, und sie erhöht den Druck auf die Verbände, mit ihr verbandspolitisch umzugehen.

Für die Einführung von OT spielten die Ereignisse der Jahre 1994 und 1995 in zweierlei Hinsicht eine bedeutende Rolle. Erstens bildete die Kombination aus einer Überschätzung der eigenen Konfliktfähigkeit und maßloser Inflationierung der Erwartung an das Tarifergebnis einen Treibsatz, die Enttäuschung der Mitglieder, aber auch die der Verbandsfunktionäre mit den selbst abgeschlossenen Verbandstarifverträgen auf die Spitze zu treiben. Selbstverständlich spielt das materielle Tarifergebnis eine bedeutende Rolle für die Zufriedenheit der Mitglieder mit ihrem Arbeitgeberverband; wie aber eine Reihe von Arbeitgeberverbandsfunktionären bestätigt haben, werden diese Bewertungen moderiert, d.h. entschärft oder zugespitzt, durch bestehende bzw. verbandlich verstärkte Erwartungshaltungen und Einstellungen der Verbandsmitglieder selbst. So erwähnt der Geschäftsführer eines Gesamtmetall-Mitgliedsverbandes schulterzuckend, dass auch mehrere Wochen nach dem für die Arbeitgeber als vergleichsweise ungünstig erachteten Böblingen-Abschluss keine einzige Firma aus dem Verband ausgetreten sei, nach dem – im Jargon von Gesamtmetall – „Null-Abschluss" von 1994 hingegen ein ganzes Dutzend, weil unter der damaligen Erwartungshaltung „Null" eigentlich noch zu viel gewesen sei (Interview 12.03. 1999, S. 30).

Eine zweite Auswirkung betrifft die Verbandsführung selbst. Mit dem verlorenen Bayernstreik wurde auf einmal die Geschäftsgrundlage für eine Strategie des „Weiter so wie bisher" entzogen; dies galt sowohl für Personen als auch für Strukturen. Zunächst einmal brachte sich Stumpfe zurück ins Geschäft und übernahm die neugeschaffene Funktion des geschäftsführenden Präsidenten. Diese Rochade entbehrt nicht einer gewissen Pikanterie, war es doch Kirchner selbst, der im Konflikt um den sächsischen Stufentarifvertrag und dessen Kündigung Stumpfe einst den Stuhl vor die Tür gesetzt hatte, um nun von eben diesem im Amt abgelöst zu werden. Stumpfes Ziel war es, mit Nachdruck eine Veränderung der Tarifstrukturen zu erzielen, wobei dieses Programm – im Nachhinein betrachtet – eher durch Eklektizismus als durch Stringenz geprägt war. So wollte er dezentralisierte Verhandlungen auf Bezirksebene einseitig durch die Gründung einer zentralen Verhandlungskommission auf Arbeitgeberseite unterlaufen und somit die Gewerkschaften zur Durchführung zentraler Verhandlungen zwingen. Bereits kurz nach der öffentlichen Ankündigung dieser Maßnahme, von der die IG Metall nach eigenen Angaben aus der Zeitung erfuhr, wurde der Plan, eine Gruppe – bestehend aus den Präsidenten der Mitgliedsverbände – durch die einzelnen Verhandlungsbezirke reisen zu lassen, wieder ad acta gelegt; die Zentralisierung war gescheitert, noch bevor sie überhaupt begonnen hatte. Nachdem in der Folgezeit der Böblingen-Abschluss als für die Arbeitgeber wenig vorteilhaft kritisiert wurde, drängte Stumpfe, die einzelnen Mitgliedsverbände von Gesamtmetall sollten sich einer Übernahme des Pilotabschlusses verweigern und eigene Tarifverhandlungen in die Wege leiten. Letztlich erwies sich dies als ein Vorschlag, der nicht nur in den Reihen der Gewerkschaft Reaktionen hervorrief, die von ungläubigem Kopfschütteln bis zu offenem Gelächter reichten (Interview 04.05.1999). Ob Zentralisierung generell ein realistisches Ziel sei, war in der eigenen Organisation durchaus umstritten:

> „Und sein Lebensziel ist, er ist da immer sehr gerade und auch teilweise etwas – meines Erachtens – verkorkst ... sein Ziel ist es – das haben ihm auch viele eingeredet – Gesamtmetall umzumodeln zu einem zentralistischen Verein und die Regionalfürsten und Regionen zu Außenstellen von Gesamtmetall zu machen. Das ist sein Lebensziel, den Auftrag hat er mitbekommen und den hat er sich selbst gegeben." (Interview 12.3.1999, S. 24)

Mit seinem Plädoyer für OT-Verbände verließ Stumpfe zunächst die Bahn der reinen Zentralisierung und fokussierte auf eine Maßnahme, die auch einseitig, also ohne Mithilfe oder zumindest passive Duldung des Tarifgegners, in Szene gesetzt werden konnte. Dies deckt sich durchaus mit Stumpfes eigener Interpretation, wonach von ihm OT stets als „zweitbeste" Lösung angesehen wurde. Die Kritik innerhalb des Verbandes und seiner Mitgliedsorganisationen selbst richtete sich aber auf die Frage, inwieweit OT nicht vorschnell alternative Reformmöglichkeiten im Bereich der Tarifpolitik verhindere. In einer solchen Perspektive nimmt OT den Druck von den Unternehmen, gegenüber der IG Metall für bessere Tarifabschlüsse zu streiten:

> „Sie [die Mitgliedsfirmen, MB] gehen zum Teil auf Distanz und bleiben drin, sie steigen nur um in so eine OT-Mitgliedschaft, aber das ist alles nicht das Druckpotential [...]. Die große Unzufriedenheit, die allgemeine Kritik und auch Kritikwürdigkeit von System und Ergebnis und die geringe Reaktion, diese fast Apathie, das Hinnehmen, das weiter Ertragen und Erdulden, das Erleiden eines marode gewordenen Systems ohne Reaktion und Erneuerungswillen, das ist eigentlich für mich das bedrückendste Phänomen, was sich nur so erklären lässt: Für viele Betriebe ist der Leidensdruck immer noch nicht groß genug, für die Mehrzahl der Firmen gibt es Alternativen, Fluchtwege ... Ausgliedern, raus, andere Verbandswelt oder mit dem Betriebsrat." (Interview 22.06.1999, S. 32)

Wie diese Aussage andeutet, fällt es schwer, den innerhalb von Gesamtmetall und seinen Mitgliedsverbänden bestehenden Konflikt um die Einführung um OT entlang der traditionellen Linie „Sozialpartner" gegen „Hardliner" zu verstehen, denn ein möglicher Verzicht auf eine OT-Strategie ließe sich sowohl aus der

Perspektive einer kooperativen Verhandlungskultur mit den Gewerkschaften als auch aus der Strategie der militanten Frontstellung sinnvoll begründen. OT erscheint in dem hier geschilderten Kontext eher als eine Art Residualstrategie der Ratlosigkeit, deren genaue Folgen für das Tarifvertragssystem und den Arbeitgeberverband selbst im Zweifel nicht wirklich konsequent durchdacht wurden. Neben der Einschätzung Stumpfes, OT werde den Gewerkschaften schon Beine machen, stand also die genau entgegengesetzte Auffassung, durch OT würden letztlich die Tarifabschlüsse in die Höhe getrieben, denn mit der Übertrittsoption werde der Widerstandswillen in den eigenen Reihen „gegen überzogene Tarifforderungen der Gewerkschaft" (Verband der Metallindustriellen Niedersachsens 2006) gebrochen.

Im Resultat kann daher nicht verwundern, dass sich OT im Organisationsbereich von Gesamtmetall zunächst nur sehr zögernd durchsetzte, und obwohl mittlerweile in allen Mitgliedsverbänden eine solche Wahlmöglichkeit eingerichtet wurde, ist das Spektrum bezüglich der Frage, was genau mit OT verbunden wird, breit gefächert; das Gleiche gilt für deren Propagierung. Während die bayerischen und sächsischen Metallarbeitgeber sehr offensiv das Instrument der tarifvertragslosen Verbandsmitgliedschaft verfechten, spielt OT im Bereich von Südwestmetall eine nur untergeordnete Rolle. NRW-Metall will OT mehrheitlich als Instrument verstanden wissen, welches vorwiegend zur Werbung neuer Mitglieder eingesetzt wird (Interview 10.09.2002), wobei nicht unterschlagen werden darf, dass es in einigen Regionalverbänden zu abweichenden Positionierungen gekommen ist. Niedersachsenmetall widersetzte sich sehr lange Zeit komplett der Einrichtung eines Parallelverbandes und dokumentierte dies zunächst sogar in Form eines formalen Verbandsbeschlusses (Interview 12.3.1999, S. 30). Die Interpretationsfolie, auf der dieser Beschluss beruht, wird anhand eines Positionspapiers deutlich, das der Verband zur Frage der OT-Mitgliedschaften ausgearbeitet hat. Demnach sieht zwar auch Niedersachsenmetall großen tarifpolitischen Anpassungsbedarf, dieser könne aber letztlich nur mit und nicht gegen die Gewerkschaft durchgesetzt werden:

> „Die Gewerkschaften, mit denen jeder einzelne Modernisierungsschritt auszuhandeln ist, müssen sich darauf verlassen können, dass Flächentarifverträge für Niedersachsenmetall auch künftig eine klare politische Priorität genießen und nicht als Auslaufmodell betrachtet werden." (Verband der Metallindustriellen Niedersachsens 2006)

7.5.5 *Einzelhandel*

Während sich die Einführung von OT-Mitgliedschaften in der Metall- und Elektroindustrie vor dem Hintergrund einer einheitlichen Verbandsstruktur innerhalb dieser Branche vollzog, fand deren Einführung und Durchsetzung im Handel innerhalb einer vergleichsweise heterogenen Verbandsstruktur statt, die durch mehrere – teils miteinander um Mitglieder konkurrierende – Spitzenverbandssysteme geprägt ist. Eigenständige Spitzenverbände wurden gebildet für den Bereich des Groß- und Außenhandels, der Handelsgenossenschaften sowie des Einzelhandels. Besondere Bedeutung und öffentliche Aufmerksamkeit erhält hierbei insbesondere der Einzelhandel, welcher auf der Arbeitgeberseite zum Zeitpunkt der im Folgenden geschilderten Entwicklungen durch zwei Verbände mit deutlich überlappenden Verbandsdomänen repräsentiert wurde.[10] Zu nennen ist hier zunächst der 1949 gegründete und im Jahre 2009 (Jahre nach der Einführung von OT) wieder aufgelöste Handelsverband BAG – Bundesarbeitsgemeinschaft der Mittel- und Großbetriebe des Einzelhandels –, der mit seinen 16 Landesverbänden nach eigenen Angaben 5.000 Einzelhandelsgeschäfte und damit etwa zehn Prozent des deutschen Einzelhandelsumsatzes repräsentierte. Neben der BAG organisiert der bereits in der Weimarer Republik gegründete HDE – Hauptverband des Deutschen Einzelhandels – über seine 13 Landesverbände, 50 Regionalverbände und 23 Bundesfachverbände rund 100.000 Mitgliedsunternehmen aus dem Bereich des Einzelhandels und repräsentiert geschätzte 80% des Einzelhandelumsatzes (Die Welt vom 23.06.2003). Zieht man wiederum den Vergleich mit Gesamtmetall, dann kann zunächst festgestellt werden, dass in Sachen Ressourcenausstattung beide Verbände nicht „auf Rosen gebettet" sind (bzw. waren),[11] und auch die Durchsetzungs- und Vereinheitlichungsfähigkeit des jeweiligen Verbandes gegenüber seinen eigenen Mitgliedern bleibt/blieb teils deutlich hinter jener der Metallarbeitgeberverbände zurück (Interview 13.03. 2009).

Innerhalb der Verbandsstruktur im Einzelhandel hat der HDE zwar sein Profil deutlich auf den Bereich der kleinen und mittelgroßen Unternehmen ausgerichtet, während die BAG besonderes Gewicht auf die Großen der Branche legte. Jedoch gab es insbesondere im Bereich der großen Mitglieder erhebliche Überschneidungen der Mitgliederbasis, d.h. der zur Mitgliedschaft berechtigten Einzelhandelsunternehmen. So zählte die BAG im Jahr vor ihrer Auflösung neben dem Arcandor-Konzern und den dort angeschlossenen Karstadt-Kaufhäusern[12] den Textil-Händler Peek & Cloppenburg zu seinen Mitgliedern, jedoch nicht

10 Bis zum Jahre 2002 war die Vertretungssituation insofern noch komplexer, als mit dem Bundesverband der Filialbetriebe und Selbstbedienungs-Warenhäuser (BFS) ein weiterer Spitzenverband existierte. Der BFS schloss sich 2002 dem HDE an.

11 So war es in beiden Verbänden durchaus üblich, dass die geringe Personaldecke bei den hauptamtlichen Verbandsmitarbeiter/inne/n insbesondere durch abgeordnetes Personal der großen Mitgliedskonzerne unterstützt wurde (Interview 25.03.2009, Interview 04.04. 2009).

12 Im Zuge des Insolvenzverfahrens wurde im Sommer 2009 die Mitgliedschaft von Karstadt in der BAG gekündigt, was letztlich auch den Niedergang des Verbandes deutlich beschleunigt haben dürfte.

den deutschen Handels-Primus Metro mit den dort enthaltenen Unternehmen Saturn, Media Markt und Kaufhof.

Diese überlappenden Organisationsdomänen sind für die hier interessierende Einführung von OT-Mitgliedschaften insofern von Bedeutung, als sie ein Spannungsverhältnis begründeten, welches in einer kritischen Situation der Verbändeentwicklung die Einführung von OT beschleunigt, wenn nicht sogar mitverursacht hat.

Die Einführung von OT-Mitgliedschaften in den Landesverbänden des HDE und der BAG fand zeitlich deutlich nach den ersten Fällen des OT-Pioniers im Bereich der Holz- und Kunststoffverarbeitung sowie der Metallindustrie statt; so stammen die ersten entsprechenden Satzungsänderungen im Bereich der dem HDE angeschlossenen Landesverbände aus dem Jahre 1999. Der Prozess der Einführung von OT war auch nach der Jahrtausendwende noch nicht vollständig abgeschlossen. Auch im Organisationsbereich der BAG finden sich ab 1999 Regeln zum Erwerb einer OT-Mitgliedschaft.

Nun ergibt sich beim Einzelhandel im Vergleich zur Metallindustrie die besondere Bedeutung der Einführung von OT-Mitgliedschaften nicht allein aus dem besonderen verbandspolitischen Kontext – hier insbesondere den überlappenden Verbandsdomänen von HDE und BAG –, sondern auch aus der spezifischen Wechselwirkung zwischen OT und der im Einzelhandel über viele Jahre hinweg verbreiteten Geltung von Tarifverträgen kraft Allgemeinverbindlichkeitserklärung (AVE). So galt in vielen Bundesländern noch bis zur Jahrtausendwende nahezu das gesamte Tarifvertragswerk für den Einzelhandel auf der Grundlage der AVE, d.h., es waren auch solche Beschäftigten und Einzelhandelsunternehmen an die tarifvertraglich vereinbarten Regeln gebunden, die nicht selbst Mitglied einer der beiden Tarifvertragsparteien waren. Da Tarifverträge im Einzelhandel traditionsgemäß auf Landesebene verhandelt werden, wurde immer wieder die Allgemeinverbindlichkeit bei den zuständigen Landesarbeitsministerien beantragt.[13]

In Nordrhein-Westfalen beispielsweise wurde dieser Antrag regelmäßig durch den zuständigen Landesverband des HDE gestellt (Interview 04.04.2009, Interview 16.06.2009). Gesetzliche Voraussetzung für die Zuleitung des Verfahrens an den Tarifausschuss sowie für die Genehmigung der AVE sind nach § 5 I TVG die Erfüllung zweier Schlüsselkriterien: Die tarifgebundenen Arbeitgeber müssen mindestens 50% der in den Geltungsbereich des Tarifvertrages fallenden Arbeitnehmer beschäftigen, und die AVE muss im öffentlichen Interesse liegen. Während das „öffentliche Interesse" in Form einer mehrseitigen Begründung dargelegt wurde, erfolgte der Nachweis des „50%-Kriteriums" zumeist durch glaubhafte Versicherung des antragstellenden Arbeitgeberverbandes, musste

13 Eine solche Übertragung des Rechts zur Allgemeinverbindlichkeitserklärung auf die oberste Arbeitsbehörde eines Landes ist in § 5 VI TVG vorgesehen.

also nicht anhand von Auszügen aus der Mitgliederkartei belegt werden. Über viele Jahre hinweg kam auf diese Weise im Einzelhandel die AVE zustande; sie wurde nicht allein auf die Lohn- und Gehaltstarifverträge angewendet, sondern auch auf die Manteltarifverträge sowie Tarifverträge über Sonderzahlungen und Urlaubsgeld. Solange nun Tarifbestimmungen kraft AVE galten, konnten Unternehmen auch durch den Wechsel in den OT-Status diese Bestimmungen nicht einfach abstreifen. Wie ein BAG-Vertreter ausführte, funktionieren AVE und OT wie „kommunizierende Röhren" (Interview 15.06.2009). Folglich werden bei den folgenden Schilderungen der politischen Prozesse und Beweggründe, die zur Einführung von OT im Einzelhandel geführt haben, die entsprechenden Entwicklungen im Bereich der AVE in die Betrachtung einbezogen.

Die politischen Auseinandersetzungen, die letztlich die formelle Einführung von OT in beiden Verbänden beflügelt haben, reichen weit in die frühen 1990er Jahre zurück. Zwar galt bereits damals die unterschiedliche Schwerpunktsetzung beider Verbände, wonach der HDE seine Klientel besonders aus dem Bereich der Klein- und Mittelbetriebe bezog, während die BAG Mittel- und Großbetriebe organisierte und dabei ein besonderes Schwergewicht auf die großen Kaufhauskonzerne legte. Die tarifpolitische Federführung lag allerdings unwidersprochen beim HDE. Nun waren in den Landestarifkommissionen neben den Mitgliedsverbänden des HDE durchaus auch einflussreiche Vertreter der BAG aktiv,[14] letztlich aber verstand sich die BAG selbst eher als Wirtschaftsverband mit besonderem Interesse an der Förderung und Entwicklung innerstädtischer Handelsstandorte und lange Zeit nicht als Tarifvertragspartei, ergo: Arbeitgeberverband.

Diese besondere Verschränkung beider Verbände wurde insbesondere durch den Umstand ermöglicht und verbandspolitisch unterstützt, dass die beiden Branchenführer im Kaufhaussegment Karstadt und Metro (mit ihren Kaufhof-Häusern) jeweils Doppelmitgliedschaften bei beiden Verbänden unterhielten. Solange Karstadt und Kaufhof Mitglied in dem tarifpolitisch tonangebenden HDE waren, blieb die besondere Form der Ausübung tarifpolitischer Kompetenzen von BAG-Schlüsselmitgliedern über die Arbeit in HDE-Landestarifkommissionen zwar gelegentlich spannungsgeladen, aber dennoch für den Fortgang der Verhandlungen unproblematisch. Selbst um jene BAG-Mitglieder, die keine Zweitmitgliedschaft im HDE unterhielten, musste man sich zunächst keine Sorgen machen, schließlich galt kraft AVE nahezu das vollständige Tarifvertragswerk des Einzelhandels auch für diese Mitglieder. Letztlich beschnitten sich diese „Teilaußenseiter" lediglich ihrer innerverbandlichen Mitspracherechte bei der Aushandlung der Tarifverträge, an die Produkte dieser Verhandlungen aber waren sie ohnehin gebunden.

---

14 So waren in Nordrhein-Westfalen die jeweils für die Tarifpolitik zuständigen Direktoren von Karstadt quasi gesetzte Dauermitglieder der Kommissionen.

Diese komplexe Doppelstruktur sollte so lange intakt bleiben, wie sich die Konflikte unter den auf den Einzelhandelsmärkten konkurrierenden Mitgliedern in geregelten Bahnen bewegten. Im Jahre 1993 eskalierten sie jedoch, zunächst im Zusammenhang mit einer bereits seit 20 Jahren schwelenden Auseinandersetzung um die vom Metro-Konzern ausgegebenen Einkaufsausweise. Mit ihrer Tochter „Cash & Carry" bedient die Metro AG traditionell den Großhandelskunden und unterliegt, kraft Mitgliedschaft in den Arbeitgeberverbänden für den Groß- und Außenhandel, den dort einschlägigen Tarifbestimmungen. Da es sich qua Definition nicht um Betriebe des stationären Einzelhandels handelte, unterlagen die „Cash & Carry"-Märkte der Metro nicht den damaligen Öffnungszeiten des Einzelhandels und konnten ihre Waren ohne Mehrwertsteuer auszeichnen. Konfliktpotential entstand nun dadurch, dass sich der Kreis der Metro-Märkte kaum auf den klassischen Großhandel eingrenzen ließ. Einkaufsausweise wurden in beträchtlichem Umfang auch an kleinere Selbstständige wie z.B. Ärzte, Rechtsanwälte und Gastronomen ausgegeben, die – so lautete der auch vor Gerichten vorgetragene Vorwurf – regen Handel mit diesen Kaufausweisen trieben (Freese 1997). Vertreter von kleinen Handelsunternehmen und ihr Verband, der HDE, beklagten Wettbewerbsverzerrungen und verklagten die Metro vor Gericht; sie wurden dabei, so weiß Freese (ebd.) zu berichten, in erheblichem Maße von Karstadt finanziell unterstützt. Der Konflikt zwischen den beiden HDE-Mitgliedern, Metro mit ihren „Cash & Carry"-Märkten auf der einen Seite und Karstadt auf der anderen, wurde 1993 durch einen Burgfrieden zunächst beigelegt. Letztlich votierte der HDE-Vorstand mit einer knappen Mehrheit von vier zu drei Stimmen gegen die weitere Verfolgung der Klage gegen den Metro-Konzern (ebd.). Eine Rolle bei der Beilegung des Disputs mag gespielt haben, dass Metro mit der Kündigung der eigenen Mitgliedschaft im HDE gedroht haben soll. Die Furcht vor den aus einer Kündigung resultierenden finanziellen Konsequenzen für den Verband habe den Rückzug der Klage beflügelt, so vermutet Freese (ebd.).

Wie ernst diese Drohung letztendlich gemeint war, mag dahingestellt bleiben. Von Bedeutung für die OT-Einführung ist der dahinterstehende Disput zwischen den beiden dominierenden Verbandsmitgliedern, der in den folgenden Jahren nicht wirksam beigelegt werden konnte. In der Erinnerung von Zeitzeugen aus dem Arbeitgeber- und Gewerkschaftslager manifestiert sich dieser Konflikt letztlich als „Krieg der alten Männer" (Interview 20.04.2009), präziser formuliert: als Auseinandersetzung zwischen zwei jeweils mit einem beachtlichen Ego ausgestatteten Führungspersönlichkeiten: Metro-Chef Erwin Conradi und Walter Deuss, Vorstandsvorsitzender des Karstadt-Konzerns (Interview 25.03.2009, Interview 04.04.2009). So kündigte die Metro AG Anfang 1997 für ihre Tochterunternehmen Kaufhof und Horten die Mitgliedschaft bei der BAG, hielt allerdings an der HDE-Mitgliedschaft fest. Im Gegenzug trat die Karstadt AG aus dem HDE aus und kündigte für ihre Tochterunternehmen sämtliche Mitgliedschaften mit deren Landes- und Regionalverbänden, blieb aber Mitglied in der BAG (Die Welt vom 11.01.1997). Zunächst einmal hatte diese „Entflechtung" der Überkreuzmitgliedschaften massive Konsequenzen für die davon betroffenen Verbände. So verzeichnete die BAG durch den Abgang der Metro AG Beitragsausfälle von rund zwei Millionen DM, was einem Verlust von ca. einem Drittel der Gesamtbeitragseinnahmen entsprach (siehe Freese 1997). Die aus dem Karstadt-Austritt resultierenden Verluste des HDE dürften kaum geringer gewesen sein.

Noch weitaus problematischer für die Arbeitsbeziehungen im Einzelhandel wurden mittelfristig die tarifpolitischen Konsequenzen der Entflechtung. Da der HDE bis zum Jahre 2000 der Träger aller regionalen Flächentarifverträge war, bereitete der 1997 erfolgte Austritt von Karstadt auch den Boden für eine weitgehende Umwälzung der Tariflandschaft im Einzelhandel. Als zwei zentrale Eckpfeiler erwiesen sich dabei die beiden „kommunizierenden Röhren" OT-Mitgliedschaft und Allgemeinverbindlichkeit.

Zunächst liefen in einer Reihe von Bundesländern die AVE für die Lohn- und Gehaltstarifverträge aus. Den Anfang machte Mecklenburg-Vorpommern, wo bereits seit April 1995 keine AVE mehr zustande kam; es folgten Sachsen und Hamburg (1996), Schleswig-Holstein (1997), Thüringen, Sachsen-Anhalt, Hessen, Brandenburg und Bayern (1999). Als „Nachzügler" beendeten Niedersachsen (2001) und Rheinland-Pfalz (2002) den Reigen. Bereits zuvor, im Jahre 2000, war die AVE in Baden-Württemberg, dem Saarland und dem auch im Einzelhandel beschäftigungsreichsten Bundesland Nordrhein-Westfalen ersatzlos ausgelaufen.[15] Auf den genauen zeitlichen Ablauf in NRW soll hier näher eingegangen werden.

Die Lohn- und Gehaltstarifverträge für NRW waren zwar bereits Ende März 2000 ausgelaufen, ein neuer Pilotabschluss mit Signalwirkung für alle anderen Landesverbände kam allerdings erst einige Monate später, Mitte Juli, im Tarifgebiet Bayern zustande.[16] Nach dem folgenden Abschluss für NRW stellten erstmalig die Gewerkschaften den Antrag auf Allgemeinverbindlichkeit (Bispinck et al. 2003: 199f.), denn die Arbeitgeberseite hatte deutlich gemacht, dass man selbst das Interesse an diesem Instrument verloren habe.[17] Zwar ließ es sich die auf Gewerkschaftsseite federführende HBV (man verhandelte damals gemein-

15 Alle Zeitangaben beziehen sich auf eine Aufstellung, die dem Verfasser durch die HDE-Bundesgeschäftsstelle zur Verfügung gestellt wurde.

16 Der letztlich wirksame Pilotabschluss wurde im Tarifgebiet Bayern erzielt, nachdem die beiden zuvor erzielten Verhandlungsergebnisse in den Tarifgebieten Saarland und Rheinland-Pfalz von Seiten der Arbeitgeber zurückgezogen worden waren.

17 Die BAG, deren Mitglieder zwar von der AVE betroffen waren, die selbst aber nie die Allgemeinverbindlichkeit beantragt hatte, formulierte einen eher moderaten Beschluss, wonach der Verband die AVE „nicht mehr stützt" (Interview 15.06.2009).

sam mit der noch selbstständigen DAG) nicht nehmen, als Antragsbegründung teils wörtlich die Ausarbeitung der Arbeitgeber für die Vorjahre zu übernehmen, dies nützte letztlich aber nichts (Interview 04.04.2009): Im größten und auch für den Einzelhandel bedeutendsten Tarifbezirk war das alte Tarifvertragssystem (bis zum heutigen Tage unwiederbringlich) verloren gegangen.

Das Ende der AVE im Einzelhandel stellte den vorläufigen Endpunkt einer Entwicklung dar, die letztlich auf die Flexibilisierung und das Aufweichen des Tarifvertragssystems zielte; mit ihrem Auslaufen wurde die zuvor in NRW – offenkundig bereits in der freudigen Erwartung der AVE-Beseitigung – eingerichtete OT-Option quasi „scharfgemacht" und somit zum rechtlich wirksamen Mittel zur Abstreifung der Tarifbindung aufgewertet.[18] Zwei Entwicklungen waren dem „Aus" für die AVE vorausgegangen. Noch im Zustand der gültigen Allgemeinverbindlichkeit hatte zunächst die BAG den massiven Umbau des eigenen Verbandes vorangetrieben, zunächst mit dem Ziel, die tarifpolitische Abhängigkeit vom HDE zu beseitigen: Mit der bereits am 19.08.1999 erfolgten Satzungsänderung bereitete die BAG im Land Nordrhein-Westfalen den Boden für die aktive Übernahme der vollen tarifpolitischen Funktion; Tarifpolitik wurde nun als Verbandszweck definiert, und man legte die vereinsrechtlichen Grundlagen für die Einrichtung eines tarifpolitischen Ausschusses. Von diesem Moment an war dem HDE ein Konkurrent um die tarifpolitische Führung im Arbeitgeberlager erwachsen.

Als noch bemerkenswerter erwies sich eine zweite Initiative, durch die gleich mit Übernahme einer Tariffunktion eben auch deren Abwahl satzungstechnisch verankert wurde. So sah § 5 der Satzung das Angebot von OT-Mitgliedschaften im Stufenmodell vor. Zugespitzt formuliert kam es zur Konvertierung eines Wirtschaftsverbandes in einen gemischten Verband, wobei die Tariffunktion mittels der OT-Klausel bereits in der Stunde ihrer Geburt wieder zur Disposition gestellt wurde.

Die Gewerkschaftsseite hatte zunächst nur die Übernahme einer eigenen Tarifkompetenz durch die BAG und ihre Landesverbände bemerkt, denn der Verband hatte sich bereits im Vorfeld der Satzungsänderung offen an die HBV gewandt. BAG-Spitzenrepräsentanten befürchteten, der HDE wolle die BAG als Folge des Conradi-Deuss-Konflikts und der daraus resultierenden Entflechtung der Doppelmitgliedschaften tarifpolitisch „aushungern" und jede weitere Kooperation verweigern (Interview 15.06.2009). Auf Seiten der Gewerkschaft stand man dieser Aufspaltung der Tarifkompetenzen im Arbeitgeberlager mit gemischten Gefühlen gegenüber. Auf der einen Seite sah man die neuen Spaltungslinien

---

18 Dies hebelt selbstverständlich die „Nachwirkung" von Tarifvorschriften nicht aus, sodass von einem nachhaltigen Abstreifen der Tarifbindung erst dann gesprochen werden kann, wenn z.B. Tarifbestimmungen einzelvertraglich abgeändert werden.

als Möglichkeit, beide Arbeitgeberverbände in Tarifverhandlungen gegeneinander auszuspielen, im Grunde hatte man aber an der Aufspaltung der Tariflandschaft und an weiterer Ausdifferenzierung kein Interesse und verfolgte die Entwicklung eher mit Sorge (Interview 04.04.2009, Interview 21.07.2009). Dass mit der Übernahme der Tarifkompetenz gleichzeitig auch OT-Mitgliedschaften eingeführt worden waren, hatte die HBV zunächst nicht bemerkt, schließlich blieb diese Option so lange tarifpolitisch folgenlos, wie die AVE noch galt (Interview 04.04.2009).

Für das Verhältnis zwischen den beiden Arbeitgeberverbänden waren die Folgen dieser Satzungsänderung kaum weniger einschneidend. Mit der Übernahme der Tariffunktion und der daraus resultierenden Tarifkonkurrenz begann die BAG auch damit, die von ihr angebotene OT-Mitgliedschaft offensiv zu bewerben und zur Rekrutierung von HDE-Mitgliedern zu nutzen. Das Argument „Bei uns kannst du die Tarifbindung abstreifen", wie es ein Verbandsvertreter des HDE rekapituliert (Interview 25.03.2009), war wohl nicht nur als abstrakte Drohung zu verstehen und wurde später noch dadurch weiter verschärft, dass der nordrhein-westfälische Landesverband der BAG – und wohl nicht nur dieser – die satzungsmäßige Selbstbeschränkung der Verbandsdomäne auf Einzelhandelsunternehmen mit einem jährlichen Mindestumsatz von 2,5 Mio. Euro schlichtweg abschaffte, d.h. die eigenen Tore für kleine und mittelgroße Einzelhandelsunternehmen aus dem Organisationsbereich der HDE öffnete (Beschluss der Mitgliederversammlung vom 18.02.2004). Ob nun die Mitgliedsverbände des HDE ohne dieses Vorpreschen der BAG und ihrer Landesverbände auf die Einführung von OT-Mitgliedschaften verzichtet hätten, ist eher zu bezweifeln. Allerdings wurde seitens des HDE deutlich wahrgenommen, dass diese Initiative der neu entstandenen Konkurrenz den Handlungsdruck im eigenen Lager deutlich verschärft hatte:

> „Wenn die Unternehmen nicht das Modell BAG zur Auswahl gehabt hätten, ich weiß nicht, wie das ausgegangen wäre. Das hätte die Dinge doch sehr aufgeweicht." (Interview 16.06.2009)

Diese massive Umgestaltung des Tarifvertragssystems im Einzelhandel, die in den späten 1990er Jahren ihren Ausgang nahm und sich in gravierenden Verschiebungen im Bereich der AVE und der OT-Mitgliedschaften ausdrückte, lässt sich in ihrem Entstehungs- und Begründungszusammenhang wohl kaum verstehen, wenn man nicht auch den gesamten Branchenkontext in die Betrachtung einbezieht. Was zunächst das „Aus" der AVE anbelangt, also die zwingende Grundvoraussetzung für die Wirksamkeit von OT-Mitgliedschaften, so wurde deren Kündigung in einem Schreiben der Verbände an das Arbeitsministerium des Landes NRW vordergründig zunächst mit der zu großen Regelungsdichte und der mangelnden Flexibilität der Branchentarifverträge begründet (Bispinck et al. 2003: 199). Im Hintergrund dürften allerdings drei weitere Aspekte eine ausschlaggebende Rolle gespielt haben.

Zunächst einmal ist hier der fundamentale Strukturwandel der Einzelhandelsbranche selbst zu nennen. So greifen spätestens seit Beginn der 1990er Jahre Prozesse ineinander, die bei stagnierenden oder gar fallenden Umsätzen eine massive Expansion der verfügbaren Verkaufsfläche mit sich gebracht haben; neue Vertriebslinien wie Discounter und SB-Warenhäuser wurden stark ausgebaut und sekundiert durch die Verdrängung von so genannten „Normalarbeitsverhältnissen" durch „atypische" Arbeitsverhältnisse mit hohem Anteil von Teilzeit und geringfügiger Beschäftigung (Lehndorff 2001; Voss-Dahm 2002; Meinecke 2008). Letztlich vollzog sich die Substitution von beratungsintensiven Vertriebsformen durch geringqualifizierte Verkaufstätigkeiten vielfach innerhalb etablierter Konzernstrukturen. Wie die Beispiele Tengelmann (Kik, OBI), Metro (Saturn, Media Markt) oder Rewe (Toom-Baumärkte) zeigen, entstehen personalkostensensitive Vertriebswege nicht notwendigerweise durch neue Anbieter am Markt – tarifgebundene Einzelhandelskonzerne haben sich mit ausgewählten Tochterunternehmen das Konkurrenzmodell zum Verbandstarifvertrag vielfach selbst ins Haus geholt. Es erscheint unwahrscheinlich, dass ein solcher Wandel – der, wie gezeigt wurde, kaum „vom Himmel gefallen" war – die etablierten Tarifstrukturen unberührt ließ. War nach dem Wegfall der AVE das Alternativmodell zur tariflich gesicherten qualifizierten Verkaufsarbeit erst einmal am Markt etabliert, dann fiel es den Gewerkschaften immer schwerer, die verbleibenden Domänen zu verteidigen.

Zweitens fiel die AVE-Verweigerung durch beide Einzelhandelsverbände in eine Zeit, in der auch die BDA als bundesweite Spitzenorganisation der Arbeitgeber ihre Haltung gegenüber diesem rechtlichen Instrument auf den Prüfstand stellte. So legten die im Jahre 2000 verabschiedeten „AVE-Koordinierungsgrundsätze" der BDA (Bispinck et al. 2003, Übersicht 9) einen deutlich restriktiveren Umgang mit diesem Instrument nahe. Zwar war man seitens der BDA-Bundesebene eher zurückhaltend, wenn es darum ging, sich in Angelegenheiten einzumischen, die vorzugsweise in der Zuständigkeit der BDA-Landesverbände lagen (Interview 17.06.2009). Die BDA-Landesverbände selbst ließen wohl aber keinen Zweifel daran, wo genau ihre ordnungspolitischen Präferenzen lagen. So sei es lange Zeit gängige Praxis gewesen, erinnert sich ein HDE-Landesvertreter, dass die BDA schon im Vorfeld der Beantragung der AVE Vertreter des Einzelhandels „einberufen" und um Rechtfertigung gebeten habe. Nach Abschluss einer AVE-Runde habe er selbst jeweils unerfreuliche Anrufe seitens des Geschäftsführers des zuständigen BDA-Landesverbandes erhalten (Interview 16.06.2009).

Drittens wurde der bereits bestehende Druck auf den für allgemeinverbindlich erklärten Verbandstarifvertrag durch einen Vorgang verschärft, der eigentlich nur mittelbar mit den Zielen und Inhalten der Tarifpolitik in Verbindung stand, sondern eher mit den Problemen der verbandlichen Verpflichtungsfähigkeit gegenüber der eigenen Klientel. Die Debatte um die Zukunft der AVE im Einzelhandel fiel in eine Zeit massiver Restrukturierungen der deutschen Systeme der sozialen Sicherung. So war im Zuge der Einführung von Altersteilzeitmodellen im Jahre 1996 die Umstellung der Regeln zur Entrichtung der Sozialversicherungsbeiträge vom Zufluss- auf das Entstehungsprinzip erfolgt; um einen möglichst gleichmäßigen Fluss der Abgaben zu erreichen, wurde nun nicht mehr das real gezahlte Einkommen zur Beitragsberechnung herangezogen (Zuflussprinzip), sondern bereits die Entstehung eines Zahlungsanspruches zu Grunde gelegt (Entstehungsprinzip). Diese Reform hatte zunächst mit der AVE nichts zu tun. Im Jahre 1999 erfolgte dann eine weitere Umstellung: Fortan waren für die Betriebsprüfungen, mit denen die Sozialversicherungsträger kontrollieren, ob Sozialversicherungsabgaben durch die Arbeitgeber ordnungsgemäß entrichtet wurden, nicht mehr die Krankenversicherungen, sondern die Rentenversicherungsträger zuständig.[19] Auch diese Entwicklung stand zunächst nicht im direkten Zusammenhang mit der AVE. Die Prüfer der Rentenversicherung taten nun ihre Arbeit und stellten insbesondere im Bereich des Lebensmitteleinzelhandels fest, dass dort in beträchtlichem Maße Löhne unterhalb des Tarifniveaus gezahlt wurden. Dies hätte eigentlich nicht sein dürfen, waren doch die Tariflöhne für allgemeinverbindlich erklärt worden und hatten demnach für alle Beschäftigten des Einzelhandels zu gelten. Die Prüfer der Rentenversicherungen wandten konsequent das Entstehungsprinzip an, wonach Sozialversicherungsbeiträge nicht für das real gezahlte Einkommen, sondern für das eigentlich zu beanspruchende Einkommen gemäß Tarifvertrag zu entrichten sind, und forderten in etlichen Fällen die Differenzbeträge für die zurückliegenden vier Jahre nach.[20] Wie sich ein Vertreter des HDE erinnert, waren diese Nachforderungen für einige mittelständische Lebensmittelhändler existenzbedrohend und riefen letztlich eine massive Kampagne gegen die AVE hervor (Interview 16.07.2009), die zumindest

---

19 Hintergrund dieser Umstellung war offenbar die Annahme, die Rentenversicherung verfolge bei der Prüfung keine Eigeninteressen, da es, anders als bei der Krankenversicherung, keine konkurrierenden Anbieter gibt und diese folglich nicht etwa durch besonders laxe Prüfungen neue Mitglieder zu erschleichen bzw. alte zu halten versuchen.

20 Die Auswirkungen dieser Nichteinhaltung der AVE wurden weiterhin dadurch verschärft, dass viele Lebensmitteleinzelhändler in beträchtlichem Maße von geringfügiger Beschäftigung Gebrauch machten. Nach den damaligen Regeln entfielen für geringfügig Beschäftigte weite Teile der Sozialabgabenpflicht. Da diese Geringfügigkeitsgrenze an ein fixes Monatseinkommen gekoppelt war und sich die Monatseinkommen einer Vielzahl dieser Beschäftigten knapp unterhalb dieses Schwellenwertes befanden, erfasste sie mit der Anwendung des Tariflohnes nun die volle Beitragspflicht. Diese Dynamik wirkte in erheblichem Maße problemverschärfend.

seitens des Rewe-Konzerns mit der Forderung nach einem besonderen Tarifvertrag für geringfügig Beschäftigte verknüpft wurde (Interview 21.07.2009). Zwar konnte man auf Seiten der Gewerkschaft HBV eine gewisse diebische Freude zunächst nicht verhehlen, denn durch die Rentenversicherungsträger wurde Tarifbruch nun viel effektiver geahndet, als es die Gewerkschaft selbst konnte, man erkannte aber schnell die daraus resultierenden Probleme: „Das schlug wie eine Bombe ein, denn für Unternehmen mit vielen geringfügig Beschäftigten ging es um viel Geld“ (Interview 21.07.2009).

Letztlich verweist die hier geschilderte Entwicklung auf das zunehmende Unvermögen der Arbeitgeberverbände, aber sicherlich auch der Gewerkschaften, die von ihnen ausgehandelten Löhne innerhalb der gesamten Branche durchzusetzen. Die mangelnde Fähigkeit der Einzelhandelsverbände, den eigentlich universell geltenden Tarifstandards gegenüber den eigenen Mitgliedern, aber auch darüber hinaus (schließlich wurden durch die AVE auch Verbandsaußenseiter erfasst) real Geltung zu verschaffen, schwächte am Ende – dies ist die Ironie der Geschichte – deren Fähigkeit, diese Standards aufrechtzuerhalten – eine Regel (AVE) wird abgeschafft, weil deren Vollzug nicht gewährleistet werden kann.

Insgesamt deuten die drei Begründungen an, dass das politische und wirtschaftliche Branchenumfeld also durchaus empfänglich für die „Umprogrammierung“ der Verbandsfunktion war und letztlich über die Beseitigung der AVE den Weg für wirksame OT-Mitgliedschaften freimachte. Zwangsläufig war diese Entwicklung allerdings wohl kaum, drohte doch mit der Freigabe von OT-Mitgliedschaften nun auch innerhalb eines einheitlichen Verbandes der „low-road“-dem „high-road“-Wettbewerber Marktanteile abzunehmen. Interessanterweise enthalten sich gerade die dominierenden Discounter aus dem Lebensmittelbereich (Lidl, ALDI) einer tarifpolitischen „low-road“-Strategie, indem sie bewusst auf einen lohnpolitischen Unterbietungswettbewerb verzichten.

Beide Unternehmen sind zwar nicht aktive Gestalter der verbandlichen Tarifpolitik, wenden jedoch die einschlägigen Tarifverträge für den Einzelhandel konsequent an (Interview 25.03.2009, Interview 04.04.2009).

Aus der Perspektive des HDE erschien OT im ersten Zugriff hingegen als eine notwendige Organisationssicherungsstrategie, die nach dem Wegfall der vereinheitlichenden Klammer AVE durch die Tarifkonkurrenz zur BAG an Dringlichkeit gewann. Während allerdings bislang unter Organisationssicherung eine Strategie verstanden wurde, mit deren Hilfe Arbeitgeberverbände „Verbandsflucht“ zu vermeiden oder einzugrenzen suchen (siehe Abschnitt 7.4.1), geht es im vorliegenden Fall um die Bewältigung der negativen Folgen der Verbandskonkurrenz. Wollte der HDE nicht tarifmüde Mitglieder aus den eigenen Reihen an die Konkurrenzorganisation verlieren, musste man notgedrungen nachziehen. Ausdruck dieser Strategie des Nachvollzugs einer Handlungsoption, die von Seiten anderer aufgedrängt wurde, ist die sehr vielfältige Umsetzung von OT durch die einzelnen Landesverbände im Organisationsbereich des HDE. Während die BAG traditionell eher zentralisierte Organisationsstrukturen aufwies und diese im Kontext einer Organisationsreform über die Durchsetzung zentralisierter Unternehmensmitgliedschaften weiter verstärkte, kam (und kommt) den Landesverbänden im HDE ein vergleichsweise großes Gewicht zu;[21] so ist im HDE der besondere „Eigensinn" der Mitgliedsverbände und insbesondere ihrer jeweiligen Tarifkommissionen ein ständiges Thema (Interview 16.06.2009).

Diese vergleichsweise große Autonomie drückte sich auch in der Politik gegenüber OT-Mitgliedschaften aus. So fielen nicht allein die Einführungsdaten – sofern diese nachvollzogen werden können – von OT zeitlich weit auseinander, es unterscheiden sich auch die konkreten Ausgestaltungsformen von OT recht deutlich. Während eine Reihe von HDE-Landesverbänden die Einführung von OT-Mitgliedschaften mit einem Sonderkündigungsrecht kombiniert, verzichten andere auf diese Option und belassen es bei der regulären Kündigungsfrist zum Wechsel der Mitgliedschaftsform. Neben einer Vielzahl von Mitgliedsverbänden mit Stufenmodell wenden einige Gliederungen durchaus auch das Parallelverbandsmodell an. Unabhängig von der Frage, ob der HDE die Stärke gehabt hätte, eine einheitliche Umsetzung des OT-Konzeptes gegenüber seinen Landesverbänden durchzusetzen, bleibt festzustellen, dass er es auf jeden Fall nicht versucht hat. Somit hat es im Bereich der Haltung des HDE zur Einführung von OT weder irgendwelche „Blaupausen" noch eine übergeordnete Koordination durch die Verbandsführung gegeben (Interview 25.03.2009). Schließlich setzten sich in den Landes- oder Regionalverbänden neben den jeweiligen tarifpolitischen Orientierungen der handelnden haupt- und ehrenamtlichen Verbandsführungen auch technische Formulierungszwänge durch; auf der Suche nach rechtlich haltbaren Satzungsregelungen haben die jeweiligen Geschäftsführungen bei unterschiedlichen Adressen um Rat gefragt und sind somit zu teils abweichenden Lösungen gekommen.

Ingesamt verweist die Geschichte der Einführung von OT-Mitgliedschaften im Einzelhandel auf ein gehöriges Maß strategischer Einflussnahme durch die Verbände selbst. Der ursprüngliche Druck zur Umprogrammierung der Einzelhandelsverbände resultierte aus dem besonderen Konkurrenzverhältnis zwischen BAG und HDE und der daraus entstehenden Notwendigkeit der Organisationssicherung. Wie die Schilderung jener Kontextfaktoren zeigte, die die Abschaf-

---

21 Zwar verfügt auch der HDE über so genannte „Zentralmitgliedschaften", diese werden aber in der Hauptsache von Großunternehmen genutzt, die in einer Vielzahl von Bundesländern tätig sind. Die zentral geleisteten Mitgliedsbeiträge dieser Großunternehmen werden dann entsprechend auf die Landesverbände verteilt (Interview 16.06.2009, Interview 25.03.2009).

fung der AVE mitverursacht und somit OT überhaupt erst ins Spiel gebracht haben, darf allerdings insbesondere mit Blick auf den Lebensmittelbereich nicht außer Acht gelassen werden, dass OT (in Kombination mit der Abschaffung der AVE) durchaus auch den Charakter der Legalisierung einer vorher etablierten Praxis des rechtswidrigen Tarifbruchs gehabt haben dürfte.

Ob ein solcher Prozess dann auch reversibel ist, wenn das ursprüngliche Konkurrenzverhältnis weggefallen ist, wird wohl die Zukunft erweisen. So bildeten HDE und BAG zuletzt eine gemeinsame Verhandlungskommission, und mit der Auflösung der BAG im Dezember 2009 hat sich das Konkurrenzverhältnis in Luft aufgelöst.

7.5.6 Zwischenfazit

Die bisherigen Analysen deuten zweierlei an: Erstens – so ist bereits ausgeführt worden – wird die Einführung von OT-Mitgliedschaften in den Verbänden teils mit sehr unterschiedlichen Zielsetzungen assoziiert, wobei sich bei der näheren Betrachtung des Primär- und Sekundärmaterials nahezu für alle in der Fachliteratur genannten Motivationen bzw. Motivationsbündel Anknüpfungspunkte finden ließen. Zweitens, so zeigt insbesondere die Kontextanalyse im Bereich der Metall- und Elektroindustrie, ist OT selbst innerhalb eines einheitlichen Verbandes bzw. Verbandssystems Gegenstand unterschiedlicher Einschätzungen und auch politischer Auseinandersetzungen.

Als Zwischenergebnis kann festgehalten werden, dass die Umprogrammierung von Arbeitgeberverbänden, d.h. die Neuausrichtung ihrer Interessenpolitik (siehe Kap. 3), nicht das Resultat einer weitgehend einheitlichen strategischen Zielsetzung der untersuchten Arbeitgeberverbände ist. Je nach Perspektive (und auch Kontext) tritt die Umprogrammierung als Mittel der Wahl zur Werbung neuer Mitglieder auf, zur Erzwingung einer neuen Tarifpolitik, zur (Wieder-) Herstellung der Legalität der Tarifpraxis einzelner Mitglieder oder schlichtweg zum Erhalt der eigenen Organisation.

Für das hier vertretene Argument ist dieses Ergebnis in zweierlei Hinsicht von Bedeutung: Erstens warnen die Befunde davor, zu hohe Erwartungen an die Eindeutigkeit der Interessenlagen des organisierten Kapitals zu richten. So erscheint Offes Behauptung aus den späten 1970er Jahren, die Interessen der Kapitalseite seien auf dem Wege eines einzelwirtschaftlichen Optimierungskalküls immer mit weitgehender Eindeutigkeit herauszufinden – denn „typischerweise geht der ‚Verbandswille‘ in solchen Verbänden weder aus expliziten politischen Auseinandersetzungen, etwa aus der politischen Argumentation, dem Fraktionskampf usw. hervor, noch sind die Repräsentanten dieses Verbandswillens den Mitgliedern gegenüber verpflichtungsfähig, etwa durch Appell an ihre Disziplin und Solidarität“ (Offe 1979: 77) –, zumindest fragwürdig zu sein. Wie allein schon die divergierenden Einschätzungen und Strategieformulierungen im Bereich der Metallindustrie gezeigt haben, spricht vieles für eine Sicht, wie sie von Vertretern des Resource-dependence-Ansatzes vorgetragen wurde: Organisationen sind nicht allein von ihrer Umwelt bestimmt, zu der auch die Ausgangsinteressen der Mitglieder zu zählen sind, vielmehr wird die Umwelt „enacted". Dies verweist auf die große Bedeutung von Entscheidungsprozessen, durch die Organisationen bestimmte Informationen auswählen oder aber ignorieren.

> „At a given point in time the attentional process is determined largely by the structure of the organization, the structure of the information system in the organization, and the activities of the organization." (Pfeffer/Salancik 2003: 74)

Zweitens verweisen die Befunde auf die Probleme der Strategiefindung in Zeiten des Umbruchs. Solange nicht nur die mit OT verbundenen Ziele differieren, sondern weiterhin unklar ist, ob sich die jeweiligen in OT gesetzten Hoffnungen am Ende auch erfüllen, muss Strategiebildung immer mit dem Makel der begrenzten Gewissheit leben. Inwieweit Verbände bereit und in der Lage sind, dieses Risiko einzugehen und die Umprogrammierung zu wagen, wird im folgenden Abschnitt untersucht.

7.6 Muster der Einführung einer Mitgliedschaft ohne Tarifbindung

Wie die vorangegangene Analyse der strategischen Motivationen (Abschnitt 7.4) und Einführungskontexte (Abschnitt 7.5) von OT belegt, ist es bislang im Bereich der deutschen Arbeitgeberverbände zu keiner einheitlichen Strategiebildung gekommen. Mit OT verknüpfte Zielsetzungen variieren sowohl zwischen unterschiedlichen Arbeitgeberverbänden – zum Teil innerhalb der gleichen Branche und des gleichen Verbandssystems – als auch innerhalb der Verbände selbst. Im Folgenden soll nun der Frage nachgegangen werden, ob dort, wo akteurzentrierte Strategiebildung versagt, nicht das Eigengewicht der Organisationsstrukturen selbst der verbandlichen Entwicklung ihren Stempel aufdrückt. Mit anderen Worten: In einer vergleichsweise offenen Situation des Umbruchs und der Ungewissheit, in der sich Schlüsselakteure nicht auf eine einheitliche Strategie einigen können, steigt der Einfluss formaler Strukturen der Interessenbearbeitung auf die verbandliche Entwicklung. In einer solchen Konstellation vermögen Formalstrukturen neue Handlungsfelder zu eröffnen, aber auch zu schließen.

Um Missverständnisse zu vermeiden: Die vorangegangene Analyse belegt nicht den ultimativen Sieg von Struktur über Strategie – so konnte ja gerade in Kapitel 5 gezeigt werden, dass die Strukturen selbst Resultat strategischen Handelns mit jeweils unterschiedlichem Ausgang sind. Die Befunde deuten aber sehr wohl darauf hin, dass die Stärke des Einflusses von zentralen Strukturmerkmalen letztlich kontextabhängig ist. Zugleich verweisen sie in Übereinstimmung mit Ansätzen der Resource-dependence- und der Strategic-response-Theorie auf die Gefahr einer Unterschätzung des eigenständigen Handlungs- und Strategiepotentials von Arbeitgeberverbänden. Demnach lassen sich Organisationen nicht als passive Empfänger institutionellen Drucks auffassen:

> „When organizations are not assumed to be invariably passive or active, conforming or resistant, then responses to the institutional environment become cast as behaviors to be predicted rather than theoretically predefined outcomes of institutional processes." (Oliver 1991: 174)

Ob und inwieweit nun Strukturvariablen einen Einfluss auf die Umprogrammierung von Arbeitgeberverbänden ausüben, dieser Einfluss somit mehr ist als eine kühne Behauptung, gilt es nun konzeptionell weiter zu begründen und empirisch zu beweisen.

Während es in den vorangegangenen Abschnitten noch angemessen schien, strategisches Handeln von Schlüsselakteuren mit Hilfe qualitativer Empirie zu analysieren – schließlich erwiesen sich die diskutierten Kontextvariablen allein schon durch ihre große Zahl und äußerst schwierige Messbarkeit als äußerst sperrig für quantitative Erhebungen –, soll nun eine quantitative Analyse zum Tragen kommen. Dies erscheint allein schon aus methodischen Gründen naheliegend, denn Strukturmerkmale sind begrenzt in ihrer Anzahl, lassen sich relativ leicht messen und erweisen sich im Zeitverlauf als recht stabil.

In den vorangegangenen Abschnitten konnte gezeigt werden, dass Formalstrukturen der Interessenbearbeitung durchaus unterschiedliche Charakteristika aufweisen, insbesondere was deren Fähigkeit anbelangt, die Mitglieder mit wirksamen Vetopunkten auszustatten. Im Folgenden soll daher der Zusammenhang zwischen Formalstrukturen auf der einen Seite und der Einführung von OT-Mitgliedschaften als sichtbarer Ausdruck der Umprogrammierung auf der anderen Seite näher betrachtet werden.

Zunächst einmal gilt es den Zusammenhang zwischen Formalstrukturen generell und der Umprogrammierung, d.h. der Einführung von OT, zu begründen. Gemäß verbreiteten Vorstellungen der Organisationssoziologie würde die Strukturierung von Handlungsfeldern per se Möglichkeiten zu organisatorischem Wandel einschränken, indem sie von bestehenden Routinen abweichende Handlungen systematisch erschwert oder kostenträchtig macht; solche Vorstellungen gehen oft von der Annahme aus, dass die äußeren Umstände den Entscheidungsträgern nur eine einzige Entscheidungsalternative aufnötigen, die dann, wenn diese Entscheidung erst einmal vollzogen wurde, „lock-in"-Effekte und Pfadabhängigkeit hervorbringt (Perrow 1984; Arthur 1994; Ortmann 1994; Sabel 2006). Eine solche strukturelle Determinierung blieb in der Organisationsforschung stets umstritten und ist insbesondere von Crozier/Friedberg (1979: 65) vehement kritisiert worden; so warnten sie davor, Formalstrukturen aus sich selbst heraus, also unter Ausblendung von Machtstrukturen und Spielregeln, verstehen zu wollen. Dennoch tragen selbst Crozier/Friedberg in ihrem Modell der Bedeutung der Formalstrukturen Rechnung – sie gehen davon aus, dass diese dazu beitragen, Spielregeln zu definieren, denen sich die handelnden Akteure unterwerfen müssen, wollen sie überhaupt am Spiel teilnehmen.

Eine Gegenposition zu diesen Varianten eines strukturellen „freeze-in" könnte lauten, dass es unter den Bedingungen der Handlungsunsicherheit in Zeiten rapiden gesellschaftlichen Wandels gerade Formalstrukturen sind, die handelnde Akteure in die Lage versetzen, risikoreiche Veränderungen durchzuführen; erst die Garantie eines Mindestmaßes von Sicherheit unterstützt demnach die Bereitschaft, Wagnisse einzugehen. Solche Vorstellungen sind nicht neu und insbesondere im Bereich der Theorien des Organisationslernens (Sabel 1994; Child/Heavens 2001), aber auch der Spieltheorie (Axelrod 2000) seit einiger Zeit verbreitet. Wie gezeigt wurde, erscheint OT in den Augen der handelnden Akteure nicht zuletzt wegen der damit einhergehenden unterschiedlichen Gewichtung der tarifpolitischen Interessen der Mitglieder, aber auch wegen der mit OT verbundenen rechtlichen Risiken als riskantes Unterfangen. Ein stabiles Korsett an Strukturen der Interessenbearbeitung – so die Gegenhypothese zum „freeze-in" – könnte nun zumindest die Bearbeitung aller weiterer Interessen so weit stabilisieren, dass Verbände eher bereit sind, eine weitere Ausdifferenzierung der Interessenvertretung zuzulassen. Entsolidarisierung, hier verstanden als die bewusste Inkaufnahme unterschiedlicher Tarifkonditionen und somit Kostenstrukturen für die betroffenen Mitgliedsunternehmen, wird somit strukturell flankiert und letztlich begrenzt.

Ein zweiter Begründungszusammenhang stellt nicht die Strukturen der Interessenbearbeitung generell in den Mittelpunkt, sondern geht von einer unterschiedlichen Qualität dieser Strukturen aus. Wie bereits in Kapitel 6 ausgeführt wurde, unterscheiden sich Arbeitgeberverbände teils deutlich in der Frage, inwieweit sie ihren Mitgliedern Vetopunkte einräumen. Solche Vetopunkte, so wurde argumentiert, verschaffen den Mitgliedern zwar keine breit angelegten Teilhaberechte, als Ultima Ratio geben sie ihnen aber ein Kontrollinstrument in die Hand, welches sich situativ aktivieren und gegen Beschlüsse der haupt- und ehrenamtlichen Verbandsführung einsetzen lässt. Letztlich wird hier ein positiver Zusammenhang zwischen Vetopunkten und der Verbreitung von OT-Mitgliedschaften angenommen, der auf der Annahme basiert, dass eine weitere Binnendifferenzierung innerhalb des Mitgliederkreises eher in Kauf genommen wird, wenn die Autonomie der Verbandsführung begrenzt wird. Bevor diese Annahmen getestet werden, werden die in die Analyse einbezogenen Variablen und Schätzmodelle vorgestellt.

7.6.1 Abhängige Variable

Die Einführung von Mitgliedschaften ohne Tarifbindung wird in der folgenden Analyse als zu erklärende (abhängige) Variable eingeführt. Wie schon im Kontext der Verbreitung von OT angedeutet (Abschnitt 7.3), bieten 34% der in der Datenbank erfassten Verbände, welche die Mitgliedschaft von Unternehmen zulassen (Verbände erster Ordnung und hybride Verbände) ihren Mitgliedern eine Mitgliedschaft ohne Tarifbindung an. Darüber hinaus konnte gezeigt werden, dass sich die konkreten Ausgestaltungen von OT teils beträchtlich unterscheiden. Daher sollen neben der Frage, ob OT angeboten wird, weitere Merkmale in die Auswertung einbezogen werden. Von herausragender Bedeutung ist hierbei die Frage nach den Sonderkündigungsrechten; immerhin mehr als die Hälfte (53%) der Verbände mit tarifbindungsfreier Mitgliedschaft kombiniert diese mit einem Sonderkündigungsrecht, das es den Mitgliedern erlaubt, den Wechsel in OT (und zurück) mit einer verkürzten Kündigungsfrist oder sogar fristlos zu vollziehen. Die dabei zu Grunde gelegte Kündigungsfrist (bzw. ihr Wegfall) spielt insofern eine wichtige Rolle, als sie den Mitgliedern größere Flexibilität bei der Nutzung der neuen Mitgliedschaftsform gewährt und letztlich OT überhaupt erst als probates Mittel zur Durchsetzung einer glaubhaften tarifpolitischen Drohung in Erscheinung treten lässt. Tabelle 7.6 stellt neben der Verbreitung von OT nach Branchen auch die von Sonderkündigungsrechten dar. Im Gegensatz zur generellen Verteilung von OT-Optionen ergeben sich im Bereich des Sonderkündigungsrechts in jenen Kategorien, für die ausreichende Fallzahlen zu Grunde liegen (Industrie, Dienstleistungen, Bau), keine auffälligen Unterschiede, weder in Bezug auf die Branche noch hinsichtlich des Verbandssitzes in Ostdeutschland.

Tab. 7.6: Verbreitung von OT-Mitgliedschaften und Sonderkündigungsrechten

Bereich	Gesamtfallzahl	Anteil in Prozent (n = 311)	Davon mit Sonderkündigungsrecht in Prozent (n = 104)
Handwerk (16)	16	6	0
Industrie (124)	124	41	55
Dienstleistungen (106)	106	45	53
Bergbau (4)	4	25	0
Bau (31)	31	10	33
Landwirtschaft (20)	20	0	0
Gemischt (10)	10	10	100
Ostdeutschland (39) (ohne Berlin)	39	41	53
Westdeutschland (272)	272	33	50
Gesamt	*311*	*34*	53

Quelle: WSI-Datenbank Arbeitgeberverbände (2006)

Der Datensatz erlaubt zwar keine eindeutige Zuordnung der Fälle zu bestimmten strategischen Intentionen von OT – dies wäre auch kaum sinnvoll konnte doch im vorangegangenen Abschnitt gezeigt werden, dass sich einige der Optionen nicht gegenseitig ausschließen. Jedoch deutet die Kombination aus Mitgliedschaft ohne Tarifbindung und Sonderkündigungsrecht auf eine eher aggressive Nutzung dieses neuen Instruments hin. Schließlich lässt sich ohne einen beschleunigten Statuswechsel kaum glaubhaft eine tarifpolitische Drohkulisse gegenüber der Gewerkschaft aufbauen. Sollte hingegen OT überwiegend als Instrument zur Gewinnung neuer Mitglieder verwendet werden, ergibt ein Sonderkündigungsrecht überhaupt keinen Sinn, geht es doch dann um Neuzugänge und nicht um wechselwillige Mitgliedsunternehmen. In dieser Analyse wird daher davon ausgegangen, dass das Merkmal „Sonderkündigungsrecht" Verbände mit eher offensiven (auf die Veränderung der Tarifpolitik zielenden) OT-Strategien von Verbänden mit eher defensiven (auf die Stabilisierung des Mitgliederkreises zielenden) Strategien unterscheidet.

Die entscheidende Frage, die es nun zu beantworten gilt, lautet, ob und inwieweit sich Verbände mit offensiven OT-Strategien von Verbänden mit defensiven Strategien und solchen ohne OT-Wahlmöglichkeit unterscheiden. Dies soll nun anhand zentraler Unterscheidungsmerkmale der Verbände näher untersucht werden.

7.6.2 Unabhängige Variablen

Im Folgenden werden die in das Modell einbezogenen unabhängigen Variablen sowie deren Verteilung im Datensatz näher vorgestellt.

Formalstrukturen der Interessenbearbeitung

Als unabhängige Variablen der Analyse werden zunächst jene Aspekte vorgestellt, die die Formalstrukturen der Interessenbearbeitung repräsentieren. In Kapitel 5 wurden fünf unterschiedliche Formalstrukturen der Interessenbearbeitung eingeführt. So bestimmt die Interessenzulassung klare Differenzierungslinien zwischen Insidern und Outsidern und dient somit zur Konstituierung einer Interessendomäne, welche Fragen des regionalen und fachlichen Zuschnitts des Organisationsbereichs ebenso berührt wie die Definition bestimmter in die Vertretung einbezogener Unternehmenstypen und Interessencluster. Während Interessenisolierung Regelungen zusammenfasst, die festlegen, welche Interessenbündel Zugang zum Verband erhalten, bestimmt Interessengewichtung, welche Ausgangsinteressen der Mitgliedsunternehmen durch bewusste Bevorzugung oder entsprechende Benachteiligung in verbandliche Politik übersetzt werden. Aktivierung bezeichnet die strukturelle Herstellung und Unterstützung der Vertretungswilligkeit der Mitglieder. Schließlich wurde mit der Schlichtung eine Formalstruktur der Interessenbearbeitung vorgestellt, welche zum Ausbalancieren bestehender Interessendivergenzen beiträgt.

Tabelle 7.7 zeigt die jeweils in die Analyse einbezogenen Aspekte und ihre (bivariaten) Anteile an drei abhängigen Variablen. Zur Bestimmung der fünf Formalstrukturen der Interessenbearbeitung wurden insgesamt fünf Variablen in die Analyse einbezogen. Mit dem Eintrittsgeld und der Verschwiegenheitspflicht werden reine Strukturprinzipien benannt, die bezogen auf die Gewährung von Vetopunkten für die Mitglieder (der qualitative Aspekt der Verbandsstruktur) weitgehend neutral sind. So mag die Pflicht zur Zahlung eines Eintrittsgeldes den Zugang zum Verband erschweren und somit den Erwerb einer Mitgliedschaft in den Augen von Aspiranten weniger attraktiv erscheinen lassen, die Partizipationschancen existierender Mitglieder berührt dies allerdings nicht. Wie Tabelle 7.7 zeigt, ergeben sich beim Vergleich der drei Gruppen (alle Verbände, Verbände mit OT, Verbände mit OT und Sonderkündigungsrecht) keine interpretierbaren Unterschiede bei der Nutzung von Eintrittsgeldern. Anders sieht es schon bei der Interessenisolierung aus. So ist hier im Vergleich zur Gesamtmitgliedschaft die Nutzung von Klauseln zur Verschwiegenheit im Bereich der offensiven OT-Variante weiter verbreitet.

Tab. 7.7: OT und Strukturen der Interessenbearbeitung

Formalstruktur der Interessen-bearbeitung	Aspekt	Alle Verbände in Prozent (n = 282–311)	Verbände mit OT-Mitgliedschaft in Prozent (n = 94–105)	Verbände mit OT-Mitgliedschaft und Sonderkündigungsrecht in Prozent (n = 51–55)
Zulassung	Eintrittsgeld	23,3	20,0	20,0
Isolierung	Verschwiegenheitspflicht	37,9	43,8	47,3
Gewichtung	gewichtetes Stimmrecht	17,4	14,9	15,7
Aktivierung	Tarifkommission	53,7	69,5	78,2
Schlichtung	Schiedsgericht	29,9	39,0	54,5

Quelle: WSI-Datenbank Arbeitgeberverbände (2006)

Zwei weitere Variablen repräsentieren in der Analyse beide Aspekte der Formalstruktur. So stehen die Variablen „Schiedsgericht“ und „Tarifausschuss“ zunächst einmal für formale Strukturprinzipien, die ein Verband entweder hat oder nicht. Darüber hinaus kommt beiden Variablen aber auch eine qualitative Bedeutung als Vetopunkt zu. Entscheidet sich beispielsweise ein Arbeitgeberverband für die Gründung eines Tarifausschusses, so wird seine Formalstruktur komplexer, denn eine weitere Ebene der Interessenbearbeitung wurde formalisiert. Gleichzeitig aber wird auch ein zusätzlicher Vetopunkt geschaffen, durch den ausgewählte Mitglieder unmittelbaren Einfluss auf die Politik des Gesamtverbandes ausüben können. Die Tabelle zeigt, dass Verbände häufiger Schiedsgerichte und Tarifausschüsse einrichten, wenn sie gleichzeitig eine OT-Mitgliedschaft anbieten, wobei die Verbreitung beider Formalstrukturen im Bereich der offensiven OT-Variante noch ausgeprägter ist als in der allgemeinen OT-Gruppe.

Schließlich wird mit dem gewichteten Stimmrecht (= 0 bei einer Stimme pro Mitglied, = 1 bei Gewichtung) eine Variable in die Analyse eingeführt, welche ausschließlich den qualitativen Aspekt (Vetopunkte) der Interessenbearbeitung verkörpert. Den Arbeitgeberverbänden ist es allein schon vereinsrechtlich nicht freigestellt, ob sie eine formelle Regelung zur Stimmrechtsverteilung treffen oder nicht;[22] mithin müssen also alle Verbände von Rechts wegen eine solche Formalstruktur einrichten. Weitgehend frei sind sie allerdings in der qualitativen Ausgestaltung der Stimmrechtsregelungen. Wie in Tabelle 7.7 gezeigt, sind die Unterschiede der Ausgestaltung der Stimmrechte zwischen den drei Untergruppen marginal und bei der gegebenen Fallzahl wohl kaum interpretierbar.

Ob dies auch bei statistischer Kontrolle der anderen Variablen so bleibt, wird sich bei der folgenden multivariaten Analyse erweisen.

Neben den genannten Variablen zu den Strukturen der Interessenbearbeitung werden weitere Kontrollvariablen in die Untersuchung einbezogen. Von herausragender Bedeutung ist hierbei die Tiefe des Dienstleistungsangebotes eines Arbeitgeberverbandes an die eigenen Mitglieder.

So ist in der Debatte um OT als Organisationssicherungsstrategie wiederholt darauf hingewiesen worden, dass die Einführung von Mitgliedschaften ohne Tarifbindung zwingend ein attraktives Dienstleistungsangebot voraussetzt. Zwar argumentiert Völkl (2002: 168), der Entschluss eines Mitgliedes zum Statuswechsel sei als Entscheidung gegen die kollektivvertragliche Vertretung und eben nicht als eine für die verbandlichen Dienstleistungen zu werten – jedoch wird sich wohl kaum eine Organisationssicherungsstrategie überhaupt als tragfähig erweisen, die nicht ein Mindestmaß ausreichender Gründe zu liefern vermag, die es aus der Sicht eines Mitgliedes ratsam erscheinen lassen, dem Verband nicht gleich vollständig den Rücken zuzukehren. Solche Gründe können sich logisch nur aus den über die eigentliche Tarifpolitik hinausgehenden Verbandsdienstleistungen ergeben.

Wie bereits in Kapitel 6 ausgeführt, wurde als Teil der Satzungsanalyse auch das Spektrum der vom Verband garantierten Dienstleistungen ausgewertet. In die weitere Analyse wurden mit einer Ausnahme alle bereits in jenem Kapitel vorgestellten Verbandsdienstleistungen einbezogen. Die genannte Ausnahme be-

---

22 Im Falle des Fehlens einer entsprechenden Regelung sieht das Vereinsrecht eine Stimme pro Mitglied vor (Sauter et al. 2006, Rd. 198).

trifft die Beratung der Mitglieder beim Abschluss von Haustarifverträgen. Da eine solche Beratung überhaupt nur für Mitglieder ohne Tarifbindung sinnvoll ist – schließlich sind alle weiteren „ordentlichen" Mitglieder bereits an einen Verbandstarifvertrag gebunden –, hätte der Einschluss dieser Dienstleistung eine unzulässige Verzerrung der Ergebnisse mit sich gebracht.

Tabelle 7.8 stellt die Häufigkeiten der Verbandsdienstleistungen lediglich für die „OT-relevanten" Verbände (Verbände erster Ordnung und hybride Verbände) dar. Häufigkeiten werden getrennt für die folgenden drei Gruppen ausgewiesen: alle Verbände, Verbände mit OT-Mitgliedschaft, Verbände mit OT-Mitgliedschaft und Sonderkündigungsrecht.

Tab. 7.8: Formen von OT und Verbandsdienstleistungen

Verbandsdienstleistung	Alle Verbände in Prozent (n = 319)	Verbände mit OT-Mitgliedschaft in Prozent (n = 104)	Verbände mit OT-Mitgliedschaft und Sonderkündigungsrecht in Prozent (n = 55)
arbeitsrechtliche Beratung	47,6	50,5	56,4
arbeitsrechtliche Prozessvertretung	50,8	54,3	63,6
betriebswirtschaftliche Beratung	19,1	17,1	16,4
steuerrechtliche Beratung	5,0	8,6	7,3
Unterstützung beim Personalmanagement	2,5	1,9	1,8
Beratung bei der Umsetzung von Tarifverträgen	14,7	17,1	18,2
Beratung bei Haustarifverträgen	12,5	33,3	38,2
Vergünstigungen beim Bezug von Dienstleistungen	5,6	1,0	0
technisch-fachliche Beratung	29,2	30,5	36,4
Bildung, Weiterbildung	39,5	45,7	49,1
Lobbying	71,2	81,0	87,3
Öffentlichkeitsarbeit	36,4	47,6	52,7

Quelle: WSI-Datenbank Arbeitgeberverbände (2006)

Wie die Gegenüberstellung zeigt, liegen mit Ausnahme zweier Bereiche, für die nur geringe Fallzahlen vorliegen (Unterstützung beim Personalmanagement, Vergünstigungen beim Bezug von Dienstleistungen), sowie der betriebswirtschaftlichen Beratung alle Häufigkeiten der angebotenen Verbandsdienstleistungen im Bereich der Verbände mit OT-Mitgliedschaft oberhalb derjenigen für alle Verbände. Dieser Effekt verstärkt sich noch, bezieht man lediglich jene Verbände in die Analyse ein, die das Angebot einer OT-Mitgliedschaft mit einem Sonderkündigungsrecht kombinieren. In dieser als „offensive" OT-Variante bezeichneten Form werden im Vergleich zur Gruppe aller potentiell OT-fähigen Verbände (also Verbände die Unternehmen als Mitglieder haben) insbesondere die Dienstleistungen Lobbying, Öffentlichkeitsarbeit und arbeitsrechtliche Prozessvertretung verstärkt angeboten.

Wechselt man nun die Perspektive und betrachtet den einzelnen Verband und dessen Dienstleistungskomplexität, so bestätigt sich der eben geschilderte Eindruck. In der Abbildung 7.1 wird getrennt für die drei genannten Gruppen (alle Verbände, Verbände mit OT, Verbände mit OT und Sonderkündigungsrecht) die Anzahl der durch die Verbände gleichzeitig angebotenen unterschiedlichen Verbandsdienstleistungen dargestellt.

Abb. 7.1: OT und Verbandsdienstleistungen in Prozent

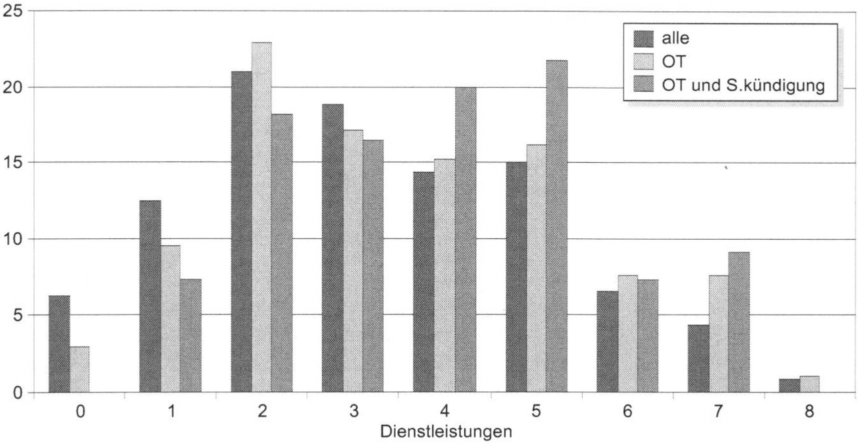

Quelle:WSI-Datenbank Arbeitgeberverbände (2006)

Die Abbildung zeigt, dass im Vergleich zur Referenzgruppe (alle Verbände) die Komplexität der durch die Satzungen garantierten Dienstleistungen ansteigt, wenn ein Verband gleichzeitig die OT-Mitgliedschaft anbietet. Ein weiterer Anstieg des Anteils von Verbänden mit großer Dienstleistungskomplexität ist zu verzeichnen, wenn die OT-Mitgliedschaft mit einem Sonderkündigungsrecht kombiniert wird. Dies kommt auch beim Vergleich der Mittelwerte zum Ausdruck. Beträgt der Mittelwert der durch einen Verband angebotenen Dienstleistungen (ohne Beratung bei Haustarifverträgen) bei allen Verbänden 3,2 (SD 1,9), so steigt dieser Wert in der Gruppe der Verbände mit OT-Mitgliedschaft auf 3,6 (SD 1,9) und in der Gruppe mit OT-Mitgliedschaft und Sonderkündigungsrecht auf 3,9 (SD 1,7).

Die Kausalrichtung des geschilderten Zusammenhangs muss zunächst offenbleiben, denn die Daten verraten nicht, ob Verbände eher in der Lage sind, OT-

Mitgliedschaften einzuführen, weil sie ihren Mitgliedern bereits ein großes Serviceangebot bereitstellen, oder ob die erfolgte Einführung einer Mitgliedschaft ohne Tarifbindung eine Ausweitung der Dienstleistungspalette nach sich zieht. Näheren Aufschluss liefert allerdings die Analyse jener Verbände, für die die Geschichte der Satzungsänderungen über einen längeren Zeitraum bekannt ist. Demnach spricht vieles für die Interpretation, dass ein breites Serviceangebot die Einführung von OT-Mitgliedschaften unterstützt, denn es lassen sich keine Fälle auffinden, bei denen auf die Satzungsänderung zur Einführung einer OT-Mitgliedschaft eine weitere zur Neubestimmung der Satzungsdienstleistungen gefolgt wäre.

Eine weitere Kontrollvariable betrifft die Größe des Verbandes, verstanden als die Anzahl der Unternehmen, die Mitglied sind. Die Richtung eines solchen Zusammenhangs ist in der Fachliteratur weitgehend unbestimmt geblieben. Letztlich ließen sich wohl zwei Zusammenhänge annehmen. So könnte erstens mit steigender Mitgliederzahl und wachsender Komplexität der Interessenlagen die Wahrscheinlichkeit steigen, dass eine kritische Masse der Mitglieder nach einem tarifbindungsfreien Mitgliedschaftsstatus verlangt; dies würde allerdings dann nicht relevant sein, wenn OT in seiner „defensiven" Variante exklusiv als Mittel zur Rekrutierung neuer Mitglieder eingesetzt wird. Aus einer Perspektive der Organisationssicherung wäre zweitens folgender Zusammenhang zwischen Mitgliederzahl und OT-Bereitschaft denkbar: Große Verbände hätten demnach eine höhere OT-Bereitschaft, weil sie organisationspolitisch mehr zu verlieren hätten. So verfügen Kleinverbände in der Regel über nur geringe Kapazitäten (Geschäftsführung ist nicht hauptamtlich besetzt oder wird – gegen Kostenbeteiligung – von einem Nachbarverband/Bürogemeinschaft wahrgenommen), was im Falle von Mitgliederverlusten schmerzhafte Anpassungsprozesse der eigenen Organisation überschaubar hält. In dieser Logik wäre der Reaktionsdruck, der auf Großverbänden lastet, ungleich größer und folglich auch deren Bereitschaft erhöht, in der Einführung von OT eine Lösung der Mitgliederkrise zu suchen. Letztlich bleibt dies aber zunächst Spekulation.

Die in Tabelle 7.9 aufgeführten Daten zeigen ein recht uneinheitliches Bild. Der Blick auf die Mittelwerte deutet zunächst einen negativen Zusammenhang zwischen der Verbreitung von OT und Verbandsgröße an; anders als vorhergesagt weisen Verbände mit OT (beide untersuchten Gruppen) eine geringere Mitgliederzahl auf als die Gesamtgruppe. Betrachtet man allerdings den Median, einen Wert, der gegenüber extremen Abweichungen weniger anfällig ist, so zeigt sich ein nicht so einheitliches Bild. Zumindest in der Gruppe, in der OT mit einem Sonderkündigungsrecht kombiniert wird, ist der Median der Mitgliederzahl größer als in der Gesamtgruppe.

Tab. 7.9: Mitgliederzahl und OT

	Alle Verbände (n = 199)	Verbände mit OT-Mitgliedschaft (n = 67)	Verbände mit OT-Mitgliedschaft und Sonderkündigungsrecht (n = 30)
Mittelwert der Zahl der Mitgliedsunternehmen	1309,34	495,57	439,83
Median der Zahl der Mitgliedsunternehmen	160	140	171

Quelle: WSI-Datenbank Arbeitgeberverbände (2006)

Zwei weitere Variablen berücksichtigen die räumliche Zuordnung des Verbandssitzes (Ost-/Westdeutschland) und die Anzahl der gleichzeitig angebotenen Mitgliedschaften neben der OT-Mitgliedschaft. Die räumliche Lage des Verbandssitzes wurde in die Schätzung einbezogen, um den unterschiedlichen Grad und die unterschiedliche Tiefe der Verankerung von Arbeitgeberverbänden als deutschen Kerninstitutionen der industriellen Beziehungen zu berücksichtigen. So haben einige Autorinnen und Autoren darauf hingewiesen (Bluhm 1996; Schroeder 2000), dass insbesondere wegen der fehlenden Verbandskultur, aber auch wegen krisenhafter Umbrüche in der ostdeutschen Wirtschaft die Einführung von OT-Mitgliedschaften hier besonders früh erfolgte und darüber hinaus eine besondere Dynamik entfaltete.

Eine weitere Variable zur Anzahl der gleichzeitig von einem Verband angebotenen unterschiedlichen Mitgliedschaftsformen kontrolliert den verbandlichen Isomorphismus, wonach vorangegangene Entscheidungen den Spielraum für politisches Handeln einschränken. Für den konkreten Kontext würde dies bedeuten, dass es jenen Verbänden, die bereits zahlreiche Statusdifferenzierungen innerhalb des Mitgliederkreises vorgenommen haben, leichter fällt, mit OT eine weitere Mitgliedschaftsform einzuführen, als jenen, die nur eine ordentliche Mitgliedschaft kennen. Die Variable „Anzahl der Mitgliedschaftsformen" berücksichtigt neben der ordentlichen Mitgliedschaft alle weiteren satzungsmäßigen Mitgliedschaftsformen mit Ausnahme von OT. In der bivariaten Analyse (Tab. 7.10) deutet sich zunächst ein positiver Zusammenhang zwischen OT-Mitgliedschaft (allgemein und offensive Form) und der Anzahl der gleichzeitig angebotenen Mitgliedschaftsformen an.

Wie Tabelle 7.11 zeigt, scheint OT bei Verbänden mit Sitz in Ostdeutschland geringfügig häufiger anzutreffen zu sein als im Gesamtsample, wobei allerdings die prozentualen Unterschiede eher gering ausfallen. Ob sich dieser sowie alle weiteren Zusammenhänge auch bei statistischer Kontrolle der anderen Variablen zeigen, wird in der späteren multivariaten Analyse noch zu belegen sein. Das hier eingeführte Schätzmodell kontrolliert neben den genannten Variablen auch den Einfluss der Branchen. Wegen geringer Fallzahlen mussten hier allerdings gegenüber den eingangs vorgestellten Branchenklassifikationen (siehe

Kap. 4) einige Bereiche zusammengefasst werden. So unterscheidet das Modell nun Arbeitgeberverbände aus dem Bereich des produzierenden Gewerbes (Referenzkategorie) von Verbänden aus dem Dienstleistungsbereich, der Bauwirtschaft und dem primären Sektor (Landwirtschaft, Bergbau); die neue Kategorie „sonstige Branchen“ umfasst Mischverbände ebenso wie solche aus dem Handwerk.

Tab. 7.10: OT-Mitgliedschaft: Anzahl der Mitgliedschaftsformen (Mittelwerte)

	Alle Verbände (n = 311)	Verbände mit OT-Mitgliedschaft (n = 105)	Verbände mit OT-Mitgliedschaft und Sonderkündigungsrecht (n = 55)
Mittelwert (Standardabweichung) Mitgliedschaftsformen	2,17 (1,10)	2,30 (1,02)	2,45 (0,98)

Quelle: WSI-Datenbank Arbeitgeberverbände (2006)

Tab. 7.11: OT-Mitgliedschaft: Räumliche Lage des Verbandssitzes

	Alle Verbände (n = 311)	Verbände mit OT-Mitgliedschaft (n = 105)	Verbände mit OT-Mitgliedschaft und Sonderkündigungsrecht (n = 55)
Verbandssitz Ostdeutschland	12,5%	15,2%	14,5%

Quelle: WSI-Datenbank Arbeitgeberverbände (2006)

7.6.3 Multivariates Modell

In einem ersten Schritt wird eine binäre logistische Regression mit der abhängigen Variablen „Arbeitgeberverband bietet OT-Mitgliedschaft an“ geschätzt. Unabhängig von der konkreten Ausgestaltung der OT-Mitgliedschaft nimmt die abhängige Variable immer dann den Wert 1 an, wenn die entsprechende Satzung die Möglichkeit einer OT-Mitgliedschaft vorsieht. Insgesamt wurden zwei verschiedene Varianten dieses Modells geschätzt, wobei jedoch die Modellspezifizierung, d.h. die berücksichtigten unabhängigen und abhängigen Variablen, jeweils identisch ist. In der ersten Variante (Spalten 2 und 3 von Tab. 7.12) wurden alle Verbände erster Ordnung und hybride Verbände berücksichtigt, während bei der zweiten Variante (Spalten 3 und 4) lediglich jene Verbände einbezogen wurden, die ausschließlich Unternehmen und/oder Individuen zur Mitgliedschaft zulassen (Verbände erster Ordnung). Dieses gestufte Verfahren ist Resultat einer Abwägung. Zunächst einmal fällt bei beiden Varianten auf, dass die Zahl der gültigen Fälle mit 178 (Variante 1) bzw. 140 (Variante 2) im unteren Bereich der Mindestfallzahlen liegt, die für eine robuste multivariate Schätzung vorausgesetzt werden müssen. Die bedeutenden Ausfälle im Vergleich zum Ausgangssample (n = 319) ergeben sich aus fehlenden Angaben, welche insbesondere bei der Variable „Anzahl der Mitgliedsunternehmen" aufgetreten sind. Um nicht weitere Fallzahlen zu verlieren, wurden daher in Variante 1 neben Verbänden erster Ordnung auch hybride Verbände in die Schätzung einbezogen. Dies bringt allerdings in Teilbereichen des Modells Unschärfen bei der Interpretation von einigen Kausalzusammenhängen mit sich. Wie in Kapitel 5 belegt werden konnte, verhält sich insbesondere die Kategorie „hybride Verbände" in Bezug auf die Bedeutung der Stimmrechtsgewichtung ambivalent; so konnte insgesamt gezeigt werden, dass der Gewährung eines gewichteten Stimmrechts im Kontext der Verbände von Verbänden eine völlig andere Bedeutung zukommt als im Bereich der Verbände erster Ordnung. Da die Kategorie „hybride Verbände" Elemente von beiden Interpretationsrahmen in sich trägt, kann hier ein gewichtetes Stimmrecht sowohl Ausdruck der gleichgewichtigen Gewährung von Stimmrechten in Bezug auf die Ursprungsunternehmen sein (Verband von Verbänden), aber auch das genaue Gegenteil (Verband erster Ordnung), nämlich eine gewollte Bevorzugung der großen und ökonomisch potenten Mitgliedsunternehmen. Um diesen Einfluss auf die Variable „gewichtetes Stimmrecht" auszuschließen, wurde daher eine zweite Variante geschätzt, welche die hybride Kategorie ausschließt und dann notwendigerweise auf einer verminderten Fallzahl beruht.

Schätzergebnisse

Insgesamt ist die Erklärungskraft des Modells in beiden Varianten mit einem R^2 von 0,341 (Variante 1) bzw. 0,379 (Variante 2) passabel. Beide Strukturvariablen (Verschwiegenheitspflicht und Eintrittsgeld) erweisen sich in der ersten Variante als nicht signifikant, was sich letztlich bereits in der bi-variaten Analyse angedeutet hatte (siehe Tab. 7.7). Von den zwei Variablen, die neben Strukturmerkmalen auch Vetopunkte zum Ausdruck bringen, ist nur der „Tarifausschuss" signifikant (Ein-Prozent-Niveau) und positiv mit der OT-Mitgliedschaft assoziiert. Die zweite Variable, das Schiedsgericht, trägt das erwartete positive Vorzeichen, ist aber nicht signifikant. Das gewichtete Stimmrecht schließlich, welches mit der Frage in Verbindung gebracht wurde, ob Verbände ihren Mitgliedern einen entscheidenden Einfluss auf die Verbandsentscheidungen einräumen (Vetopunkt), ist in der ersten Variante nicht signifikant, der Koeffizient trägt allerdings das erwartete negative Vorzeichen, wonach eine Stimmrechtsgewichtung die Einführung von OT-Mitgliedschaften eher hemmt. Um Multikollinearität auszuschließen, wurden alternative Modelle geschätzt, die jeweils nur eines der Strukturmerkmale in die Analyse einbezogen. Diese Kontrollschätzungen änderten grundsätzlich nichts an den hier angegebenen Befunden.

Interessant sind auch die Ergebnisse der Kontrollvariablen. So zeigt sich zunächst eine positive Korrelation (signifikant auf dem Fünf-Prozent-Niveau) zwischen der Anzahl der in der Satzung angebotenen Verbandsdienstleistungen und den OT-Mitgliedschaften. Der Zusammenhang zwischen den Mitgliederzahlen (log.) und dem Angebot tarifbindungsfreier Mitgliedschaften wiederum ist entgegen der eingangs formulierten Annahme negativ und signifikant auf dem Fünf-Prozent-Niveau; demnach lassen sich mitgliederstarke Arbeitgeberverbände eher mit einer Zurückhaltung bei der Einführung von OT in Verbindung bringen. Die Dummy-Variable zum Verbandssitz in Ostdeutschland (ohne Berlin) trägt das erwartete positive Vorzeichen, ist aber nicht signifikant. Recht ausgeprägt und überaus robust gegenüber alternativen Modellspezifikationen ist darüber hinaus der positive Einfluss der Anzahl unterschiedlicher Mitgliedschaftsformen (signifikant auf dem Ein-Prozent-Niveau); hat also ein Arbeitgeberverband durch die Einführung von Ehren-, Gast-, Fördermitgliedschaften usw. bereits die Grundlage für eine Statusdifferenzierung gelegt, steigt die Wahrscheinlichkeit, dass er darüber hinaus auch die OT-Mitgliedschaft einführt. Von den Branchendummys erweist sich die Variable zur Baubranche als hoch signifikant (Ein-Prozent-Niveau); gegenüber dem produzierenden Gewerbe als Referenzkategorie sinkt in der Bauwirtschaft die Wahrscheinlichkeit, dass ein Verband eine OT-Mitgliedschaft aufweist, sehr deutlich. In diesem stark ausgeprägten Effekt manifestiert sich, so ist anzunehmen, neben dem eigentlichen Brancheneinfluss auch die Auswirkung einer gesetzlichen Intervention. So ist die Bauwirtschaft eine Branche, die wie kaum eine andere durch das Instrument der Allgemeinverbindlichkeit von Tarifverträgen (AVE) geprägt ist. Nicht zuletzt durch die Umsetzung der EU-Entsenderichtlinie durch das deutsche Entsendegesetz wurde die AVE als das zentrale Vehikel gestärkt, durch das tarifliche Mindestlöhne in der Baubranche eingeführt und durchgesetzt wurden. Ist nun ein Unternehmen qua Gesetz an grundlegende Bestimmungen der Branchentarifverträge gebunden, ergibt es wenig Sinn, diesen Tarifverträgen durch die Einführung von OT-Mitgliedschaften entfliehen zu wollen, denn sie gelten unabhängig vom eigenen Mitgliedschaftsstatus. Nicht zuletzt Traxler hat daher mehrfach darauf hingewiesen, dass nationale Vorschriften zur Ausweitung des Geltungsbereichs von Tarifverträgen jenseits der direkt gebundenen Akteure ein wichtiges Instrument zur Stabilisierung des Mitgliederkreises in Arbeitgeberverbänden sind (z.B. in Behrens/Traxler 2004).

Die alternative Schätzung unter Ausschluss der hybriden Verbände (Spalten 4 und 5 in Tab. 7.12) bestätigt zentrale Befunde der ersten Variante. Es ergeben sich allerdings einige Unterschiede. Zunächst einmal erweist sich nun der Koeffizient für das gewichtete Stimmrecht als signifikant (Zehn-Prozent-Niveau), was wohl nicht zuletzt der Beseitigung des störenden Einflusses der hybriden Verbände geschuldet sein dürfte. Darüber hinaus aber ist nun in dieser Variante der Effekt der Branchenvariablen für den Bau nicht signifikant; dies dürfte im Wesentlichen darauf zurückzuführen sein, dass eine große Zahl von Arbeitgeberverbänden aus der Bauwirtschaft hybride Verbände sind und es somit beim Ausschluss der hybriden Verbände gegenüber der ersten Variante zu einer massiven Verringerung der Fallzahlen in diesem Branchenbereich gekommen ist. Darüber hinaus hat die (nicht signifikante) Ostdeutschland-Variable beim Ausschluss der hybriden Verbände das Vorzeichen verändert und ist nun negativ.

Tab. 7.12: Binäre logistische Regression, abhängige Variable „Arbeitgeberverband bietet OT-Mitgliedschaft an"

	Verbände erster Ordnung und hybride Verbände		Nur Verbände erster Ordnung	
Variable	Koeffizient	Standardfehler	Koeffizient	Standardfehler
Eintrittsgeld	–,105	,452	–,046	,522
Verschwiegenheitspflicht	,291	,387	,222	,445
Gewichtetes Stimmrecht	–,616	,502	–1,146*	,621
Tarifpolitischer Arbeitskreis	1,306***	,416	1,026**	,456
Schiedsgericht	,359	,391	,512	,442
Anzahl der Mitgliedschaftsformen (ohne OT)	,567***	,201	,619***	,225
Verbandssitz in Ostdeutschland	,039	,678	–,568	,878
Mitgliederzahl (log.)	–,305**	,143	–,285*	,165
Anzahl der Verbandsdienstleistungen (ohne Beratung Haustarif)	,278**	,117	,259*	,134
Branche: Industrie (Referenzkategorie)				
Branche: Dienstleistungen	,088	,428	–,151	,474
Branche: Bau	–2,847***	,891	–21,546	10537,705
Branche: Primärer Sektor	–1,939	1,256	–2,090	1,311
Branche: Sonstige	–1,819	1,130	–20,799	17181,626
Konstante	–1,859	,783	–1,635	,886
	Zahl der gültigen Fälle: 178 –2 Log Likelihood: 179,443 Nagelkerke R^2=0,341 Model Chi-Square: 50,674 Signifikanz: 0,000		Zahl der gültigen Fälle: 140 –2 Log Likelihood: 138,312 Nagelkerke R^2=0,379 Model Chi-Square: 45,324 Signifikanz: 0,000	

Signifikanz: ***/**/* = Ein-/Fünf-/Zehn-Prozent-Niveau

Quelle: Berechnung auf der Basis der „WSI-Datenbank Arbeitgeberverbände (2006)"

Die nun gezeigten Modelle zwei und drei behalten die grundlegende Unterscheidung zwischen den beiden geschätzten Modellvarianten bei, ebenso wie das Grundmodell der in die Schätzung einbezogenen unabhängigen Variablen. Im Gegensatz zum Basismodell, welches nicht weiter zwischen unterschiedlichen Formen von OT-Mitgliedschaften differenzierte, wird nun jeweils in getrennten Schätzungen die offensive bzw. defensive OT-Form als abhängige Variable verwendet. Im zweiten Modell (Tab. 7.13) wird zunächst die offensive OT-Form (OT kombiniert mit Sonderkündigungsrecht) gegen jene Fälle geschätzt, die keinerlei OT-Möglichkeit anbieten. Schließlich werden im dritten Modell (Tab. 7.14) jene Fälle von Arbeitgeberverbänden mit 1 kodiert, welche zwar eine OT-Mitgliedschaft anbieten, nicht aber ein Sonderkündigungsrecht. Auch diese „defensiven" OT-Verbände werden mit jenen Verbänden verglichen, die überhaupt keine tarifbindungsfreie Mitgliedschaft anbieten.

Im Folgenden werden zunächst die Schätzergebnisse für die offensive OT-Form vorgestellt. In beiden Schätzvarianten liegt mit R^2= 0,486 (Variante 1 unter Einschluss hybrider Verbände) bzw. 0,574 (Variante 2 nur mit Verbänden erster Ordnung) oberhalb der R^2-Werte für das Basismodell. Wie schon im Basismodell finden sich auch bei der Analyse der offensiven OT-Form (1. Variante) signifikante Koeffizienten für die Baubranche (Ein-Prozent-Niveau), Anzahl der Verbandsdienstleistungen (5%) sowie weitere Mitgliedschaftsformen (1%). Die Mitgliederzahl (log.) ist negativ und nicht signifikant ebenso wie die Lage des Verbandssitzes in Ostdeutschland. Neben dem Tarifausschuss (Ein-Prozent-Niveau) ist nun auch die Variable zur Verschwiegenheitspflicht (Fünf-Prozent-Niveau) signifikant; wenn also ein Verband eine solche Verschwiegenheitspflicht in der Satzung verankert hat, steigt die Wahrscheinlichkeit, dass er gleichzeitig die offensive Form von OT einführt. Die Variablen zum Schiedsgericht sowie zum gewichteten Stimmrecht tragen die erwarteten Koeffizienten, sind aber nicht signifikant. Die Variable Eintrittsgeld trägt ebenso wie in der vorangegangenen Schätzung gegen die Ausgangshypothese einen negativen Koeffizienten, ist aber nicht signifikant.

Schließt man nun in der zweiten Variante dieses Schätzmodells die hybriden Verbände aus, so ergeben sich einige Abweichungen gegenüber der ersten Variante. Zunächst einmal, wie auch schon im eingangs vorgestellten Basismodell mit OT als abhängiger Variable, erweist sich der Branchendummy für die Bauwirtschaft in der zweiten Variante als nicht signifikant. Dafür ist nun die Variable „Schiedsgericht" signifikant (Fünf-Prozent-Niveau), nicht aber jene zum gewichteten Stimmrecht.

Das dritte Schätzmodell verwendet nun die defensive Form von OT als abhängige Variable. In der ersten Schätzvariante erweisen sich erneut einige der „üblichen Verdächtigen" als signifikant; so ist OT auch in ihrer defensiven Va-

Tab. 7.13: Binäre logistische Regression, abhängige Variable „Arbeitgeberverband bietet OT-Mitgliedschaft und Sonderkündigungsrecht an"

Variable	Verbände erster Ordnung und hybride Verbände: Koeffizient	Standardfehler	Nur Verbände erster Ordnung: Koeffizient	Standardfehler
Eintrittsgeld	–,434	,683	–,539	,835
Verschwiegenheitspflicht	1,338**	,602	1,492*	,769
Gewichtetes Stimmrecht	–,401	,674	–,761	,863
Tarifpolitischer Arbeitskreis	2,089***	,673	1,666**	,755
Schiedsgericht	,842	,551	1,554**	,696
Anzahl Mitgliedschaftsformen (ohne OT)	,998***	,288	1,203***	,353
Verbandssitz in Ostdeutschland	–,929	1,026	–1,650	1,342
Mitgliederzahl (log.)	–,330	,223	–,253	,266
Anzahl Verbandsdienstleistungen (ohne Beratung Haustarif)	,489**	,197	,567**	,247
Branche: Industrie (Referenzkategorie)				
Branche: Dienstleistungen	,280	,638	–,007	,773
Branche: Bau	–4,084***	1,415	–22,377	9297,232
Branche: Primärer Sektor	–20,732	12553,440	–21,523	12895,038
Branche: Sonstige	–,518	1,237	–19,559	16464,533
Konstante	–5,581	1,387	–6,619	1,878
	Zahl der gültigen Fälle: 145 –2 Log Likelihood: 91,866 Nagelkerke R^2 = 0,486 Model Chi-Square: 53,251 Signifikanz: 0,000		Zahl der gültigen Fälle: 111 –2 Log Likelihood: 60,619 Nagelkerke R^2 = 0,574 Model Chi-Square: 49,914 Signifikanz: 0,000	

Signifikanz: ***/**/* = Ein-/Fünf-/Zehn-Prozent-Niveau

Quelle: Berechnung auf der Basis der „WSI-Datenbank Arbeitgeberverbände (2006)"

riante in der Bauwirtschaft deutlich seltener anzutreffen als im produzierenden Gewerbe (Signifikanz auf dem Fünf-Prozent-Niveau), die Anzahl der angebotenen Verbandsdienstleistungen ist positiv mit dieser OT-Form assoziiert (Zehn-Prozent-Niveau), ebenso wie Satzungsvorschriften zum Tarifausschuss (Fünf-Prozent-Niveau). Erstaunlich mag zunächst erscheinen, dass die Anzahl der weiteren Mitgliedschaftsformen in diesem Modell nun nicht mehr signifikant ist, dafür jedoch die Zahl der Mitglieder (Fünf-Prozent-Niveau), die wie bereits in den vorangegangenen Schätzungen einen negativen Koeffizienten aufweist. Interessant erscheinen darüber hinaus die Ergebnisse für die weiteren Variablen zu den Formalstrukturen. So ist keine dieser Variablen signifikant, und in insgesamt drei von vier Fällen wurde das Vorzeichen getauscht. So haben nun Schiedsgerichte und Verschwiegenheitspflicht einen (nicht signifikanten) negativen Einfluss auf das Vorkommen von OT in seiner defensiven Form, während das Eintrittsgeld einen positiven Koeffizienten trägt. Ein kurzer Blick auf die zweite Schätzvariante verrät, dass diese wohl schon allein wegen der geringen Fallzahlen keine besonders robusten Zusammenhänge zutage fördert; lediglich

Tab. 7.14: Binäre logistische Regression, abhängige Variable „Arbeitgeberverband bietet nur OT-Mitgliedschaft und kein Sonderkündigungsrecht an“

	Verbände erster Ordnung und hybride Verbände		Nur Verbände erster Ordnung	
Variable	Koeffizient	Standardfehler	Koeffizient	Standardfehler
Eintrittsgeld	,208	,537	,332	,627
Verschwiegenheitspflicht	–,263	,470	–,212	,518
Gewichtetes Stimmrecht	–1,091	,688	–1,519*	,837
Tarifpolitischer Arbeitskreis	1,097**	,515	,987*	,552
Schiedsgericht	–,009	,493	,007	,547
Anzahl Mitgliedschaftsformen (ohne OT)	,262	,245	,281	,269
Verbandssitz in Ostdeutschland	,661	,800	–,309	1,069
Mitgliederzahl (log.)	–,360**	,176	–,347	,211
Anzahl Verbandsdienstleistungen (ohne Beratung Haustarif)	,245*	,135	,231	,148
Branche: Industrie (Referenzkategorie)				
Branche: Dienstleistungen	–,111	,512	–,239	,544
Branche: Bau	–2,464**	1,159	–20,398	10997,534
Branche: Primärer Sektor	–,922	1,304	–1,009	1,352
Branche: Sonstige	–20,245	11415,147	–20,116	17509,187
Konstante	–,934	,889	–,750	1,036
	Zahl der gültigen Fälle: 148 –2 Log Likelihood: 125,705 Nagelkerke R^2 = 0,273 Model Chi-Square: 28,829 Signifikanz: 0,007		Zahl der gültigen Fälle: 117 –2 Log Likelihood: 105,158 Nagelkerke R^2 = 0,274 Model Chi-Square: 23,610 Signifikanz: 0,035	

Signifikanz: ***/**/* = Ein-/Fünf-/Zehn-Prozent-Niveau

Quelle: Berechnung auf der Basis der „WSI-Datenbank Arbeitgeberverbände (2006)“

die Variablen zum gewichteten Stimmrecht und zum Tarifausschuss sind signifikant (beide Zehn-Prozent-Niveau). Die Richtung des Zusammenhangs entspricht in beiden Fällen den bereits dokumentierten Befunden.

7.6.4 Diskussion

Tabelle 7.15 fasst die wesentlichen Befunde der vorangegangenen Schätzungen noch einmal kompakt zusammen, indem sie nur signifikante Werte und das jeweilige Vorzeichen dokumentiert. Über alle Modelle hinweg zeigt sich zunächst einmal ein recht robuster und positiver Effekt der Anzahl von Verbandsdienstleistungen. Es deutet also vieles darauf hin, dass unabhängig davon, ob OT nun als Mittel zur Gewinnung neuer Mitglieder eingesetzt wird oder in seiner offensiven Form als tarifpolitisches Druckmittel benutzt werden kann, eine möglichst breite Servicepalette dem Verband zumindest nicht zum Schaden gereicht. Ob nun allerdings das Angebot von Dienstleistungen für sich allein einen Arbeitgeberverband dauerhaft am Leben erhalten kann, ist damit noch nicht ausgemacht.

Ebenfalls über alle Modelle hinweg fällt weiterhin auf, dass die Frage, ob ein Verband seinen Sitz im Osten oder Westen Deutschlands hat, keinen durchschlagenden Einfluss auf die Wahl von OT ausübt, in welcher Form auch immer sich diese darstellt. Es gibt zwar zahlreiche Belege dafür, dass OT in Ostdeutschland schon recht frühzeitig große Verbreitung gefunden hat – die hier gezeigten Befunde deuten allerdings darauf hin, dass der Westen mittlerweile aufgeholt hat. Neben der besonderen Bedeutung der Bauwirtschaft (nicht in Tabelle 7.15 dokumentiert) fällt über alle Modelle hinweg der deutlich positive Einfluss der Tarifausschüsse ins Auge. Es deutet sich also an, dass unabhängig von der konkreten Ausprägung von OT die Aktivierung von Teilen des Mitgliederkreises in Form einer unmittelbaren Beteiligung an zentralen Verbandsentscheidungen positiv mit OT assoziiert ist.

Hier enden allerdings die Gemeinsamkeiten der verschiedenen Modelle. Zunächst einmal ist festzuhalten, dass der in seiner kausalen Begründung eher unsichere Einfluss der Mitgliederzahl lediglich im Basismodell und bei der defensiven OT-Form signifikant (und negativ) ist, nicht aber in der offensiven OT-Form. Der eingangs formulierte Verdacht, eine große Mitgliederzahl könnte sich wegen der damit ansteigenden Interessenkomplexität oder gar wegen der größeren Furcht vor schmerzhaften Anpassungsprozessen im Bereich der Verbandsstrukturen positiv auf OT auswirken, hat sich nicht bestätigt. Dass nun bevorzugt kleinere Verbände die defensive OT-Variante einführen, deutet möglicherweise darauf hin, dass mit „defensiv" in der Tat die Werbung neuer, Mitglieder gemeint ist und diese insbesondere als zentrale Überlebens- und Expansionsstrategie von Kleinverbänden eingesetzt wird.

Tab. 7.15: Zusammenfassung der Schätzergebnisse

Variable	OT-Basismodell Variante 1	OT-Basismodell Variante 2	Offensive OT-Form Variante 1	Offensive OT-Form Variante 2	Defensive OT-Form Variante 1	Defensive OT-Form Variante 2
Eintrittsgeld						
Verschwiegenheitspflicht			++	+		
Gewichtetes Stimmrecht		–				–
Tarifausschuss	+++	++	+++	++	++	+
Schiedsgericht				++		
Anzahl der Mitgliedschaftsformen	+++	+++	+++	+++		
Ostdeutschland						
Mitgliederzahl (log.)	– –	–			– –	
Anzahl der Verbandsdienstleistungen	++	+	++	++	+	

+++/– – – positive/negative Assoziation signifikant auf dem Ein-Prozent-Niveau, ++/– – signifikant auf dem Fünf-Prozent-Niveau, +/– signifikant auf dem Zehn-Prozent-Niveau

Insgesamt vermögen die in das Schätzmodell einbezogenen Variablen deutlich besser die offensive Form von OT zu erklären, als dies bei der defensiven Form der Fall ist. Das ist ein Hinweis darauf, dass wir es mit zwei in vielen Aspekten deutlich unterschiedlichen Ausgestaltungen von OT zu tun haben, die nicht nur in ihren Wirkungen auf das System der industriellen Beziehungen, sondern auch in ihren verbandlichen Ursachenzusammenhängen als weitgehend eigenständige Phänomene behandelt werden müssen. Vergleicht man nun die Ergebnisse mit der Formalisierungshypothese sowie den mit der Vetopunkt-These assoziierten Variablen, so gelangt man zu ambivalenten Ergebnissen.

Zunächst wurde gegen die Annahme eines strukturellen „freeze-in“ das Argument ins Spiel gebracht, Formalstrukturen in Arbeitgeberverbänden könnten die Verbreitung der verbandlichen Umprogrammierung auf dem Wege der Einführung von OT-Mitgliedschaften unterstützen, indem sie den handelnden Subjekten einen äußeren Rahmen bieten, der Verhaltenssicherheit schafft. Vier Variablen (Eintrittsgeld, Verschwiegenheitspflicht, Tarifausschuss, Schiedsgericht) wurden mit solchen Formalstrukturen in Verbindung gebracht. Während das Eintrittsgeld, welches hier als ein Instrument zur partiellen Schließung des Verbandes gegenüber Outsidern eingeführt wurde, keine deutliche Assoziation aufweist und in allen Schätzmodellen nicht signifikant ist, finden sich bei der offensiven OT-Form bis zu drei signifikante und (wie erwartet) positive Assoziationen mit der Verbreitung dieser Form von tarifbindungsfreier Mitgliedschaft – im Falle der defensiven Form erwies sich lediglich die Variable „Tarifausschuss“ als signifikant. Es deutet sich hier an: Will ein Arbeitgeberverband die Gewerkschaft durch die Einführung einer offensiven OT-Form tarifpolitisch herausfordern, ist dies eher möglich, wenn die regelhafte Isolierung der Ausgangsinteressen der Mitglieder gelingt (Verschwiegenheitspflicht) sowie zusätzliche Strukturen zur Bewältigung der tarifpolitischen Aufgaben eingerichtet (Tarifausschuss) und die Voraussetzungen zur innerverbandlichen Konfliktschlichtung geschaffen wurden (Schiedsgericht).

Die Vetopunkt-Hypothese ging darüber hinaus davon aus, dass der besonderen Qualität von Formalstrukturen erhebliche Bedeutung zukommt. So sind Verbände dann in der Lage, die Binnendifferenzierung der Rechte und Pflichten einzelner Gruppen von Mitgliedern zu vergrößern, wenn gleichzeitig die Autonomie der Verbandsführung wirksam begrenzt wird. Es wurde die Erwartung formuliert, dass letztlich die größere Ausstattung eines Verbandes mit Vetopunkten dessen Fähigkeit zur Einführung von OT-Mitgliedschaften, mithin dessen Ausdifferenzierung von Mitgliedsrechten und -pflichten, erhöht. Mit Satzungsvorschriften zur Einführung von Tarifausschüssen, Schiedsgerichten und der Gewährung egalitärer Stimmrechte wurden drei Variablen in das Schätzmodell eingeführt. Die Befunde zur Vetopunkt-Hypothese sind insofern nicht ausreichend deutlich, als zwar die Koeffizienten der drei Variablen in allen sechs Schätzungen das erwartete Vorzeichen tragen (mit einer einzigen Ausnahme), sich aber lediglich die Tarifausschuss-Variable als durchgängig signifikant und robust erwiesen hat. Im Fall der offensiven OT-Form hat sich allerdings weiterhin die Schiedsgerichts-Variable als signifikant (2. Variante) herausgestellt, nicht jedoch die Stimmrechts-Variable, die nun gerade einen besonders universellen, von Themen und Situationen unabhängigen Einfluss der Mitglieder auf die Verbandspolitik sichergestellt hätte.

Bemerkenswert erscheint allerdings, dass sich in keiner der Schätzungen Hinweise für die Behauptung finden lassen, eine wirksame Umprogrammierung von Arbeitgeberverbänden lasse sich erst dann ins Werk setzen, wenn auf dem Wege einer Oligarchisierung die verbandliche Handlungsebene systematisch von den Mitgliederinteressen isoliert werde. Die quantitative Analyse ergibt deutliche Hinweise auf den genau entgegengesetzten Zusammenhang, dass nämlich OT als („offensive“) tarifpolitische Durchsetzungsstrategie dann eher gelingt, wenn ein Arbeitgeberverband über ein ausreichend dichtes Netz an organisatorischen Formalstrukturen verfügt, von denen einige durchaus geeignet sind, die Teilhabechancen der einzelnen Mitglieder wirksam zu erhöhen. Eine durchgängige Ausstattung des Verbandes mit Vetostrukturen ist allerdings nicht zwingend erforderlich. Im Vergleich hierzu kommt die defensive OT-Variante als universelle „Jedermannsstrategie“ daher, die nicht überzeugend an bestimmte organisatorische Charakteristika geknüpft ist. Eine Steigerung der Servicetiefe sowie die Einrichtung eines Tarifausschusses bieten positive Assoziationen, ebenso eine eher geringe Mitgliederzahl sowie die Herkunft aus der Baubranche; ansonsten ergeben sich allerdings nur wenige Anhaltspunkte.

Die Befunde bieten nun in zweifacher Hinsicht Anhaltspunkte für das Verhältnis zwischen Organisationsumwelt, Organisation und Strategie. So bestätigt die Identifikation von zwei sich zum Teil deutlich unterscheidenden OT-Varianten den bereits in der qualitativen Analyse der Einführungsprozesse festgestellten Eindruck, dass deutschen Arbeitgeberverbänden weiterhin die Möglichkeit einer „strategic response" zur Verfügung steht. Wie Oliver (1991) ausgeführt hat, lässt sich das Handeln von Organisationen nicht einfach aus deren Umweltbedingungen ableiten. Es sei noch einmal daran erinnert: Organisationen, zu denen auch unsere Arbeitgeberverbände gehören, stehen Verhaltensalternativen zur Verfügung, die neben der Unterwerfung unter Umweltanforderungen eben auch die Kompromissfindung, die Vermeidung, den aktiven Widerstand oder die Manipulation umfassen. Greift man auf diese Strategiemuster zurück, so lässt sich die defensive OT-Strategie (unter Verzicht auf ein Sonderkündigungsrecht) als eine auf Konformität mit der Organisationsumwelt zielende Organisationssicherungsstrategie auffassen. Mit einer defensiven OT-Variante reagieren Arbeitgeberverbände auf die von Gewerkschaften und Märkten ausgehenden Einflüsse, indem sie OT als eine Art neues Mitgliederwerbeinstrument einsetzen. Sie haben (strategisch) dem von den Gewerkschaften und Märkten ausgeübten Tarifdruck nichts entgegenzusetzen, sie verhalten sich „konform". Die defensive OT-Variante lässt sich aber auch als eine Strategie der Umgehung („avoid") interpretieren, die letztlich darauf basiert, dem Tarifdruck auszuweichen, indem neue Mitgliedergruppen außerhalb der eigentlichen Kernzuständigkeit des Verbandes gewonnen werden. Die offensive OT-Variante (unter Einschluss des Sonderkündigungsrechts) hingegen legt die Verwendung als tarifpolitisches Druckmittel nahe, kann aber auch als gezielter Einstieg in den Ausstieg aus der Tarifpolitik (Exit-Strategie) aufgefasst werden. Letztlich lassen sich diese Vorgehensweisen in Anlehnung an Olivers Konzept als Strategien der Umweltmanipulation oder auch der Vermeidung von Umwelteinflüssen begreifen.

Neben dem Fortbestehen eines Spielraumes für strategisches Handeln zeigt die quantitative Analyse aber auch, wie sehr dieses Handeln der Gesamtorganisation letztlich auch von inneren Verbandsstrukturen abhängt. Es konnte gezeigt werden, dass insbesondere die offensive OT-Variante auf der Basis bestimmter Formalstrukturen der Interessenbearbeitung aufbaut. Es soll zwar hier nicht behauptet werden, diese OT-Variante erfordere ein hohes Niveau gelebter verbandlicher Demokratie – wohl aber bedarf es sorgsam gepflegter Autonomiereserven der Verbandsmitglieder, welche sich letztlich nicht mit der Vorstellung eines oligarchisierten Arbeitgeberverbandes in Übereinstimmung bringen lassen. Strategie, und so muss wohl die Pointe auf das Paradox der Interessenorganisation in Arbeitgeberverbänden gelesen werden, fußt letztlich auf der produktiven Bewältigung des Verhältnisses zwischen Unternehmen als ressourcenreichen Organisationsmitgliedern auf der einen und der kollektiven Verbandsidentität auf der anderen Seite. Auf diesen Aspekt wird in der nun folgenden Gesamtbetrachtung nochmals zurückzukommen sein.

8 Fazit und Ausblick

Die deutsche Tarifautonomie erzeugt nicht nur eine belastbare rechtliche Basis für Kollektivverhandlungen zwischen Arbeitgeberverbänden und Gewerkschaften, sie schafft auch eine Art „Schicksalsgemeinschaft" zwischen diesen beiden Kollektivakteuren. Arbeitgeberverbände haben sich als hochsensibel bei der Frage erwiesen, mit welchem Verhandlungspartner auf der Gewerkschaftsseite sie es zu tun bekommen. Wie die jüngsten Stellungnahmen der Bundesvereinigung der Deutschen Arbeitgeberverbände zum Thema der Tarifeinheit belegen (siehe z.B. Hundt 2011), werden kleine und tariflich durchsetzungsfähige Konkurrenzgewerkschaften der DGB-Mitgliedsorganisationen unmittelbar als Bedrohung für die eigene tarifpolitische Handlungsfähigkeit wahrgenommen. Umgekehrt kann es Gewerkschaften schlechterdings nicht gleichgültig sein, sollten Arbeitgeberverbände ihre Fähigkeit einbüßen, eine Mehrheit der jeweiligen Unternehmen ihrer Branche zu organisieren und die Verbandspolitik auch bei den eigenen Mitgliedern durchzusetzen.

Das deutsche System der Verbandstarifverträge basiert in seinem Kern auf der herausragenden Organisationsleistung der Arbeitgeber. Viele Jahrzehnte lang wurde diese als Selbstverständlichkeit vorausgesetzt und zumindest in der Fachliteratur kaum problematisiert. Erst jetzt, in einer Zeit der abnehmenden Mitgliederzahlen, der deutlich werdenden Bruchlinien und deutlicher Anzeichen der „Erosion" des Flächentarifvertrages (Hassel 1999) zeichnet sich ab, dass diese Organisationsleistung keineswegs selbstverständlich ist. Wie die vorangegangene Analyse gezeigt hat, bewegen sich Arbeitgeberverbände – und dies nicht erst seit heute – in einem Spannungsverhältnis zwischen Mitglieder- und Verbandsinteressen, welches es stets aufs Neue auszubalancieren gilt. Diese Aufgabe erweist sich in zweifacher Hinsicht als voraussetzungsreich und somit heikel: Erstens organisieren Arbeitgeberverbände Marktkonkurrenten, die argwöhnisch darauf achten, dass sie gegenüber anderen Verbandsmitgliedern nicht übervorteilt werden. Zweitens – hierauf hat insbesondere Franz Traxler hingewiesen (siehe Kap. 2) – sind die einzelnen Mitglieder ressourcenstark (insbesondere dann, wenn es sich um Großunternehmen handelt) und verfügen über alternative Handlungsmöglichkeiten jenseits des Arbeitgeberverbandes. Dem Kollektivgut Verbandstarifvertrag steht also immer auch die Möglichkeit gegenüber, mit der zuständigen Gewerkschaft einen Haustarifvertrag abzuschließen und sich auf diese Weise dem Arbeitgeberverband zu entziehen.

8.1 Die Bearbeitung „harter“ Interessen

Folgt man wesentlichen Befunden und Analyselinien der bisherigen Arbeitgeberverbandsforschung, so wird dieses Spannungsverhältnis zwischen Mitgliederinteressen und der verbandlichen Politik zu Lasten der Ersteren aufgelöst. So gingen weite Teile der Arbeitgeberverbandsforschung noch bis in die 1980er Jahre davon aus, die Formulierung und Durchsetzung einer gemeinsamen verbandlichen (Tarif-)Politik könne nur dann gelingen, wenn Partizipationsrechte der Mitglieder zumindest situativ, wenn nicht sogar dauerhaft der Verfolgung gemeinsamer Ziele unterzuordnen seien; in letzter Instanz erscheint hier der Arbeitgeberverband als eine Art Leviathan, der, mit weitreichenden Rechten und überlegenen Ressourcen ausgestattet, die Partikularinteressen der Mitglieder zumindest zeitweise stillzulegen vermag. Um Missverständnissen vorzubeugen: Anders als in manchen marxistischen Ausarbeitungen jener Zeit (z.B. Simon 1976) werden Arbeitgeberverbände nicht als interessenhomogene Organisationen des Kapitals gesehen (wobei es Marx selbst schon besser wusste[1]). Vielmehr geht die Forschung durchaus von einem Spannungsverhältnis zwischen Mitglieder- und Verbandsinteressen aus; dieses wird allerdings zu Lasten der Beteiligungsrechte der Mitglieder aufgelöst. In der Sprache dieser Debatte: Die Legitimität der Tarifautonomie hat sich deren Effektivität unterzuordnen (Weitbrecht 1969), die administrative Rationalität hält über weite Strecken die repräsentative Rationalität in Schach (Child et al. 1973), die Einflusslogik setzt sich gegen die Mitgliedschaftslogik durch – Letzteres schon allein deshalb, weil ohne die Dominanz der Einflusslogik, wenn überhaupt, nur schwache oder fragmentierte Verbände entstehen können (Schmitter/Streeck 1999).

Es entspricht diesen Auffassungen des inneren Spannungsverhältnisses und seiner produktiven Bewältigung, dass im Resultat das Bild recht einheitlicher, handlungsmächtiger und vor allem mitgliederstarker Verbände entsteht. Bereits ein flüchtiger Blick auf die Entwicklung der deutschen Arbeitgeberverbände während der vergangenen 20 Jahre zeigt jedoch, dass die Überbrückung der widersprüchlichen Grundprinzipien der verbandlichen Existenz zumindest nicht dauerhaft und vor allem widerspruchsfrei gelungen sein kann. Mitgliederverluste, aber auch in zunehmendem Maße sichtbar werdende innerverbandliche Konflikte zwischen Groß- und Kleinunternehmen sowie zwischen arbeits- und kapitalintensiv produzierenden Unternehmen, deuten darauf hin, dass die verbandliche Integration konflikthafter Interessen auch weiterhin ein vorausset-

---

1 So analysiert Marx in seiner Schrift „Der achtzehnte Brumaire des Louis Bonaparte“ politische Interessenkonflikte zwischen den großen Grundeigentümern auf der einen und Finanzaristokraten sowie Großindustriellen auf der anderen Seite (Marx 1960 (1852]: 131).

zungsreicher Prozess ist, welcher zuweilen auch scheitern kann. Letztlich, so zeigt sich hier bereits, bedarf es mehr als einer einfachen Unterwerfung des Mitglieds unter die Kuratel des Verbandes.

Wie im fünften Kapitel dieses Buches gezeigt wurde, verfügen Arbeitgeberverbände über ein breitgefächertes Repertoire an Formalstrukturen der Interessenbearbeitung, durch welches die Präferenzen und Interessen der Mitglieder in ein kollektives Verbandsinteresse überführt werden können. Als Pointe erscheinen hierbei die beachtlichen Spielräume der Verbände beim Umgang mit dem Spannungsverhältnis und bei der Bearbeitung der Ausgangsinteressen der Mitgliedsunternehmen. Arbeitgeberverbände treten uns hier als Überlebenskünstler in eigener Sache entgegen. Sie sind dies nicht etwa, weil sie jeweils lediglich zwei konkurrierende Grundprinzipien, Legitimität und Effektivität, administrative und repräsentative Rationalität oder auch Mitglieder- und Einflusslogik, in ein hierarchisches Verhältnis zu bringen vermögen, vielmehr konstruieren sie komplexe Modelle der innerverbandlichen Interessenbearbeitung. Innerhalb dieser Modelle kommt der Gewährung von Teilhaberechten eine herausragende Bedeutung zu, wenngleich hier die Unterschiede zwischen den untersuchten Arbeitgeberverbänden erheblich sind.

Bemerkenswert erscheint zunächst die beachtliche Variation im strategischen Handeln der Arbeitgeberverbände entlang der unterschiedlichen Dimensionen der Interessenbearbeitung; so regeln etwa Arbeitgeberverbände die Frage, welche Unternehmen überhaupt die Mitgliedschaft erwerben können (fachliche und räumliche Zuständigkeit), äußerst uneinheitlich (siehe Abschnitt 5.1), und allein schon die Regelungen zur politischen Domäne, also die Entscheidung, ob ein Verband ausschließlich die arbeitsmarktbezogenen Interessen seiner Mitglieder (reiner Arbeitgeberverband) oder zusätzlich auch die produktmarktbezogenen Interessen (Arbeitgeberverband und Wirtschaftsverband) vertritt, beeinflussen das Profil der durch den Verband zu vertretenden Interessen in erheblichem Maße (Behrens/Helfen 2009).

Arbeitgeberverbände sind Vereinigungen von Konkurrenten, die nur sehr punktuell gemeinsame Interessen verfolgen. Entsprechend geht es bei der „Isolierung“ von Interessen letztlich darum, den ungewollten Fluss zu schützender Unternehmensinformationen zu verhindern. Interessant ist hier, dass Verschwiegenheitsklauseln als regelbasierte Isolierungsstrategie nur bei einem Teil der Verbände Anwendung finden, während eine personale Isolierungsstrategie, die im Kern auf unternehmensunabhängigen Geschäftsführungen basiert, von fast allen der untersuchten Arbeitgeberverbände verfolgt wird. Letztlich sorgen diese beiden Isolierungsstrategien nicht etwa für eine Unterordnung oder gar Stilllegung der Mitgliederinteressen, sondern für das genaue Gegenteil: den Schutz des einzelnen Mitgliedsunternehmens und seiner wirtschaftlichen Interessen vor dem ungehinderten Zugriff seiner Marktkonkurrenten innerhalb des Arbeitgeberverbandes.

Die Untersuchung von Aspekten der Interessengewichtung ging im nächsten Schritt der Frage nach, wie Verbände mit den Ausgangsinteressen ihrer Mitglieder verfahren. Analysiert man die Satzungsvorschriften zur Verteilung der Stimmrechte innerhalb des Mitgliederkreises, so wird deutlich, dass sich eben nicht das Recht des Stärkeren durchsetzt: Entgegen der Annahme, ökonomische Macht von Einzelmitgliedern würde sich auch in einer entsprechenden Absicherung dieser Machtpositionen innerhalb der Verbände niederschlagen, zeigt sich eine abweichende Stimmrechtspraxis. In fast 60% aller untersuchten Verbände sind Stimmrechte nach dem egalitären Prinzip „Eine Stimme pro Mitglied" verteilt.

Während die Stimmrechtsverteilung etwas über die formalen Teilhaberechte aussagt, sorgt die Schaffung von Ausschüssen und Kommissionen für Teilnahmegelegenheiten und -anlässe; sie erhalten ihren besonderen Stellenwert dadurch, dass sie Mitgliedern Zugriff auf wichtige Informationen gestatten bzw. Gelegenheiten zur Beeinflussung der Verbandspolitik ermöglichen, die über die bloße Teilnahme an den zumeist jährlich stattfindenden Mitgliederversammlungen deutlich hinausgehen. Insbesondere den festen Tarifausschüssen bzw. -kommissionen kommt hierbei große Bedeutung zu. Auch bei der Verbreitung solcher Möglichkeiten zur „Aktivierung von Interessen" bestehen erhebliche Unterschiede innerhalb der Verbandslandschaft.

Gerade weil Arbeitgeberverbände die partiellen Interessenkonvergenzen der Mitglieder mit deren harter Konkurrenz in Einklang bringen müssen, spielt schließlich die Regelung der „Interessenschlichtung" eine für Mechanismen der Interessenbearbeitung große Rolle. Die Analyse zur Verbreitung der Schiedsgerichte als der zentralen Instanz zur Konfliktschlichtung zeigt auch hier Unterschiede: Insgesamt verfügt ein Drittel der untersuchten Arbeitgeberverbände über ein Schiedsgericht, zwei Drittel kommen ohne eine solche Instanz aus.

Lässt man diese Analyse der Formalstrukturen der Interessenbearbeitung nochmals Revue passieren, so fällt auf, dass sich diese nicht elegant mit einer dualen Logik der Unterordnung von Autonomiespielräumen der Mitgliedsunternehmen unter die kollektive Realität des Verbandes fassen lässt. Zum einen spricht gegen die Annahme einer solchen Unterordnung der Befund, wonach sich Arbeitgeberverbände erheblich bei der Frage unterscheiden, wie sie in formaler Hinsicht mit den Ausgangsinteressen ihrer Mitglieder verfahren; anders als die Vorstellung von Interessen „des Kapitals" oder universellen Vorschriften „des Vereinsrechts" nahelegen würde, regeln Verbände ihre Angelegenheiten recht autonom und vor allem recht uneinheitlich. Wie der tiefergehende Vergleich zwischen Arbeitgeberverbänden innerhalb ausgewählter Branchencluster weiterhin gezeigt hat (siehe Kap. 6), lässt sich diese Uneinheitlichkeit nicht einfach auf unterschiedliche Umweltbedingungen zurückführen, tritt doch eine erhebliche Variationsbreite der Muster von Formalstrukturen der Interessenbearbeitung selbst innerhalb der Branchencluster auf. Die Befunde bestätigen also weitgehend die Hypothese 1 (Strategic-choice-Hypothese), wonach Arbeitgeberverbände anders als vielfach unterstellt über einen erheblichen autonomen Handlungsspielraum verfügen, und widersprechen damit der Vorstellung, bei Arbeitgeberverbänden (und möglicherweise auch bei Wirtschaftsverbänden) handele es sich um „Aggregationsmaschinen", deren Aufgabe es sei, die Interessen der Verbandsmitglieder lediglich zusammenzuführen und zu bündeln. Arbeitgeberverbände als strategisch handelnde Akteure greifen steuernd in die Ausgangsinteressen ein.

Das Bemerkenswerte an dieser Interessenbearbeitung ist nun – so deutet die Analyse der fünf Formalstrukturen bereits an – , dass diese nicht durch Stilllegung der Mitgliederpartizipation erfolgt. Insofern bieten die gewonnenen Daten zu den Formalstrukturen der Interessenbearbeitung in einer weiteren Hinsicht Anlass, unser Verständnis von Arbeitgeberverbänden zu präzisieren. Im Gegensatz zur Vorstellung von Arbeitgeberverbänden als notwendigerweise oligarchisierten Organisationen – also einer Vorstellung, die davon ausgeht, eine effektive Vertretung von Interessen sei nur möglich, wenn diese als abstrakte Kategorie von den Interessenträgern losgelöst und in organisierter Form verselbständigt werden –, deuten die Befunde keineswegs darauf hin, die Mitgliedschaftslogik habe sich der Einflusslogik untergeordnet oder die Legitimität des Verbandes habe sich auf dem Wege einer Oligarchisierung der Effektivität gebeugt.

Verbände bieten formalisierte Vetopunkte an, die Mitglieder in die Lage versetzen, Verbandsführungen zu kontrollieren oder gar zu korrigieren wie auch eigene Rechtspositionen gegenüber anderen Mitgliedern durchzusetzen. Als solche Vetopunkte erscheinen die eher egalitäre Verteilung formaler Stimmrechte, die Aktivierung von Mitgliedern über feste Beteiligungsangebote und auch Schiedsgerichte sowie besondere Verfahren zur Aufnahme neuer Mitglieder in den Verband. Solche strukturellen Garantien der Mitgliederbeteiligung entsprechen nicht notwendigerweise den Vorstellungen von quasi spontaner, basisdemokratischer Teilhabe; sie stellen vielmehr satzungsrechtlich garantierte Kontrollpositionen dar, die es erst zu aktivieren gilt. Vetopunkte können lange Zeit im Stadium der Latenz verbleiben, lassen sich aber situativ aktivieren und erhalten den Mitgliedern somit einen effektiven Zugriff auf die Gestaltung verbandlicher Politik.

Insgesamt zeigt die in Kapitel 6 vorgenommene Auswertung, dass Verbände unterschiedlich mit solchen Vetopunkten ausgestattet sind – insofern spricht einiges für die in Hypothese 2 formulierte Ausgangsvermutung, wonach sich Arbeitgeberverbände bei satzungsmäßig garantierten Einflussmöglichkeiten erheblich unterscheiden.

Verbände, die ihren Mitgliedern eine derartige Vetopunkt-Position einräumen, so zeigt die Analyse darüber hinaus, lassen sich keineswegs als defizitäre Organisationen auffassen, also als solche, die eine Stärkung der „Mitgliedschaftslogik", „Legitimität" oder „repräsentativen Rationalität" dadurch erkaufen, dass sie Abstriche bei der Vertretungsmächtigkeit ihrer Organisation in Kauf nehmen. So zeigte die quantitative Analyse der Verteilung von Vetopunkten in der Arbeitgeberverbandslandschaft – und hier bestätigt sich die in Hypothese 2.1 formulierte Annahme –, dass Verbände mit einer Vielzahl von Vetopunkten keinesfalls eng geführte Single-issue-Verbände sind, sondern eher das Gegenteil: Räumt ein Verband seinen Mitgliedern eine vergleichsweise große Anzahl von situativ zu aktivierenden Vetopunkten ein, steigt die Wahrscheinlichkeit, dass er seinen Mitgliedern eine vergleichsweise große Anzahl von Verbandsdienstleistungen satzungsmäßig garantiert. Anders gewendet: Es sind eher Verbände mit einem geringen Aufgabenspektrum, die ihren Mitgliedern Zugriffschancen auf die Verbandspolitik verwehren und somit versuchen, die Ausgangsinteressen der Mitgliedsunternehmen zugunsten des Verbandsinteresses stillzulegen. In der vertrauten Terminologie der Arbeitgeberverbandsforschung schließlich lässt sich formulieren: Entscheiden sich Arbeitgeberverbände dafür, die Mitgliedschaftslogik tatsächlich der Einflusslogik unterzuordnen, zahlen sie hierfür den Preis der thematischen Engführung. Eine Vielzahl von Verbänden ist aber offenkundig nicht bereit, dies zu tun.

Es zeichnet sich ein Bild der deutschen Arbeitgeberverbände ab, das sich an einigen Stellen von in der Arbeitgeberverbandsliteratur verbreiteten Positionen und vielleicht auch von der öffentlichen Wahrnehmung abhebt. Zunächst einmal erweist sich die Arbeitgeberverbandslandschaft als weitaus weniger einheitlich und homogen als gedacht; zumindest in Bezug auf die Frage, wie Verbände mit den Ausgangsinteressen ihrer Mitgliedsunternehmen verfahren, ergeben sich große Unterschiede. Dieser Befund ist für zukünftige Forschungen in diesem Themenfeld insofern von großer Relevanz, als es wohl kaum möglich sein dürfte, von der Analyse eines Fachspitzenverbandes und seiner Mitgliedsverbände, etwa der Metall- und Elektroindustrie, bruchlos auf die gesamte Arbeitgeberverbandslandschaft zu schließen.

Richtet man nun die Aufmerksamkeit auf die Strukturen der einzelnen Verbände selbst, wirft also einen scheuen Blick in die Black Box „Arbeitgeberverband", so erscheinen diese Organisationen so gar nicht als vor Kraft strotzende, ressourcenreiche Organisationen. Wie der (zugegebenermaßen auf Gespräche und Protokollmaterial begrenzte) Blick ins Innere der Verbände gezeigt hat, gibt es einige Schnittstellen mit anderen Organisationen wie z.B. Freizeitvereinen. Hier ist etwa die Banalität vieler Verbandsroutinen zu nennen, der sich letztlich auch ein Arbeitgeberverband nicht entziehen kann. Auch ein Verband von Mächtigen, wie dies ein Arbeitgeberverband sicherlich ist, kommt nicht umhin,

Kämpfe mit Mitgliedern zu führen, wenn es um die Leistung des Mitgliedsbeitrags geht, dem Bedürfnis nach Unterhaltung Rechnung zu tragen, wenn es darum geht, möglichst viele Mitglieder zur Jahresversammlung zu locken, oder sich mit den „menschlichen und allzu menschlichen" Sorgen und Nöten einzelner Unternehmerpersönlichkeiten auseinanderzusetzen. Darüber hinaus ist aber vielfach deutlich geworden – und hier versagt letztlich die Vergleichsfolie des Freizeitvereins ihren Dienst –, wie heikel und voraussetzungsreich die kollektive Vertretung von jenen Ausgangsinteressen ist, welche außerhalb des Verbandes in Form von marktgebundenen Konkurrenzbeziehungen in Erscheinung treten. Wollten Arbeitgeberverbände die Ausgangsinteressen ihrer Mitgliedsunternehmen schlichtweg aggregieren, würden sie auf ganzer Linie scheitern, so darf mit Rückblick auf die gewonnenen Ergebnisse vermutet werden. Arbeitgeberverbände aggregieren diese Ausgangsinteressen nicht – sie lassen sie selektiv zu, sie isolieren, gewichten und aktivieren sie und schlichten darüber hinaus, sofern erforderlich, Interessenkonflikte. Um dies zu tun, verfügen die Verbände über ein austariertes Netzwerk von Satzungsvorschriften und Routinen.

8.2 Strukturelle Grundbedingungen der Umprogrammierung von Arbeitgeberverbänden

Hat sich ein Verband erst einmal für eine solche Formalstruktur der Interessenbearbeitung entschieden, fällt es, so dürfte deutlich geworden sein, schwer, diese zu revidieren. Schließlich birgt jede Veränderung immer auch die Gefahr, jene heikle Balance zwischen Mitglieds- und Verbandsinteressen bzw. zwischen den Mitgliedsinteressen untereinander zu stören. Diese Starrheit der Formalstruktur der Interessenbearbeitung bedeutet aber nicht, dass sich der Verband, und insbesondere die verbandliche Politik, generell als starr gegenüber Veränderungen erweist. Wie ausführlich am Beispiel der Einführung von Mitgliedschaften ohne Tarifbindung gezeigt werden konnte, kam es – beginnend in den frühen 1990er Jahren – in den Reihen der deutschen Arbeitgeberverbände zu einem Wandel auf breiter Front. Mit der Zulassung der Möglichkeit, die Bindung an einen Verbandstarifvertrag quasi abzuwählen, haben etliche Arbeitgeberverbände einen wesentlichen Teil ihres Aufgabenbereichs verändert. Dieser Vorgang wurde hier als „Umprogrammierung" bezeichnet; mit ihr erlauben es Arbeitgeberverbände ihren Mitgliedern auf deren Wunsch hin, einen für diese Verbände konstitutiven Aufgabenbereich auszuklammern und sich – zumindest in diesem Bereich – der Pflicht zur Unterwerfung unter die Resultate der kollektiven Handlungen des Verbandes zu entziehen. Zunächst einmal fällt im Bereich dieser Umprogrammierung auf, dass die untersuchten Verbände auch hier keinem einheitlichen Muster folgen. Ein gutes Drittel der Arbeitgeberverbände (erster Ordnung) bietet den Mitgliedern einen Wechsel in die OT-Mitgliedschaft an, während knapp zwei Drittel der untersuchten Satzungen keine entsprechenden Klauseln beinhalten. Darüber hinaus wird deutlich, dass auch innerhalb der Gruppe mit OT-Mitgliedschaft große Unterschiede bestehen. Schaut man hinter die auf den ersten Blick einheitliche Konstellation „OT", zeigt sich, dass die Modalitäten des Übergangs zwischen normaler und OT-Mitgliedschaft eine große Rolle spielen. Von besonderer Bedeutung ist hier vor allem die Frage des Sonderkündigungsrechts von Verbandsmitgliedern: In einer „offensiven Variante" von OT räumen Arbeitgeberverbände ihren Mitgliedern ein Sonderkündigungsrecht beim Übergang in den OT-Status ein, während in einer Reihe anderer Verbände das Angebot einer OT-Mitgliedschaft ohne Sonderkündigungsrecht auskommt (defensive Variante).

Diejenigen Arbeitgeberverbände, die OT-Mitgliedschaften anbieten, verfolgen hiermit durchaus unterschiedliche strategische Kalküle. Zu unterscheiden ist hierbei zwischen Strategien der Organisationssicherung (die mit Hilfe von OT die Verbandsflucht eindämmen und dem Verband zahlende Mitglieder erhalten wollen), Legalisierungsstrategien (bei denen es um die Legalisierung des Tarifbruchs geht), der Strategie des tarifpolitischen Druckmittels (bei dem der Arbeitgeberverband den – massenhaften – Übertritt in den OT-Status als neuartiges Druckmittel gegenüber den Gewerkschaften einsetzt) und der Exit-Strategie (bei der OT letztlich ein Element der strategisch intendierten Abschaffung des Verbandstarifvertrages darstellt). Wie die Rekonstruktion der Einführungsprozesse von OT-Mitgliedschaften in fünf Branchen zeigte, treten die skizzierten Strategien nicht in Reinform in Erscheinung – je nach Perspektive und nach Kontext erweist sich die Umprogrammierung als Mittel der Wahl zur Werbung neuer Mitglieder, zur Erzwingung einer neuen Tarifpolitik, zur (Wieder-)Herstellung der Legalität einzelner Mitglieder oder auch zum Erhalt der eigenen Organisation. Während sich also auf der Ebene der strategischen Motivation von OT vielfach überlagernde Motivationsbündel zeigen, fördert die weitere (quantitative) Analyse von OT deutliche Konturen einer Assoziation von Strukturen der Interessenbearbeitung mit den beiden OT-Varianten zutage. Als generelles Ergebnis lässt sich dabei festhalten, dass die „offensive Variante" von OT (OT-Mitgliedschaft mit Sonderkündigungsrecht) mit den im vorliegenden Datensatz verfügbaren Merkmalen sehr viel besser erklärt werden kann als die defensive; bei der offensiven Variante sind insbesondere die Variablen zur Interessenisolierung, Interessenmobilisierung und (zumindest in einem Modell) zur Interessenschlichtung positiv mit der Einführung von OT verbunden. Darüber hinaus zeigen sich weitere signifikante Einflüsse zentraler Strukturvariablen. So fällt es Arbeitgeberverbänden offenkundig leichter, sich für die Einführung einer offensiven OT-Variante zu entscheiden, wenn sie ihren Mitgliedern eine vergleichsweise breite Palette von Verbandsdienstleistungen anbieten und darüber hinaus bereits eine weitere Differenzierung nach unterschiedlichen Mitgliedschaftsformen durchführen.

In Anbetracht dieser Ergebnisse wäre es vermessen zu behaupten, die Einführung (oder Nichteinführung) von Mitgliedschaften ohne Tarifbindung sei letztlich durch verbandliche Strukturmerkmale, also durch die Formalstrukturen der Interessenbearbeitung, determiniert. Dies soll hier nicht behauptet werden. Gleichwohl konnte aber gezeigt werden, dass die Gewährung von innerverbandlichen Vetopunkten – wie die Garantie von Beteiligungsrechten durch eine Tarifkommission – in Verbindung mit weiteren Strukturmerkmalen – wie Verschwiegenheitsklauseln – die Entscheidung für die Einführung einer offensiven OT-Variante erleichtert. Mit Blick auf die eingangs formulierte Vermutung (Hypothese 3), wonach partizipative Organisationsstrukturen die Umprogrammierbarkeit von Arbeitgeberverbänden fördern, kann ein solcher Zusammenhang nicht durchgängig für alle in der Untersuchung berücksichtigten Vetopunkte bestätigt werden (der Einfluss des gewichteten Stimmrechts erweist sich als nicht signifikant), wohl aber für die oben genannten Merkmale.

8.3 Folgen der Umprogrammierung: Destabilisierung durch Organisationssicherung?

Bis zu diesem Punkt der Analyse wurde die Einführung von Mitgliedschaften ohne Tarifbindung als „neutral" in dem Sinne angesehen, dass die Einführung entweder erfolgt oder eben unterbleibt. Die Umprogrammierung erscheint in diesem Sinne „unschuldig" und ihre Auswirkungen für die weitere Entwicklung der deutschen Arbeitgeberverbände bleiben vom Grundsatz her offen. Nun ist es naheliegend, dass OT an sich nicht nur das Produkt von strategischem Verbandshandeln sowie von vorgefundenen Strukturen der Interessenbearbeitung ist, sondern selbst auch die Interessenkonstellation innerhalb der betroffenen Arbeitgeberverbände erheblich verändert. OT-Mitglieder gehören dem Verband zwar weiterhin an, scheiden aber als Orientierungspunkt für die Erstellung des verbandlichen Kollektivgutes „Tarifpolitik" weitgehend aus, denn für sie gelten – zumindest formal – andere Bestimmungen. Die Interessentektonik, also die Co-Existenz von Verbandsmitgliedern mit und solchen ohne Bindung an den Verbandstarifvertrag, wird weiterhin dadurch verschärft, dass sich vorrangig kleine und mittelgroße Unternehmen für die OT-Mitgliedschaft entscheiden (siehe Abschnitt 7.3). Zwar kann an dieser Stelle keine empirische Analyse der Folgen der Einführung von OT-Mitgliedschaften für die verbandliche Politik vorgenommen werden, jedoch lassen sich mit Rückgriff auf etablierte Grundkonzepte der Organisations- und Verbandstheorie einige begründete Vermutungen darüber anstellen, welche Rückwirkungen die erfolgte Umprogrammierung auf die betroffenen Verbände haben könnte.

Die Grundkonstellation, an der die folgenden Überlegungen ansetzen, ist zunächst die weitere Heterogenisierung der Interessen innerhalb von OT-Verbänden. OT-Mitglieder gehören dem Verband zwar weiterhin an, sie scheiden aber als Orientierungspunkt für eine Bereitstellung der Tarifpolitik als dem verbandlichen Kollektivgut aus. Folgt man der Collective-Action-Theorie und ihren Aussagen zu Organisationen mit heterogener Mitgliedschaft, dann kommt man zu dem Ergebnis, dass OT-Mitglieder, also jene, die also das verbandliche Kollektivgut Flächentarifvertrag quasi abgewählt haben, nur noch an selektiven Verbandsgütern wie z.B. Beratung und Prozessvertretung interessiert sind, nicht aber mehr am „Hauptprodukt" des Verbandes. Moe führt in seiner Ausarbeitung zu Olsons Nebenprodukttheorie aus:

> „The only members that leaders have an incentive to represent are those that join out of an interest in collective goods, for their contributions are rationally contingent upon political considerations. These individuals who may be Large Members or cooperating Small Members are thus the only ones in a position to influence associational policy." (Moe 1980: 75)

Da nun die Option der OT-Mitgliedschaft vorrangig von kleinen und mittelgroßen Unternehmen gewählt wird, führt dies de facto zu einer Homogenisierung der verbandlichen Interessenpolitik. OT-Mitglieder gehören dem Verband zwar weiterhin an, sie stehen aber für die Entwicklung der Tarifpolitik als dem verbandlichen Kollektivgut par excellence nicht mehr zur Verfügung. Eine solche Entwicklung wäre nicht nur deshalb als problematisch anzusehen, weil in der Tarifpolitik der disziplinierende Einfluss der Klein- und Mittelbetriebe geschwächt wird, wenn nicht sogar vollständig entfällt. Sie erhält weiterhin besondere Sprengkraft durch die Tatsache, dass solche Mitglieder an der generellen Zielformulierung und strategischen Fortentwicklung der Verbände nicht mehr teilnehmen. Ihre Präferenzen werden gemäß dem von Moe entwickelten Modell nur insoweit ernst genommen, als das Tauschverhältnis von Verbandsdienstleistung gegen Mitgliedsbeitrag betroffen ist, ihr Einfluss auf die generelle Verbandspolitik – also auf das Kollektivgut Tarifpolitik – wurde stillgelegt.

Zu ähnlichen Resultaten würde man mit Rückgriff auf verbandstheoretische Überlegungen gelangen. So hat Adels (1969) Arbeitgeberverbände als Resultate einer Delegation von Unternehmenskompetenzen betrachtet; im Zentrum dieser Überlegung steht die Frage der „Rückholbarkeit", welche immer dann gegeben ist, wenn Mitglieder nicht tiefergehend durch die Aktivitäten ihres Verbandes verpflichtet und gebunden werden können (ebd.: 11). Kaum „rückholbar" erscheinen in diesem Kontext tarifpolitische Aktivitäten des Verbandes, denn von diesem getroffene Tarifvereinbarungen mit den Gewerkschaften gelten unmittelbar und zwingend für alle (tarifgebundenen) Mitgliedsunternehmen. Abweichendes Verhalten wird im Zweifelsfall gerichtlich sanktioniert. Während man mit der Collective-Action-Theorie in Bezug auf die OT-Problematik zu dem Ergebnis kommt, dass eine Vertretungslücke entsteht, weil sich OT-Mitglieder in den Augen der Verbandsführung als wenig satisfaktionsfähig erweisen, führt Adels' verbandstheoretische Überlegung zu dem Schluss, dass eine nur gebrochene Verpflichtung der Mitglieder auf wesentliche Verbandsbeschlüsse (also die „Rückholbarkeit" der Tarifpolitik durch die OT-Mitglieder) vorwiegend schwache Verbände hervorruft.

Die hinter dieser Überlegung stehende Logik bezieht sich auf die Motivationen der Mitglieder: Müssen sich diese auf Verbandsbeschlüsse bzw. durch den Verband erzielte Verhandlungsergebnisse verpflichten lassen, kann ihnen die Verbandspolitik nicht gleichgültig sein, denn sie können sich den Folgen dieser Beschlüsse individuell nicht entziehen. Von solchen Mitgliedern kann erwartet werden, dass sie sich aktiv an der Zielformulierung ihres Verbandes beteiligen, dessen Politik aufmerksam verfolgen und im Zweifelsfall Unzufriedenheit („voice") gegenüber dem Verband zum Ausdruck bringen.

Mit der Einführung von Mitgliedschaften ohne Tarifbindung wird die Verpflichtungsfähigkeit in zweierlei Hinsicht verändert. Zunächst einmal entscheiden sich jene Mitglieder, die bereits in den OT-Status (bzw. OT-Verband) gewechselt sind, für einen Mitgliedsstatus mit geringer Individualverpflichtung. Da neu abgeschlossene Tarifverträge für sie nicht mehr gelten, müssen sie sich folglich deren Bestimmungen nicht mehr unterwerfen; Anwendung finden lediglich noch solche Verbandsaktivitäten, die keine oder nur geringe Verpflichtungen mit sich bringen. Ein zweiter Aspekt erscheint weitaus gravierender: Mit der Möglichkeit eines unreglementierten Statuswechsels, d.h. des Wechsels in die OT-Mitgliedschaft ohne Bedingung und Frist (siehe Abschnitt 7.2), wird selbst der Tarifbindung als der zentralen Verpflichtungsleistung des Verbandes deren Verbindlichkeit geraubt. Durch den voraussetzungslosen Wechsel in OT wird nun selbst eine bestehende Tarifbindung situativ „rückholbar" gemacht, d.h. die Frage nach dem „Verpflichtet-sein-Wollen" in die Hände des einzelnen Mitglieds selbst gelegt.

Folgt man dem Ansatz von Adels, so hat dies weitreichende Konsequenzen für den Verband. Selbst bei fortbestehender Tarifbindung eines großen Teils der Mitglieder ändert sich im „offensiven" OT-Modell deren Motivationslage. Mit der Einrichtung der OT-Wahloption konvertiert der Arbeitgeberverband von einem Verband mit starker Mitgliederverpflichtung zu einem mit rückholbarer Verpflichtung, welche diesen in Richtung einer losen Verbindung von Unternehmen katapultiert.

Unabhängig davon, ob man nun mit der Collective-Action-Theorie davon ausgeht, dass die Einführung von OT-Mitgliedschaften letztlich den Einfluss von Klein- und Mittelunternehmen stilllegt (mit schwer absehbaren Folgen für die Legitimität der Verbände), oder aber mit Teilen der Verbandstheorie die Schwächung der Verbände selbst durch mangelnde Bindung an die Ergebnisse des verbandlichen Handelns befürchten muss: Die Risiken sind erheblich.

Sollte diese zugespitzte Perspektive einer Delegitimierung oder Schwächung zutreffen, wäre dies ein hoher Preis, welcher für OT als ausufernde Organisationssicherungsstrategie zu zahlen wäre. Nun scheint an dieser Stelle der Konjunktiv geboten, denn auf absehbare Zeit verschließen sich diese theoriegeleiteten Überlegungen der empirischen Überprüfung in der Praxis. Viele der geschilderten Zusammenhänge ergeben sich mittel- bis langfristig aus dem Prozess der Anpassung von Organisationen nach erfolgter Umprogrammierung, und in vielen Verbänden ist diese Umprogrammierung noch zu jung, um in ihren Konsequenzen sinnvoll empirisch beurteilt zu werden. Es deutet allerdings nichts darauf hin, dass Arbeitgeberverbände gewillt wären, dieses riskante Experiment abzubrechen. Fälle der Abschaffung von OT-Mitgliedschaften sind bislang nicht bekannt geworden, sodass es letztlich eine Frage der Zeit sein wird, bis genau festzustellen ist, ob die Verbands- oder die Collective-Action-Theorie zuverlässige Propheten schlechter Nachrichten waren, auf die man vielleicht besser gehört hätte, oder ob solche Verbände als eine Kerninstitution des deutschen Systems der politischen Ökonomie wieder einmal Teil einer Stabilisierung sind, die eine Anpassung dieser Institutionen an veränderte Marktbedingungen herstellt. In diesem Sinne verweisen die theoriegeleiteten Überlegungen erneut auf die generelle Debatte um die Entwicklung unterschiedlicher Kapitalismusmodelle im Allgemeinen und des deutschen „Paradefalls" im Besonderen.

Während die übergreifende Perspektive des „varieties of capitalism"-Konzepts (Hall/Soskice 2001) die Erwartung der Stabilität des „deutschen Modells" aus der Komplementarität unterschiedlicher Institutionen (z.B. Bildungswesen, Gewerkschaften, Arbeitgeberverbände) heraus begründet, legt die hier zu Grunde gelegte organisationssoziologische Perspektive nahe, dass deutsche Arbeitgeberverbände mit ihrer Strategie der Einführung von OT-Mitgliedschaften in Begriff sind, sich mit einem Teil ihrer Mitglieder von solchen Komplementaritäten abzukoppeln.

In ihrem Kern stellt die Einführung von Mitgliedschaften ohne Tarifbindung einen Versuch dar, eine Antwort auf die in Kapitel 1 skizzierte Mitgliederkrise zu finden – sei es, dass durch OT neuen Mitgliedern eine Brücke in den Verband gebaut werden soll, oder sei es, dass existierende Mitglieder im Verband gehalten werden sollen (indem ihnen entweder neue tarifliche Flexibilisierungsspielräume durch den Übertritt in OT angeboten werden oder durch die glaubhafte Drohung mit dem Übertritt die Verhandlungsmacht der Arbeitgeber am Verhandlungstisch gestärkt wird). Letztlich beinhaltet diese Strategie die Gefahr – und hierauf deutet die hier bemühte verbands- und organisationssoziologische Perspektive hin –, dass Fortschritt bei der Bewältigung der Mitgliederkrise letztlich um den Preis der Verschärfung der Kohärenzkrise erkauft wird. Mit der Differenzierung oder Heterogenisierung der innerverbandlichen Interessenlagen entsteht letztlich auch der Nährboden für Konflikte im Arbeitgeberverband; unterschiedliche tarifliche Interessenlagen werden nicht etwa von der verbandlichen Interessenvertretung isoliert, sie treffen mit voller Härte aufeinander. Eine solche Entwicklung lässt sich nicht verstehen als eine Art abrupter, eruptiver Wandel, welcher quasi über Nacht das deutsche System der politischen Ökonomie – oder präziser gesagt, einen seiner Kernpfeiler – aus den Angeln hebt. Wie aber Streeck/Thelen (2005) zu Recht hervorgehoben haben, wäre dies gar nicht nötig, um großen Schaden am deutschen Kollektivvertragssystem anzurichten. Wandel kann zugleich „inkrementell" und bezogen auf die Kerninstitutionen der politischen Ökonomie transformativ sein.[2] Letztlich ließe sich die Umprogrammierung von Arbeitgeberverbänden, wie sie hier am Beispiel der OT-Mitgliedschaften untersucht wurde, auch verstehen als eine Art „conversion" oder gar „drift". Beim zuerst genannten Konzept werden bestehende Institutionen mit dem Ziel angepasst, neue Ziele zu verfolgen, während bei „drift" als der zweiten Variante eines inkrementellen, aber dennoch erheblichen Wandels Institutionen (wie unsere Arbeitgeberverbände) innerlich an Vernachlässigung zugrunde gehen, wobei allerdings ihre äußere formale Hülle fortbesteht (ebd.). Welche der beiden Varianten man auch immer zu Grunde legt: Für die Einschätzung der Stabilität des deutschen Systems der Verbandstarifverträge als einem Kernpfeiler der politischen Ökonomie bedeutet dies die Entwarnung von der Entwarnung. Anders als im „varieties of capitalism"-Ansatz vermutet, bedürfen gravierende Veränderungen keinen krachenden Wandels, die Systemveränderung kommt auf leisen Sohlen, in kleinen Schritten, aber dennoch mit großer Wucht daher.

---

2 „In short, we argue that equating incremental with adaptive and reproductive minor change, and major change with, mostly exogenous, disruption of continuity, makes excessively high demands on ‚real' change to be recognized as such and tends to reduce most or all observable changes to adjustment for the purpose of stability." (Streeck/Thelen 2005: 8)

Literatur

Adels, Helmut (1969): Wie entscheiden Verbände? Die Organisation der Entscheidungsprozesse in Wirtschaftsverbänden. Köln: Deutscher Industrieverlag

Arthur, Brian (1994): Increasing Returns and Path Dependence in the Economy. Ann Arbor: University of Michigan Press

Artus, Ingrid (2001): Krise des deutschen Flächentarifvertragssystems. Die Erosion des Flächentarifvertrages in Ost und West. Wiesbaden: Westdeutscher Verlag

Axelrod, Robert (2000): Die Evolution der Kooperation. Wien, München: Oldenbourg

Baccaro, Lucio (2002): The Construction of Democratic Corporatism in Italy. In: Politics & Society, 30: 2, S. 327–357

Baccaro, Lucio (2003): What Is Alive and What Is Dead in the Theory of Corporatism? In: British Journal of Industrial Relations, 41: 4, S. 683–706

Barton, Allen H./Lazarsfeld, Paul F. (1979): Einige Funktionen von qualitativer Analyse in der Sozialforschung. In: Hopf, Christel/Weingarten, Elmar (Hg.): Qualitative Sozialforschung. Stuttgart: Klett-Cotta, S. 139–166

Baumgartner, Frank R./Leech, Beth L. (1998): Basic Interests. The Importance of Groups in Politics and in Political Science. Princeton: Princeton University Press

Bayreuther, Frank (2007): OT-Mitgliedschaft, Tarifzuständigkeit und Tarifbindung. In: Betriebs-Berater, 62: 6, S. 325–329

Behrens, Martin (2004): New Forms of Employers' Collective Interest Representation? In: Industrielle Beziehungen, 11: 1+2, S. 77–91

Behrens, Martin (2006): Der institutionalisierte Konflikt im Betrieb. In: Schäfer, Claus/Seifert, Hartmut (Hg.): Kein bisschen leise: 60 Jahre WSI. Hamburg: VSA, S. 147–165

Behrens, Martin/Helfen, Markus (2009): Innerverbandliche Heterogenität und die Vertretungswirksamkeit deutscher Arbeitgeberverbände. In: Industrielle Beziehungen, 16: 1, S. 5–24

Behrens, Martin/Traxler, Franz (2004): Employer Organisations in Europe. In: EIRObserver, 3, S. i–viii

Berghahn, Volker (1985): Unternehmer und Politik in der Bundesrepublik. Frankfurt/M.: Edition Suhrkamp

Bergmann, Joachim/Jacobi, Otto/Müller-Jentsch, Walther (1975): Gewerkschaften in der Bundesrepublik. Gewerkschaftliche Lohnpolitik zwischen Mitgliederinteressen und ökonomischen Sachzwängen. Frankfurt/M., Köln: EVA

Berle, Adolf A./Means, Gardiner C. (1991, zuerst 1932): The Modern Corporation & Private Property. Nachdruck der „transaction edution". New Brunswick, London: Transaction Publishers

Besgen, Nicolai (1998): Mitgliedschaft im Arbeitgeberverband ohne Tarifbindung. Baden-Baden: Nomos

Bispinck, Reinhard (2006): Abschied vom Flächentarifvertrag? Der Umbruch in der deutschen Tariflandschaft. In: WSI (Hg.): WSI-Tarifhandbuch 2006. Frankfurt/M.: Bund-Verlag, S. 39–66

Bispinck, Reinhard/Kirsch, Johannes/Schäfer, Claus (2003): Mindeststandards für Arbeits- und Einkommensbedingungen und Tarifsystem. Projektbericht für das Ministerium für Wirtschaft und Arbeit des Landes Nordrhein-Westfalen (MWA). Düsseldorf

Blümle, Ernst-Bernd (1965): Zur Zielproblematik der Wirtschaftsverbände. Versuch einer Systematik. In: Jahrbuch für Sozialwissenschaft, Band 16, Göttingen: Vandenhoeck & Ruprecht, S. 337–360

Blümle, Ernst-Bernd (1980): Besondere Führungs- und Organisationsprobleme von Verbänden. In: Zeitschrift für Organisation, Nr. 5, S. 243–246

Bluhm, Katharina (1996): Regionale Strategien unter Handlungsdruck – ostdeutsche Arbeitgeberverbände im Dezentralisierungsprozess der industriellen Beziehungen. In: Bergmann, Joachim/Schmidt, Rudi (Hg.): Industrielle Beziehungen. Institutionalisierung und Praxis unter Krisenbedingungen. Opladen: Leske + Budrich, S. 135–158

Bogumil, Jörg/Schmid, Josef (2001): Politik in Organisationen. Organisationstheoretische Ansätze und praxisbezogene Anwendungsbeispiele. Opladen: Leske + Budrich

Braunthal, Gerard (1965): The Federation of German Industry in Politics. Ithaca/NY: Cornell University Press

Buchholz, Edwin (1964): Elemente verbandsinterner Willensbildung. In: Kruse, Alfred (Hg.): Schmollers Jahrbuch für Gesetzgebung, Verwaltung und Volkswirtschaft, 84 Jg./II. Halbband. Berlin, S. 537–550

Buchholz, Edwin (1969): Die Wirtschaftsverbände in der Wirtschaftsgesellschaft. Eine Analyse ihres Ordnungs- und Selbsthilfesystems als Beitrag zu einer Theorie der Wirtschaftsverbände. Tübingen: J. C. B. Mohr

Burns, Tom/Stalker, G. M. (1961): The Management of Innovation. London: Tavistock

Busch, Hans Werner (2006): Verbände im Umbruch – Die Zukunft der Verbände hat erst begonnen! Positionierung und Perspektiven. Vortrag im Rahmen des 10. Deutschen Verbändekongresses. Frankfurt/M., 18.–19.09.2006

Cappelli, Peter (1985): Theory Construction in IR and Some Implications for Research. In: Industrial Relations, 24: 1, S. 90–112

Child, John (1972): Organizational Structure, Environment and Performance: The Role of Strategic Choice. In: The Journal of the British Sociological Association, Vol. 6, S. 1–22

Child, John (1997): Strategic Choice in the Analysis of Action, Structure, Organizations and Environment: Retrospect and Prospect. In: Organization Studies, 18: 1, S. 43–76

Child, John/Heavens, Sally J. (2001): The Social Constitution of Organizations and its Implications for Organizational Learning. In: Dierkes, Meinolf/Berthoin Antal, Ariane/Child, John/Nonaka, Ikujiro (eds..): Handbook of Organizational Learning & Knowledge. Oxford, New York: Oxford University Press, S. 308–326

Child, John/Loveridge, Ray/Warner, Malcom (1973): Towards an Organizational Study of Trade Unions. In: Sociology, 7: 1, S. 71–99

Cohen, Joshua/Rogers, Joel (1992): Secondary Associations and Democratic Governance. In: Politics & Society, 20: 4, S. 393–472

Coleman, James S. (1979): Macht und Gesellschaftsstruktur. Tübingen: J. C. B. Mohr (Paul Siebeck)

Colvin, Alexander J. (1999): Citizens and Citadels: Dispute Resolution and the Governance of Employment Relations. Ithaca/NY: NYSSILR Cornell University (unveröffentlichte Ph.D.-Dissertation)

Crozier, Michel/Friedberg, Erhard (1979): Macht und Organisation. Die Zwänge des kollektiven Handelns, Königstein/Ts.: Athenäum

Cyert, Richard M./March, James G. (1992, zuerst 1963): A Behavioral Theory of the Firm (Second Edition). Malden, Oxford, Carlton: Blackwell

Danz, Heike (2000): Die Mitgliedschaft im Arbeitgeberverband ohne Tarifbindung. Rechtliche Zulässigkeit und tarif-, arbeitskampfrechtliche und prozessuale Konsequenzen der tarifbindungsfreien Mitgliedschaft. Jena: Dissertation

Delaney, John/Jarley, Paul/Fiorito, Jack (1996): Planning for Change: Determinants of Innovation in U.S. National Unions. In: Industrial and Labor Relations Review, 49: 4, S. 597–614

Deinert, Olaf (2006): Zur Zulässigkeit von OT-Mitgliedschaften in Arbeitgeberverbänden. In: Arbeit und Recht, 7, S. 217–224

Deinert, Olaf (2007): Schranken der Satzungsgestaltung beim Abstreifen der Verbandstarifbindung durch OT-Mitgliedschaften. In: Recht der Arbeit, 2, S. 83–91

Die Welt vom 11.01.1997: „Burgfrieden zwischen Karstadt und Metro"

Die Welt vom 23.06.2003: „Handelsverbände kommen sich näher"

Donaldson, Lex (2001): The Contingency Theory of Organizations. Thousand Oaks, London, New Delhi: Sage

Durkheim, Emile (1983, zuerst 1897): Der Selbstmord. Frankfurt/M.: Suhrkamp Wissen

Ellguth, Peter/Kohaut, Susanne (2011): Tarifbindung und betriebliche Interessenvertretung – Aktuelle Ergebnisse aus dem IAB-Betriebspanel 2010. In: WSI-Mitteilungen, 64: 5, S. 242–247

Engler, Steffani (1997): Zur Kombination von qualitativen und quantitativen Methoden. In: Friebertshäuser, Barbara/Prengel, Annedore (Hg.): Handbuch Qualitative Forschungsmethoden in der Erziehungswissenschaft. München: Juventa, S. 118-130

Erdmann, Gerhard (1966): Die deutschen Arbeitgeberverbände im sozialgeschichtlichen Wandel der Zeit. Neuwied, Berlin: Luchterhand

Esser, Hartmut (1993): Soziologie. Allgemeine Grundlagen. Frankfurt/M., New York: Campus

Evan, William M. (1975): Power, Conflict and Constitutionalism in Organizations. In: Social Science Information, Bd. 14, S. 53–80

Flick, Uwe (2003): Triangulation in der qualitativen Forschung. In: Flick, Uwe/Kardorff, Ernst von/Steinke, Ines (Hg.): Qualitative Forschung. Ein Handbuch. Reinbek: Rowohlt, S. 309–318

Focus vom 24.07.1995: „Interview: ‚Dann lösen wir uns eben auf‘„

Franke, Hermann (1964): Die Unternehmerverbände. In: Der Arbeitgeber Nr. 6, S. 137–139

Frankfurter Rundschau vom 15.04.1994: „Kostensenkung steht weiter oben an"

Freese, Gunhild (1997): Händel bei den Händlern. In: Die Zeit 04/1997

Frege, Carola M. (2005): Varieties of Industrial Relations Research: Take-over, Convergence or Divergence? In: British Journal of Industrial Relations, 43: 2, S. 179–207

Frey, Hans Paul (1999): Einführungsstatement aus Sicht des BAVC. In: IG BCE (Hg.): Allgemeine Arbeitsbedingungen – tarifliche Bindung oder betriebliche Gestaltung? Tagungsdokumentation. Hannover

Glaser, Barney G./Strauss, Anselm L. (2005, zuerst 1967): Grounded Theory. Strategien qualitativer Forschung. Bern: Huber

Granovetter, Mark (1982): The Strength of Weak Ties. A Network Theory Revisited. In: American Journal of Sociology, 78: 6, S. 1360–1380

Grochla, Erwin (1959): Betriebsverband und Verbandsbetrieb. Wesen, Formen und Organisation der Verbände aus betriebswirtschaftlicher Sicht. Berlin: Duncker & Humblot

Groser, Manfred (1979): Grundlagen der Tauschtheorie des Verbandes. Berlin: Duncker & Humblot

Groser, Manfred (1985): Die Organisation der Wirtschaftsinteressen in der pharmazeutischen Industrie der Bundesrepublik Deutschland. Berlin: Wissenschaftszentrum Berlin für Sozialforschung (WZB), discussion papers IIM/LMP 85-3

Haipeter, Thomas (2010): OT-Mitgliedschaften und OT-Verbände. In: Schroeder, Wolfgang/ Weßels, Bernhard (Hg.): Handbuch Arbeitgeber- und Wirtschaftsverbände in Deutschland. Wiesbaden: VS, S. 209–219

Haipeter, Thomas/Schilling, Gabi (2006): Arbeitgeberverbände in der Metall- und Elektroindustrie. Tarifbindung, Organisationsentwicklung und Strategiebildung. Hamburg: VSA

Hall, Peter A./Soskice, David (2001): An Introduction to Varieties of Capitalism. In: Hall, Peter A./Soskice, David (eds..): Varieties of Capitalism: The Institutional Foundations of Comparative Advantage. Oxford: Oxford University Press, S. 1–68

Handelsblatt vom 09.03.1995: „Metall: Streik teilweise ausgesetzt – Urabstimmung läuft“

Handelsblatt vom 28.06.1995: „Tarifpolitik: Klausurtagung des BDA-Präsidiums – Konsequenzen aus dem Tarifdebakel“

Handelsblatt vom 29.09.2004: „Bedeutung des Flächentarifs nimmt ab“

Hassel, Anke (1999): The Erosion of the German System of Industrial Relations. In: British Journal of Industrial Relations, 37: 3, S. 483–505

Heinze, Rolf G. (1981): Verbändepolitik und „Neokorporatismus“. Zur politischen Soziologie organisierter Interessen. Opladen: Westdeutscher Verlag

Helfen, Markus (2006): Wirtschaftsverbände in Deutschland 2006. Zur Leistungsfähigkeit der politischen Organisationen der privaten Wirtschaft. Aachen: RWTH Aachen (unveröffentlichter Forschungsbericht)

Helfen, Markus (2007): Digitale Wirtschaft, direkte Partizipation und die Verankerung von Unternehmen in arbeitspolitischen Institutionen. München, Mehring: Rainer Hampp Verlag

Henneberger, Fred (1993a): Unternehmerverbände im Prozeß der deutschen Vereinigung. In: Deutschland Archiv, Nr. 11, S. 1291–1299

Henneberger, Fred (1993b): Transferstart: Organisationsdynamik und Strukturkonservatismus westdeutscher Unternehmerverbände. Aktuelle Entwicklungen unter besonderer Berücksichtigung des Aufbauprozesses in Sachsen und Thüringen. In: Politische Vierteljahresschrift, 34: 4, S. 640–673

Henneberger, Fred (2010): Zentrale Theorie und erste Empirie zur Analyse kollektiven Handelns der Unternehmer. In: Schroeder, Wolfgang/Weßels, Bernhard (Hg.): Arbeitgeber- und Wirtschaftsverbände in Politik und Gesellschaft der Bundesrepublik. Wiesbaden: VS, S. 126–145

Hilbert, Josef (1988): Unternehmerverbände im produzierenden Ernährungsgewerbe. München, Mehring: Rainer Hampp Verlag

Hirschman, Albert O. (1970): Exit, Voice and Loyalty. Responses to Decline in Firms, Organizations, and States. Cambridge/London: Harvard University Press

Hondrich, Karl Otto (1963): Die Ideologien von Interessenverbänden. Eine strukturell-funktionale Analyse öffentlicher Äußerungen des Bundesverbandes der Deutschen Industrie, der Bundesvereinigung der Deutschen Arbeitgeberverbände und des Deutschen Gewerkschaftsbundes. Berlin: Duncker & Humblot

Hornung-Draus, Renate (2001): Between e-economy, Euro and enlargement. Where are employer organisations in Europe heading? Präsentation für den 6. „European regional Congress of the IIRA", Oslo 2001

Hundt, Dieter (2011): Bekenntnissen zur Tarifeinheit müssen endlich gesetzgeberische Schritte folgen. Berlin: Presse-Information der BDA Nr. 029/2011 vom 07.06.2011

Immergut, Ellen M. (1992): The Rules of the Game: The Logic of Health Policy-Making in France, Switzerland, and Sweden. In: Steinmo, Sven/Thelen, Kathleen/Longstreth, Frank: Structuring Politics. Historical Institutionalism in Comparative Analysis. Cambridge University Press, S. 57–89

Jahoda, Marie/Lazarsfeld, Paul F./Zeisel, Hans (1975, zuerst 1933): Die Arbeitslosen von Marienthal. Frankfurt/M.: Suhrkamp

Jarley, Paul/Fiorito, Jack/Delaney, John (1998): Union Differences, Innovations, and Outcomes. In: Lewin, David/Kaufman, Bruce (eds..): Advances in Industrial and Labor Relations, Vol. 8. Stamford, London: Jai Press, S. 139–182

Jarley, Paul/Fiorito, Jack/Delaney, John (2000): National Union Governance: An Empirically-grounded Systems Approach. In: Journal of Labor Research, 21: 2, S. 227–246

Jick, Todd D. (1983): Mixing Qualitative and Quantitative Methods: Triangulation in Action. In: Van Maanen, John (eds.): Qualitative Methodology. London: Sage, S. 135–148

Katzenstein, Peter J. (1987): Policy and Politics in West Germany: The Growth of a Semisovereign State. Philadelphia: Temple University Press

Kelle, Udo/Erzberger, Christian (2003): Qualitative und quantitative Methoden: kein Gegensatz. In: Flick, Uwe/Kardorff, Ernst von/Steinke, Ines (Hg.): Qualitative Forschung. Ein Handbuch. Reinbek: Rowohlt, S. 299–309

Keller, Berndt (1988): Olsons „Logik des kollektiven Handelns". Entwicklung, Kritik – und eine Alternative. In: Politische Vierteljahresschrift, 29: 3, S. 388–406

Keller, Berndt (1999): Einführung in die Arbeitspolitik. München, Wien: Oldenbourg

Kern, Horst (1982): Empirische Sozialforschung. Ursprünge, Ansätze, Entwicklungslinien. München: C. H. Beck

Kessler, Gerhard (1907): Die Deutschen Arbeitgeberverbände. Schriften des Vereins für Socialpolitik, Band 124, Leipzig: Duncker & Humblot

Kieser, Alfred (2002): Der Situative Ansatz. In: Kieser, Alfred (Hg.): Organisationstheorien (5. Auflage). Stuttgart: Kohlhammer, S. 169–198

Kieser, Alfred/Kubicek, Herbert (1992): Organisation (3. Auflage). Berlin, New York: Walter de Gruyter

Kinderman, Daniel (2005): Pressure from without, Subversion from within: The Two-Pronged German Employer Offensive. In: Comparative European Politics, Vol. 3, S. 432–463

Knips, Achim (1996): Deutsche Arbeitgeberverbände in der Eisen- und Metallindustrie, 1888–1914. Stuttgart: Franz Steiner Verlag

Koch, Gerhard (1999): Flucht in die OT-Mitgliedschaft. In: Personalwirtschaft, 9, S. 47–52

Kochan, Thomas A./Katz, Harry C./McKersie, Robert B. (1986): The Transformation of American Industrial Relations. New York: Basic Books

König, Harald (1965): Entstehung und Wirkungsweise von Fachverbänden der Nahrungs- und Genußmittelindustrie. Berlin: Duncker & Humblot

Köpf, Peer (2002): Verbandsflucht: Motive und Konsequenzen von Arbeitgeberverbandsaustritten. Der Fall der Metall- und Elektroindustrie Baden-Württemberg. Konstanz: Universität Konstanz (Fachbereich Politik- und Verwaltungswissenschaft; unveröffentlichte Diplomarbeit)

Kohaut, Susanne/Schnabel, Claus (2003): Zur Erosion des Flächentarifvertrags: Ausmaß, Einflussfaktoren und Gegenmaßnahmen. In: Industrielle Beziehungen, 10: 2, S. 193–219

Kubicek, Herbert/Welter, Günter (1985): Messung der Organisationsstruktur. Eine Dokumentation von Instrumenten zur quantitativen Erfassung von Organisationsstrukturen. Stuttgart: Ferdinand Enke Verlag

Kühl, Stefan/Strodtholz, Petra/Taffertshofer, Andreas (2005): Quantitative Methoden der Organisationsforschung – ein Überblick. In: Kühl, Stefan/Strodtholz, Petra/Taffertshofer, Andreas (Hg.): Quantitative Methoden der Organisationsforschung. Ein Handbuch. Wiesbaden: VS, S. 15–29

Lahne, Herbert J. (1970): Union Constitutions and Collective Bargaining Procedures. In: Seidman, Joel (ed.): Trade Union Government and Collective Bargaining. New York: Praeger, S. 167–195

Lamnek, Siegfried (1995): Qualitative Sozialforschung. Band 1: Methodologie (3. Auflage). Weinheim: Beltz Psychologie Verlags Union

Lang, Reinhart (2005): Organizational Survey. In: Kühl, Stefan/Strodtholz, Petra/Taffertshofer, Andreas (Hg.): Quantitative Methoden der Organisationsforschung. Ein Handbuch. Wiesbaden: VS, S. 85–114

Langer, Axel (1994): Arbeitgeberverbandsaustritte – Motive, Abläufe und Konsequenzen. In: Industrielle Beziehungen, 1: 2, S. 132–154

Leckebusch, Roswitha (1966): Entstehung und Wandlungen der Zielsetzungen, der Struktur und der Wirkungen von Arbeitgeberverbänden. Berlin: Duncker & Humblot

Lehndorff, Steffen (2001): Der europäische Einzelhandel und die Regulierung von Arbeitsmärkten. In: Rudolph, Hedwig (Hg.): Aldi oder Arkaden? Unternehmen und Arbeit im europäischen Einzelhandel. Berlin: edition sigma, S. 131–156

Lepsius, Rainer M. (1990): Interessen und Ideen. In: Lepsius, Rainer M. (Hg.): Interessen, Ideen und Institutionen. Opladen: Westdeutscher Verlag, S. 31–43

Lesch, Hagen (2010): Das Verhältnis zwischen Arbeitgeber-, Wirtschaftsverbänden und Gewerkschaften. In: Schroeder, Wolfgang/Weßels, Bernhard (Hg.): Handbuch Arbeitgeber- und Wirtschaftsverbände in Deutschland. Wiesbaden: VS, S. 236–259

Locke, Richard M. (1995): Remaking the Italian Economy. Ithaca, London: Cornell University Press

Mallmann, Luitwin (1990): 100 Jahre Gesamtmetall. Perspektiven aus Tradition 1890–1990. Köln: Deutscher Instituts Verlag

Mann, Siegfried (1994): Macht und Ohnmacht der Verbände. Das Beispiel des Bundesverbandes der Deutschen Industrie e.V. (BDI) aus empirisch-analytischer Sicht. Baden-Baden: Nomos

March, James G./Olsen, Johan P. (1989): Rediscovering Institutions. The Organizational Basis of Politics. New York, London: The Free Press

Marx, Karl (1960, zuerst 1852): Der achtzehnte Brumaire des Louis Bonaparte. In: Karl Marx/ Friedrich Engels – Werke, Band 8. Berlin/DDR: Dietz-Verlag, S. 111–207

Medding, Peter Y. (1970): A Framework for the Analysis of Power in Political Parties. In: Political Studies, Bd. 18, S. 1–17

Meinecke, Ulrich (2008): Ein Jahr Tarifkampf im Einzelhandel. In: Sozialismus, 7–8, S. 34–39

Melot de Beauregard, Paul R. (2002): Mitgliedschaft in Arbeitgeberverbänden und Tarifbindung. Frankfurt/M. u.a.O.: Peter Lang

Meyer, John W./Rowan, Brian (1991, zuerst 1977): Institutionalized Organizations: Formal Structure as Myth and Ceremony. In: Powell, Walter W./DiMaggio, Paul J. (eds..): The New Institutionalism in Organizational Analysis. Chicago/London: University of Chicago Press, S. 41–62

Michels, Robert (1989, zuerst 1911): Zur Soziologie des Parteiwesens in der modernen Demokratie. Untersuchungen über die oligarchischen Tendenzen des Gruppenlebens (4. ergänzte Auflage). Stuttgart: Alfred Kröner Verlag

Moe, Terry M. (1980): The Organization of Interests. Incentives and the Internal Dynamics of Political Interest Groups. Chicago/London: University of Chicago Press

Moll, Frank (2000): Tarifausstieg der Arbeitgeberseite: Mitgliedschaft im Arbeitgeberverband „Ohne Tarifbindung". Berlin: Duncker & Humblot

Morgan, Gareth (2000): Bilder der Organisation (4. Auflage). Stuttgart: Klett-Cotta

Moser, Eva (1990): Bayerns Arbeitgeberverbände im Wiederaufbau. Stuttgart: Franz Steiner Verlag

Müller-Jentsch, Walther (1997): Soziologie der Industriellen Beziehungen. Eine Einführung (2., erweiterte Auflage). Frankfurt/M., New York: Campus

Müller-Jentsch, Walther (2003): Organisationssoziologie. Eine Einführung. Frankfurt/M., New York: Campus

Offe, Claus (1979): Die Institutionalisierung des Verbandseinflusses – eine ordnungspolitische Zwickmühle. In: Alemann, Ulrich von/Heinze, Rolf G. (Hg.): Verbände und Staat. Vom Pluralismus zum Korporatismus. Analysen, Positionen, Dokumente. Opladen: Westdeutscher Verlag, S. 72–91

Offe, Claus/Wiesenthal, Helmut (1980): Two Logics of Collective Action. Theoretical Notes on Social Class and Organizational Form. In: Political Power and Social Theory, Heft 1, S. 67–115

Oliver, Christine (1991): Strategic Responses to Institutional Processes. In: Academy of Management Review, 16: 1, S. 145–179

Olson, Mancur (1998, zuerst 1965): Die Logik des kollektiven Handelns: Kollektivgüter und die Theorie der Gruppen (4. Auflage). Tübingen: Mohr Siebeck

Ortmann, Günther (1994): Dark Stars. Institutionelles Vergessen in der Industriesoziologie. In: Beckenbach, Niels/Treeck, Werner van (Hg.): Umbrüche gesellschaftlicher Arbeit. Soziale Welt, Sonderband 9, Göttingen: Otto Schwartz, S. 85–118

Perrow, Charles (1984): Normal Accidents: Living with High-Risk Technologies. New York: Basic Books

Pfeffer, Jeffrey (1982): Organizations and Organization Theory. Boston: Pitman

Pfeffer, Jeffrey/Salancik, Gerald R. (2003, zuerst 1978): The External Control of Organizations. A Resource Dependence Perspective. Classic edition. Stanford: Stanford Business Classics

Popitz, Heinrich (1992): Phänomene der Macht (2. Auflage). Tübingen: J. C. B. Mohr

Pries, Ludger (2005): Kräftefelder der Strukturierung und Regulierung von Erwerbsarbeit. Überlegungen zu einer entwicklungs- und institutionenorientierten Sozialwissenschaft der Erwerbsarbeit. Bochum: SOAPS Papers 1

Prigge, Wolfgang Ulrich (1987): Metallindustrielle Arbeitgeberverbände in Großbritannien und in der Bundesrepublik Deutschland. Opladen: Leske + Budrich

Rampelt, Jörg (1979): Die Organisations- und Entscheidungsstruktur in westdeutschen Unternehmerverbänden. Ein Literaturbericht. Berlin: Wissenschaftszentrum Berlin für Sozialforschung (WZB), discussion papers IIM/dp 79-111

Rosdücher, Jörg (1997): Arbeitsplatzsicherheit durch Tarifvertrag. Strategien, Konzepte, Vereinbarungen. München, Mehring: Rainer Hampp Verlag

Rousseau, Jean-Jacques (1986, zuerst 1762): Vom Gesellschaftsvertrag oder Grundsätze des Staatsrechts. Stuttgart: Philipp Reclam Jun.

Sabel, Charles F. (1994): Learning by Monitoring: The Institutions of Economic Development. In: Smelser, Neil J./Swedberg, Richard (eds..): The Handbook of Economic Sociology. Princeton: Princeton University Press, S. 137–165

Sabel, Charles F. (2006): A Real-Time Revolution in Routines. In: Heckscher, Charles/Adler, Paul (eds..): The Firm as a Collaborative Community. Oxford: Oxford University Press, S. 106–156

Sauter, Eugen/Schweyer, Gerhard/Waldner, Wolfram (2006): Der eingetragene Verein (18. Auflage). München: C. H. Beck

Scherzinger, Hubert (1978): Theorie der Willensbildung in Unternehmerverbänden. Zusammenstellung der wesentlichen ökonomischen Einflußgrößen und der strukturellen Bedingungen sowie deren Einarbeitung in ein System von Modellen. Berlin: Duncker & Humblot

Schmädel, Dieter von (1968): Führung im Interessenverband. Probleme der innerverbandlichen Willensbildung. Berlin: Duncker & Humblot

Schmitter, Philippe C. (2006): A Prolegomenon to a Theory of Interest Politics. In: Beckert, Jens/Ebbinghaus, Bernhard/Hassel, Anke/Manow, Philip (Hg.): Transformationen des Kapitalismus, Frankfurt/M., New York: Campus, S. 297–313

Schmitter, Philippe C./Streeck, Wolfgang (1999, zuerst 1981): The Organizations of Business Interests. Studying the Associative Action of Business in Advanced Industrial Societies. Köln: MPIfG Discussion Papers 99/1

Schmölders, Günter (1965): Das Selbstbild der Verbände. Empirische Erhebung über die Verhaltensweisen der Verbände in ihrer Bedeutung für die wirtschaftspolitische Willensbildung in der Bundesrepublik Deutschland. Berlin: Duncker & Humblot

Schnabel, Claus (2005): Gewerkschaften und Arbeitgeberverbände: Organisationsgrade, Tarifbindung und Einflüsse auf Löhne und Beschäftigung. Nürnberg: Friedrich-Alexander-Universität Erlangen-Nürnberg (Lehrstuhl für VWL, Diskussionspapier Nr. 34)

Schnabel, Claus/Wagner, Joachim (1996): Ausmaß und Bestimmungsgründe der Mitgliedschaft in Arbeitgeberverbänden: Eine empirische Untersuchung mit Firmendaten. In: Industrielle Beziehungen, 3: 4, S. 293–306

Schnell, Rainer/Hill, Paul B./Esser, Elke (1999): Methoden der empirischen Sozialforschung. München, Wien: Oldenbourg

Schröder, Wilhelm Heinz/Weege, Wilhelm/Zech, Martina (2000): Historische Parlamentarismus-, Eliten- und Biographieforschung. Supplement Nr. 11 Historical Social Research, Köln: Zentrum für Historische Sozialforschung

Schroeder, Wolfgang (1995): Arbeitgeberverbände in der Klemme. Motivations- und Verpflichtungskrisen. In: Bispinck, Reinhard (Hg.): Tarifpolitik der Zukunft. Was wird aus dem Flächentarifvertrag? Hamburg: VSA, S. 44–63

Schroeder, Wolfgang (2000): Das Modell Deutschland auf dem Prüfstand. Zur Entwicklung der industriellen Beziehungen in Ostdeutschland. Wiesbaden: Westdeutscher Verlag

Schroeder, Wolfgang (2002): Arbeitgeberverbände: Kontinuität und Wandel. In: Forschungsjournal Neue Soziale Bewegungen, 2, S. 68–77

Schroeder, Wolfgang/Keudel, Dorothea (2008): Strategische Akteure in drei Welten. Die deutschen Gewerkschaften im Spiegel der neueren Forschung (Edition der Hans-Böckler-Stiftung 219). Düsseldorf

Schroeder, Wolfgang/Ruppert, Burkhard (1996): Austritte aus Arbeitgeberverbänden: Eine Gefahr für das deutsche Modell? Marburg: Schüren

Schroeder, Wolfgang/Silvia, Stephen J. (2003): Gewerkschaften und Arbeitgeberverbände. In: Schroeder, Wolfgang/Weßels, Bernhard (Hrsg.): Die Gewerkschaften in Politik und Gesellschaft der Bundesrepublik Deutschland. Ein Handbuch. Wiesbaden: Westdeutscher Verlag, S. 244–270

Schroeder, Wolfgang/Silvia, Stephen J. (2007): Why Are German Employers Associations Declining? Arguments and Evidence. In: Comparative Political Studies, 40: 12, S. 1433–1459

Schulz, Marlen/Ruddat, Michael (2008): Unvereinbare Gegensätze? Eine Diskussion zur Integration quantitativ-qualitativer Ergebnisse. In: Soziale Welt, 59, S. 107–122

Silvia, Stephen J. (1997): German Unification and Emerging Divisions within German Employers Associations. Cause or Catalyst? In: Comparative Politics, Jan., S. 187–208

Simon, Herbert A. (1997, zuerst 1945): Administrative Behavior. A Study of Decision-Making Processes in Administrative Organizations (4. Auflage). New York: The Free Press

Simon, Walter (1976): Macht und Herrschaft der Unternehmerverbände. BDI, BDA und DIHT im ökonomischen und politischen System der BRD. Köln: Pahl-Rugenstein

Sofsky, Wolfgang/Paris, Rainer (1994): Figurationen sozialer Macht. Autorität – Stellvertretung – Koalition. Frankfurt/M.: Suhrkamp

Streeck, Wolfgang (1972): Das Dilemma der Organisation. Tarifverbände zwischen Interessenvertretung und Stabilitätspolitik. In: Meissner, Werner/Unterseher, Lutz (Hg.): Verteilungskampf und Stabilitätspolitik. Stuttgart u.a.O., S. 130–167

Streeck, Wolfgang (1981): Gewerkschaftliche Organisationsprobleme in der sozialstaatlichen Demokratie. Königstein/Ts.: Athenäum

Streeck, Wolfgang (1991): Interest heterogeneity and organizing capacity: two logics of collective action? In: Czada, Roland M./Windhoff-Héritier, Adrienne (eds.): Political Choice. Frankfurt/M., Boulder: Westview Press, S. 161–198

Streeck, Wolfgang/Thelen, Kathleen (2005): Introduction. In Streeck, Wolfgang/Thelen, Kathleen (eds.): Beyond Continuity. Institutional Change in Advanced Political Economies. Oxford: Oxford University Press, S. 1–39

Streeck, Wolfgang/Visser, Jelle (2006): Conclusions. Organized Business Facing Internationalization. In: Streeck, Wolfgang/Grote, Jürgen R./Schneider, Volker/Visser, Jelle (eds..): Governing Interests. Business Associations Facing Internationalization. London, New York: Routledge, S. 242–272

Stumpfe, Werner (2000a): Änderungen in der Verbandslandschaft – Arbeitgeber. In: Neue Zeitschrift für Arbeitsrecht, Sonderbeilage, Heft 24, S. 1–4

Stumpfe, Werner (2000b): Die Zukunft des Flächentarifvertrags. Vortrag anlässlich der Jahresmitgliederversammlung 2000 des Verbandes der Metall- und Elektroindustrie Rheinland-Rheinhessen

Teubner, Gunther (1978): Organisationsdemokratie und Verbandsverfassung. Rechtsmodelle für politisch relevante Verbände. Tübingen: J. C. B. Mohr

Thelen, Kathleen (1991): Union of Parts: Labor Politics in Postwar Germany. Ithaca: Cornell University Press

Thelen, Kathleen (2000): Why German Employers Cannot Bring Themselves to Dismantle the German Model. In: Iversen, Torben/Pontusson, Jonas/Soskice, David (eds..): Union, Employers, and Central Banks. Macroeconomic Coordination and Institutional Change in Social Market Economies. Cambridge: Cambridge University Press, S. 138–169

Thelen, Kathleen (2001): Varieties of Labor Policies in the Developed Democracies. In: Hall, Peter A./Soskice, David (eds..): Varieties of Capitalism. The Institutional Foundations of Comparative Advantage. Oxford: Oxford University Press, S. 71–103

Thelen, Kathleen (2002): The Political Economy of Business and Labor in developed Democracies. In: Katznelson, Ira/Milner, Helen V. (eds..): Political Science: The State of the Discipline, New York, London: W. W. Norton & Company, S. 371–397

Thelen, Kathleen/Wijnbergen, Christa van (2003): The Paradox of Globalization: Labor Relations in Germany and Beyond. In: Comparative Political Studies 36:8, S. 859–880

Thüsing, Gregor/Stelljes, Volker (2005): Verbandsmitgliedschaft und Tarifgebundenheit – Mitgliedschaft OT und nicht tariffähige Parallelverbände als Ausfluss grundrechtlich geschützter Gestaltungsfreiheit. In: Zeitschrift für Arbeitsrecht, 36: 4, S. 527–579

Traxler, Franz (1986): Interessenverbände der Unternehmer. Konstitutionsbedingungen und Steuerungskapazitäten analysiert am Beispiel Österreichs. Frankfurt/M., New York: Campus

Traxler, Franz (1991): The Logic of Employers' Collective Action. In: Sadowski, Dieter/Jacobi, Otto (eds..): Employers' Associations in Europe: Policy and Organisation. Baden-Baden: Nomos, S. 30–50

Traxler, Franz (1993): Business associations and labor unions in comparison: theoretical perspectives and empirical findings on social class, collective action and associational organizability. In: British Journal of Sociology, 44: 4, S. 673–691

Traxler, Franz (1995): Two Logics of Collective Action in Industrial Relations? In: Crouch, Collin/Traxler, Franz (eds..): Organized Industrial Relations in Europe: What Future? Aldershot u.a.O.: Avebury, S. 23–44

Traxler, Franz (1999): Gewerkschaften und Arbeitgeberverbände: Probleme der Verbandsbildung und Interessenvereinheitlichung. In: Müller-Jentsch, Walther (Hg.): Konfliktpartnerschaft. Akteure und Institutionen der industriellen Beziehungen. München, Mehring: Rainer Hampp Verlag, S. 57–77

Traxler, Franz (2004): Employer Associations, Institutions, and Economic Change: A Cross-national Comparison. In: Industrielle Beziehungen, 11: 1+2, S. 42–60

Traxler, Franz (2007): Introduction. In: Traxler, Franz/Huemer, Gerhard (eds..): Handbook of Business Interest Associations, Firm Size and Governance. London, New York: Routledge, S. 3–9

Traxler, Franz/Blaschke, Sabine/Kittel, Bernhard (2001): National Labour Relations in Internationalized Markets. A Comparative Study of Institutions, Change, and Performance. Oxford University Press

Traxler, Franz/Brandl, Bernd/Pernicka, Susanne (2007): Business Associability, Activities and Governance. In: Traxler, Franz/Huemer, Gerhard (eds..): Handbook of Business Interest Associations, Firm Size and Governance. London, New York: Routledge, S. 351–406

Verband der Holzindustrie und Kunststoffverarbeitung e.V. Baden-Württemberg (2002): Tarifbindung – ja oder nein? Rechtliche und praktische Hinweise (unveröffentlichte Handreichung). Stuttgart

Verband der Metallindustriellen Niedersachsens e.V. (2006): OT-Verbände in der M+E-Industrie (unveröffentlichte Stellungnahme). Hannover

Völkl, Martin (2002): Der Mittelstand und die Tarifautonomie. Arbeitgeberverbände zwischen Sozialpartnerschaft und Dienstleistung. München, Mehring: Rainer Hampp Verlag

Voss-Dahm, Dorothea (2002): Verkaufsarbeit im Einzelhandel – einfache Dienstleistungsarbeit? In: WSI-Mitteilungen, 9, S. 498–504

Waarden, Frans van (1991): Two Logic of Collective Action? Business Associations as Distinct from Trade Unions: The Problems of Associations of Organisations. In: Sadowski, Dieter/Jacobi, Otto (eds.): Employers' Associations in Europe: Policy and Organisation. Baden-Baden: Nomos, S. 51–84

Waarden, Frans van (1992): Zur Empirie kollektiven Handelns: Geschichte und Struktur von Unternehmerverbänden. In: Schubert, Klaus (Hg.): Leistungen und Grenzen politisch-ökonomischer Theorie. Eine kritische Bestandsaufnahme von Mancur Olson. Darmstadt: Wissenschaftliche Buchgesellschaft, S. 139–168

Waarden, Frans van (1995): Employers and Employers Associations. In: Ruyssevelt, Joris van/Huiskamp, Rien/van Hoof, Jacques (eds..): Comparative Industrial and Employment relations. London: Sage, S. 68–108

Walgenbach, Peter/Meyer, Renate (2008): Neoinstitutionalistische Organisationstheorie. Stuttgart: Kohlhammer

Walton, Richard E./McKersie, Robert B. (1993, zuerst 1965): A Behavioral Theory of Labor Negotiations. An Analysis of a Social Interaction System. Ithaca: ILR Press

Weber, Hajo (1987): Unternehmerverbände zwischen Markt, Staat und Gewerkschaften. Zur intermediären Organisation von Wirtschaftsinteressen. Frankfurt/M., New York: Campus

Weber, Hajo (1989): Arbeitgeberkonzepte einer „offensiven" Tarifpolitik. Zum Wandel der Tarifpolitik. In: Dabrowski, Hartmut/Jacobi, Otto/Schudlich, Edwin/Teschner, Eckart (Hg.): Tarifpolitische Interessen der Arbeitgeber und neue Managementstrategien. Forschungsprojekt Rahmentarifpolitik im Strukturwandel, Bd. 3. Düsseldorf: Graue Reihe der Hans-Böckler-Stiftung, S. 13–43

Weber, Max (1972, zuerst 1922): Wirtschaft und Gesellschaft. Grundriß der verstehenden Soziologie (5. Auflage). Tübingen: J. C. B. Mohr

Weitbrecht, Hansjörg (1969): Effektivität und Legitimität der Tarifautonomie. Eine soziologische Untersuchung am Beispiel der deutschen Metallindustrie. Berlin: Duncker & Humblot

Weitbrecht, Hansjörg (1974): Das Machtproblem in Tarifverhandlungen. In: Soziale Welt, Nr. 2, S. 224–234

Weitbrecht, Hansjörg (2010): Arbeitgeberverbände in der Tarifpolitik und im tarifpolitischen System der Bundesrepublik. In: Schroeder, Wolfgang/Weßels, Bernhard (Hg.): Handbuch Arbeitgeber- und Wirtschaftsverbände in Deutschland. Wiesbaden: VS, S. 316–341

Westhaus, Rolf (1956): Strukturfragen der Arbeitgeberverbände. Düsseldorf: Druckerei Rechtsverlag

Whitfield, Keith/Strauss, George (2000): Methods Matter: Changes in Industrial Relations Research and their Implications. In: British Journal of Industrial Relations, 38: 1, S. 141–151

Wiesenthal, Helmut (1992): Kapitalinteressen und Verbandsmacht. „Two Logics of Collective Action“ Revisited. In: Abromeit, Heidrun/Jürgens, Ulrich (Hg.): Die politische Logik wirtschaftlichen Handelns. Berlin: edition sigma, S. 38–61

Wilhelm, Gerhard/Dannhorn, Wolfgang (2006): Die „OT-Mitgliedschaft“ – neue Tore für die Tarifflucht? In: Neue Zeitschrift für Arbeitsrecht, 9, S. 466–473

WSI (1994): Tarifrunde 1994: Metallindustrie West (Internet: http://www.boeckler.de/27758_21694.html; zuletzt aufgerufen am 10.06.2011)

Zimmer, Stefan (2002): Jenseits von Arbeit und Kapital? Unternehmerverbände und Gewerkschaften im Zeitalter der Globalisierung. Opladen: Leske + Budrich

Verzeichnis der Abbildungen und Tabellen

Abbildungen

Tabellen

– bitte beachten Sie auch die folgende Seite –